U0486224

# 朱谦之文选

朱谦之 著

泰山出版社·济南·

图书在版编目（CIP）数据

朱谦之文选 / 朱谦之著. -- 济南 : 泰山出版社, 2025.6. -- （中国近现代思想文库）. -- ISBN 978-7-5519-0930-3

Ⅰ. C52

中国国家版本馆CIP数据核字第20258B3T34号

ZHUQIANZHI WENXUAN

## 朱谦之文选

**责任编辑**　刘紫藤
**装帧设计**　路渊源

| 出版发行 | 泰山出版社 |
|---|---|
| 社　　址 | 济南市泺源大街2号　邮编　250014 |
| 电　　话 | 综 合 部（0531）82023579　82022566 |
|  | 出版业务部（0531）82025510　82020455 |
| 网　　址 | www.tscbs.com |
| 电子信箱 | tscbs@sohu.com |
| 印　　刷 | 山东通达印刷有限公司 |
| 成品尺寸 | 165 mm×240 mm　16开 |
| 印　　张 | 16 |
| 字　　数 | 190 千字 |
| 版　　次 | 2025年6月第1版 |
| 印　　次 | 2025年6月第1次印刷 |
| 标准书号 | ISBN 978-7-5519-0930-3 |
| 定　　价 | 49.00 元 |

# 凡　例

一、本书收录了作者的经典文章或片段节选，主要展现了作者的学术造诣、思想追求和情感操守，以及当时的时代风貌等。

二、将所选文章改为简体横排，以符合现代阅读习惯。原文存在标点不明、段落不分、标题缺失等不便于阅读之处，编者酌情予以调整。

三、所选文章尽量依照原作，保持原作风格及其时代韵味，同时根据需要，对原文进行了适当的删减和订正。

四、对有些当时惯用的文字，如"的""地""得""作""做""哪""那""化钱""记帐"等，仍多遵照旧用。

# 目　录

革命底目的与手段　/001

宇宙生命　/006

别墨研究　/022

庄子研究　/053

老子哲学　/092

历史哲学的方法　/122

哲学的文化概念　/151

中国思想方法论纲　/171

中国古典哲学对于日本的影响　/185

日本思想的三时期　/211

景教碑中之景教思想　/234

## 革命底目的与手段

### （一）

凡革命，都是自觉的，积极的，从下而上的；因许多不安于现实生活的人，心觉着社会政治的腐败，非根本推翻不可，于是因不满意的境地，定革命目的，因革命目的，定革命底进行。

我说革命底目的，是有四种意义：

（A）革命是打破旧环境。考察革命发生的原因，由马克思的唯物史观看去，只是随着物质变动而来，然而这经济的命运之机械的理论，毕竟不能得革命真相，而且把他的价值看低，自己也犯了矛盾的误谬。何则？唯物史观是本于历史的经验去思考事物，今既绝对不认精神的存在，那么代表感觉思想的经验，又是什么？何况唯物史观的自身，也是由于马克思思索而来，要不认思想的存在，那唯物史观的学说，岂不是根本推翻？由此可见心的要求，可外于物质而有，换句话说，有了那种心的要求，才有那种物的要求，而物的要求，决不能外于心的而有所变动；所以用唯物史观来说革命，是不可以的；而革命的真谛，反由于心的要求，不过心的要求，也能发生物的要求罢了，但我既把革命这回事，归于心的原因，就不可不说明心的作用如何。原来心的作用，只是变动不息，同流水一般，所以叫做意识流，而这意识流时时刻刻地变，自然是统一的，不间断的，然而从表面上看去，在于流动变换的现象中，究有个自然的法则，我们要是用历史的态度，去理解那永久不息的渗透，生灭，很容易发现出两个基本观念：第一，心的作用不外情意的选择作用，因其迫于要求而来，故可因要求而变化；换句话说，就是对境厌境，在一个境地当中，一刹那间便生厌倦，即因有无穷无极的厌倦，所以有永续不断的翻新。第二，心的作用起于时时刻刻的反情，而唤起时时刻刻的兴趣和意志，由是认定未来目的，而选择方法和工具，去到达它，由这两个观念看来，就可见心是追求无已以动作为中心的作用，要求——厌倦——要求——这就是意识之流。

只因心的作用是厌旧喜新，故此人类普遍的性质，多不满意于现实生活，而力求那理想的新生活；换句话说，就是因旧环境的不安，而要求其所安，革命就是求其所安的方法，将旧环境根本推翻，完全改造，这就是革命的第一鹄的，与心理作用之实际的发展恰合了。

（B）革命是要打破旧环境而向着进化的前途申去。革命不单以破坏为目的，而且要努力向前，做宇宙间一切进化的原动力，须知进化是为着变化，而有意义，好像永远往前不息的水，滔滔不绝，而革命就是在于滔滔不绝的进化当中，时时努力，时时引渡，将旧环境节节打破，将新生活一点一滴地长成起来，须知这一点一滴的创造，永远是向前的，所以是进化的。总之进化与革命的关系，只是动与变的关系，革命是动，进化是变，动的时候，便是变的时候，所以革命的时候，就是进化的时候。依照西文原名，革命叫做Revolution，进化叫做Evolution，可见革命是更进化的意思，假使要永续不断地更进化，就不可不时时刻刻地去革命了。然我可更进一层，决定革命是促进"进化"的唯一因子，因为动是变的因，变是动的果，故此没有动，就决不会有变，就是没有革命，也决没有进化可言。《周易》说得好，"变化者进化之象"，又说"动则观其变"，我很愿"观变"的进化论者，以后对于革命这回事，还是多多注意，或者由"变"与"动"的中心意义，竟发现出进化的真谛，也未可知。不然像达尔文派（Darwinists）的学者，支支节节地研究那不关痛痒的生物进化，究竟与全宇宙的总进化有何干涉？

我的意思，以为革命既是进化的原因，那么我们努力革命，就是努力进化，而革命的范围愈扩张，也就是进化的效能愈大的时候。我么？是主张宇宙革命而要求宇宙全体的总进化的。我以为范围最小之个体进化，像那"物竞天择""适者生存"的信条，是过去了，克鲁泡特金（Kropotkin）的互助论已代替它了。可见现代的进化学说，已由个体进化而注重到群体进化，由着群体进化再推大些，自然是宇宙全体的总进化，所以我对于进化的前途，非常乐观，反正我对于革命这回事，也非常的有希望了。

（C）革命是要打破旧环境用人力来策进自然的进化。进化是自然不可逃避的事实，所以是自己如此，决无所用其怀疑，即就进化的程序而论，也只是自己如此地绵延，用不着外面的东西，来加增它，虽然如此，进化固是天道的自然，然天道不外人道，所以笼着手，抬起头来而望自然进化的人，只是一般懦夫，进化亦决不可能。须知进化这桩事，一面是天道的自然，一面是自我实现；一面是自己如已的必然关系，一面就是意志自由，所以进化也是有为的结果，而一味旷达无为的名流，转是进化的最大阻力。反之因势利导，用人力来策进自然，使自我的意志，融化于大自然之中，而自然的进化，也自我实现，这就是无为而无不为，这才是进化的真意义。

今要说的革命，就是循着自然状态底进化，而时时用人力来策进它，改造它，打破旧环境，创造新生命，在表面上看去，好似全靠人为，其实这人为还是受了自然支配，而又支配自然，所以革命是自然的，也就是人为的，若分开来说，即是用人力来策进自然的进化罢了。总而言之，自然进化虽是永续不断的向前，然还须革命的活力去促它动，促它变，所以革命是有意志的，行为的，由着时时的猛进，使迟钝状态，变成活的、承前启后的、一系不断的自然进化。

（D）革命是要打破旧环境循着自然进化而力向着光明底前途

走。革命是从自觉而起,所以一方面为着不安而破坏,一方面却要循着进化的趋势,力求那更光明、更安稳的新生活。须知革命所以有价值,因其向前而不倒退,向前的路,自然是破坏不善的,而进于较善的;换句话说,就是从黑暗到光明,永不是从光明到黑暗,但是这个"光明"究竟是什么呢?据巴枯宁说,在人道进化当中,由未尽善的,而进于较为尽善。据克鲁泡特金说:人道进化,是由较不幸福的而进于人生较为幸福。我的意思,以为这都是偏面的解说,应该给进化前途——光明——下个更广大的界说,然后它的意义和价值,也格外浓厚。我以为进化前途的光明,只是:(一)真,(二)美,(三)善。

但我所说的真美善,都不是固定的呆板的,实际哲学教我,真美善都是价值的名称,以能够适合我们的要求为标准;须知革命的起源,就是由于心的要求,只因心的要求无已,所以革命无已,革命无已,所以趋向的光明——真美善——也都随时变换。由此可见革命,一面将旧环境随时打破,一面向着真善美的前途走,因真善美有无穷无极的引申,故此革命也无时无刻地在那里动作。但在这里应注意的,第一,革命底目的,是在真美善的增加,故革命的范围,不妨扩大。何则?革命是为着最大多数之最大真美善,所以国家革命不如无政府革命,无政府革命不如宇宙全体的总革命。第二,更完全的就是更好,虽然真美善是相对的条件,但我为着真理之向上的努力,却要力求那绝对的真美善,虽然绝对的真美善,是不可到达的境界,但我们并不退怯,还要努力、奋斗,以求与绝对接近。懂得这两个条件,那么革命的意义,可谓完全说破,更无遗漏了。

(二)

由上面答案,可知革命底目的,在于创造将来,但"将来"是现在的绵延,要不将"现在"打破,就无所谓"将来",因此,革命底手段，势不能不出于破坏现在一途，而破坏以外，也实无所谓手段。马克伊佛在他新著《变化世界中的劳动》中说："今日的破坏，就是明日的文明，倘若石器时代没有破坏，则今日世界也不过石器时代罢了。"这话真正不错！因破坏就是更新，就是创造，所以破坏是求进化的重要元素，世界民族愈有魄力，愈向进化的，就必愈富于破坏之力。破坏——破坏——革命因它而称为进化的原动力，宇宙因它而日进于真美善之境，由此可见革命除破坏外，没有什么，真美善除破坏外，也无甚意义！破坏——破坏——革命手段就是这样的向前破坏；要实现真美善的，也只得向前破坏罢了。我且不论破坏外，没有建设，就令建设可以离开破坏而单独存在，我还是看不起它。因破坏是何等痛快？何等进取？建设又是何等造作？何等保守？须知真正的真美善，是自己如此的，是不待建设的，若因建设的原故，而反害到破坏进行，那就简直与革命的宗旨相违，简直不成其为革命。所以自然派的革命家，都只晓得破坏，破坏是复归于自然的、真的、美的、善的动机，建设只是反于自然，所以凡言建设的，都是不知革命手段为何物；真正的革命，只是抵抗，只是暴动，抗税哪！罢工哪！爆烈弹哪！暴力的威吓哪！这都是革命的福音，这都是革命家唯一的能事，陆安君说得好："金刚性的革命党，只管尽量破坏，破坏成功，就让Gentleman去创造。"这句话讲那些空谈建设的先生们听者！

## 宇宙生命

——真情之流

原来所谓宇宙，只是生这一动，只是"四时行焉，百物生焉"，流行到这里便生这物，流行到那里便生那物，所以《系辞》说："天地之大德曰生。"生统万物而言，无所不在，无所不通，无所不为之根柢，大的如天地日月，小的如微尘芥子，无不有"生"在那里流行变化，生之力真是伟大呀！所谓"天地氤氲，万物化醇，男女构精，万物化生"，充塞宇宙，何往而不是这顶活泼顶流通的生理充塞住！《诚斋易传》赞曰：

> 孰为天地之德乎？一言以蔽之曰生而已。大哉乾元，万物资始，乾道变化，各正性命，云行雨施，品物流形，此乾之所以示人以易者生也。至哉坤元，万物资生，乃顺承天，此坤之所以示人以简者生也。

"宇宙之生"是什么？就是不断地变化，活泼流转，健行不息，它紧张和弛缓的程度，虽然变化万千，却永远没有时候间断的。所以一剥便复，才尽就生，才间断便接续了。《系辞》说复见天地之心，《横渠易说》发挥得最精致："剥之与复，不可容线，须臾不复则乾坤之道义也，故言适尽即生，更无先后之序也，此义最大。……复则不可须臾断，故言七日，七日者，昼夜相续元无间断之时也。大抵言天地之心者，天地之大德曰生，则以生物为本者，乃天地之心也，地雷见天地之心者，天地之心，唯是生物，天地之大德曰生也。"这么一来，便知要概括的明白生之意义，生就不断之流，无时而不移，无动而不变，换句话说，就是一溶和渗透之内质的变化的绵延罢了。所以《系辞》说：

　　生生之谓易。

　　这个生生之变，好似水流雪积一样，且进且成，在平时常被人忽略看过，但当我们默识心的经验时候，情形便发觉了！方寂方感，方动方静，方紧张方弛缓，一念一念没有不在那里变异，而向着不知道的前途申去。须知这人们的内的心理状态，也正是宇宙之生的初步说法，所以宇宙之生非他，只是随时变化的原理，只是如《系辞》说的：

　　变动不居，周流六虚，上下无常，刚柔相易，不可为
　　典要，唯变所适。

　　自从孔子川上之叹，子思鸢鱼之说，早已告诉我们以这变化的大道理了！天地间只有一个变化而已，更有何事！其在人方面，就是视听，是言动，是喜怒哀乐；其在宇宙，就"天地位焉，万物育焉"，鸢之飞，鱼之跃，以至鸟啼花落，山峙川流，草木的生生化化，碰着触着，都只是这个道理，我的变化就是天地的变化，所以充塞天地间，生生不已都只是这个本体普遍流行罢了。故《系辞》说：

　　夫易广矣大矣，以言乎远则不御，以言乎迩则静而
　　正，以言乎天地之间则备矣。

　　又说：

> 在天成象，在地成形，变化见矣。

既知宇宙本体是永远在哪里变化，还要知道变化是起于极微细，极简单，而累进自积的，无限扩张的（虞翻《易》以乾为积善，即此义）。《中庸》说：

> 天地之道可一言而尽也，其为物不贰（《易徵言注》：不贰一也。荀子曰：并一而不贰，所以成积也，并一而不贰，则通于神明，参乎天地矣）。则其生物不测，天地之道博也，厚也，高也，明也，悠也，久也。今夫天（以下言积）斯昭昭之多（郑注：昭昭犹耿耿小明也）及其无穷也，日月星辰系焉，万物覆焉。今夫地一撮土之多，及其广厚，载华岳而不重，振河海而不泄，万物载焉。今夫山一卷石之多，及其广大，草木生焉，禽兽居焉，宝藏兴焉，今夫水一勺之多，及其不测鼋鼍蛟龙鱼鳖生焉，货财殖焉。（郑注云此言天之高明本生昭昭，地之博厚本由撮土，山之广大，本起卷石，水之不测本从一勺，皆合少成多，自小至大，为至诚者，亦如此乎。）诗曰维天之命于穆不已，盖曰天之所以为天也。于乎不显文王之德之纯，盖曰文王之所以为文也，纯亦不已。（郑注曰：天之所以为天，文王之所以为文，皆由行之无已为之不止，如天地山川之云也，易曰君子以慎德，积小以成高大是与。《正义》曰此节明至诚不已，则能由微至著从小至大。）

由此可见宇宙本体根本活泼泼地。神化流行，就是所谓"维天之命，于穆不已"。我们最好把不断的流水来比他。《论语》说："逝者如斯夫，不舍昼夜！"正是这个说法。因为本体是变化无穷，绵延不断，所以由微而著，积小至大，它是时时刻刻地累积，时时刻刻地创新，自过去而现在，过去即现在当中，过去的保存无已，所以未来的扩张增大无已，即因未来的扩张增大无已，所以变化也永没休歇。孔家最注重用力教人的是"温故知新"。我们本体一方面仰倚着"故"，一方面俯恃着"新"，一个是未来的前进，不可预测，一个是过去的累积，永无穷期。《系辞》说："易无思也，无为也，寂然不动，感而遂通天下之故。"《孟子·离娄章》曰："天下之言性也，则故而已矣，故者以利为本……天之高也，星晨之远也，苟求其故，则千岁之日至，可坐而致也。"这个故字，就是永不间断的过去累积，就是昼夜相承相恋的"千岁之日至"（见《四书集注》）。孔家又最重一"新"字。《汤之盘铭》曰："苟日新，日日新，又日新。"《伊尹之训》曰："终始惟一时，乃日新。"《周易·大畜》曰："刚健笃实辉光，日新其德。"又《系辞》曰："日新之谓盛德。"可见宇宙本体这件浑融流畅的东西，它无始无终的经过，都存于现在绵延转起的一念心，无达无尽的将来，也存于现在绵延转起的一念心，只这一念心累积不已，便日新不已，至于无穷，这就是变化的真象了！

　　但生之真意义，就是变化，然这变化的原理，是确有所指，究竟是指什么呢？我们知道"伏羲作易，自一画以下，文王演易，自乾元以下，皆未尝言太极，而孔子言之；孔子赞易，自太极以下未尝言无极，而周子言之"（见朱子《答陆子静书》）。先圣后圣都是要发明这个道体不出，现在我为方便起见，敢确指给大家，本体不是别的，就是充塞天地间的"真情之流"，就是人人不学而能不虑而知的一点"情"。就是《周易》书中屡屡提起而从未经人注意的"情"字，我从狱中读易彻悟过来的，也只是这"情"字，谈何容易。但有人驳我道：一部《周易》虽不抹煞这个"情"，然而除却《咸》《恒》《大壮》《萃》诸卦，也不是六十四卦，卦卦如此。这话稍加思索，便知其于《周易》一部书，还不能通其意。何则？六十四卦都是要发明天地万物之"情"，然每卦而言，就不胜其言，所以圣人只就《咸》《恒》《大壮》《萃》诸卦，偶发其数，并不是这些卦和他卦特别。如说"观是所恒，而天地万物之'情'可见矣"，"观其所感，而天地万物之情可见矣"，本有言不能尽之意。《系辞》更明明白白地说"始作八卦，以通神明之德，以类万物之情"，八卦如此，怎见得不是六十四卦都如此呢？若能因天地万物之"情"，而悟六十四卦生生之理，就知道一部《周易》都只是这"情"字，都只是道着天地万物之"情"。《礼记·祭义》说："昔者圣人建阴阳天地之'情'，立以为易。"可见六十四卦三百八十四爻，一阴一阳而天地万物的"情"，便跃然可见。所谓"以阴阳为端，故'情'可睹也"（《礼记·礼运》），这么一来，足证易以道阴阳，就是所以见本体——真情之流，而"情"是《周易》的究竟话头，也不待详证而自明了！

因为充塞天地间，"真情之流"无往而不在，所以说"范围天地之化而不过，曲成万物而不遗"即所见天风、木叶、鸟语、花声，无非'真情之流'的大道理，所谓命，所谓道，所谓太极，总是这一个东西，只就自家默识便见。但于此须注意，孔家讲"真情之流"决不是不变的，恰以野马尘埃之相联络，一动不息，而一般虚无学者所悬想的不变不动的本体，自然只好算作臆谈，和这神妙无方变化无迹的自然变化，决非同物。因为只有时时刻刻的变化是本体，只有作用是性，所以没有本体这个东西，不疾而速，不行而至，贯彻古今内外，也不外这浑一的"真情之流"，要得这浑一的"真情之流"，只须看天地生物气象便得，所以《周易·恒卦·彖》曰：

恒，久也……久于其道也，天地之道，恒久而不已也，利有攸往，终则有始也。日月得天而能久照，四时变化而能久成，圣人久于其道，而天下化成，观其所恒而天地万物之"情"可见矣。

又《咸卦·象》曰：

咸，感也，天地感而万物化生，圣人感人心而天下和平，观其所感，而天地万物之"情"可见矣。

又《大壮·象》曰：

大壮，大者壮也，刚以动故壮，正大而天地万物之"情"可见矣。

又《萃卦·象》曰：

萃聚以正也，观其所聚而天地万物之"情"可见矣。

原来天地之大，万物之众，它往古来今，出生入死的变化，永远没有间断的，只是这"真情之流"，"真情之流"就是绝对的表示，就天地而在天地，就万物而在万物，就人而在人，无处不是变化，就无处不是表示，《系辞》说得好，"易也者象也"，何等明白！因为"真情之流"就是人人共见的绝对表示。所以决不是"无表示"，如果真个"无表示"，就乾坤毁掉而无以见易，那么"易不可见，乾坤之道或几乎息矣（《系辞》）"。尚从哪里去看天地生物气象呢？我们须知道《周易》千言万语都只道着永恒不息的绝对表示，而否认那无所有不可得的"无表示"，有表示所以"天地变化草木蕃"，无表示所以"天地闭贤人隐"，这个意思很重要。晓得《周易》的根本地方是绝对表示，才能于天地万物中，会得存于天地万物的"真情之流"，而灼然有以实见宇宙本体了。宇宙本体本是悠久，本是活泼，如咸、恒诸卦所说，都是非常的恰切。项安世在《周易玩辞》也解得妙：

> 咸曰观其所感而天地万物之"情"可见矣。恒曰观其所恒，而天地万物之"情"可见矣。阴阳之"情"，惟感与常而已。往来无穷者感也，相续不已者常也。

> 恒曰天地之道，恒久而不已也。利有攸往，终则有始也，明道在不已，所以能久也。已者止也，止则废，废则不久矣。书曰终始惟一时，乃曰新，惟日新不已，然后能终始惟一也。日月得天而能久照。天即道也，四时变化而能久成，变化即不已也。

又总说之曰：

> 天地万物之所以感，所以久，所以聚，必有"情"焉，万变相生感也，万古若一久也，会一归一聚也，知斯三者而天地万物之理毕矣。天地之心主于生物，而聚之以正大，人能以天地之心为心，则无往而不为仁，以天地之"情"为"情"，则无往而不为义矣，是以圣人表之以示万世焉。

由此可见我立"真情之流"以为宇宙根本的原理，是完全本于《周易》，并非杜撰出来。但这"真情之流"其实则一，而其名却很少。因其至极无对而为万有的大枢纽，大根柢，便叫做"太极"，《系辞》说"易有太极"。又唤做元，《文言传》曰"元者善之长也"，又说"乾元者始而亨者也"，彼之所谓太极，所谓元，即是一个"情"字，只是天地万物的"情"，在有天地之先，毕究是有这点"情"，在而有太极，"情"立而至善见，只是一个

"真情"一以贯之罢了！王夫之论元最好。他说：

> 物皆有本，事皆有始，所谓元也。——纯乾之为元，以太和清刚之气，动向不息，无大不居，无小不察，入乎地中，出乎地上，发起生化之理，肇乎形，成乎性，以兴起有为而见乎德，则无物之本事之始，皆以此倡先而起用，故其大莫与伦也。木火土金川融山结，灵蠢动植，皆天至健之气，以为资而肇始，乃至人所能，信义智勇礼乐刑政以成典物者，皆纯乾之德，命人为性，自然不睹不闻之中，发为恻怛不容已之几，以造群动而见德，亦莫非此元为之资，在天谓之元，在人谓之仁，天无心不可谓之仁，人继天不可谓之元，其实一也，故曰元即仁也。

又曰：

> 惟以乾为元，而不杂以阴柔，行乎其所以容已，恻然一动之心，强行而不息，与天通理，则元于此显焉，故曰元即仁者，言乾之元健行以始之谓也，故谓之元为至大也。（《船山遗书·周易内传》卷一上）

这么一来，便知乾元与仁，都是"真情之流"的别名，在天地万物就发育峻极的，便唤做元，在人分上就自然随感而应的，便唤做仁，所以孔门之学以求仁为宗，求仁就是所以复情，勘破时就我和天地万物浑然一体。真如日月之照，如云之行，如水之流，活泼泼的都是这浑然一体！譬如"孩提之童无不知爱其亲，及其长也，无不知敬其兄"，不虑而知，不学而能，浑然亲长一体的，就是浑然天地万物一体的"真情之流"了。今人乍见孺子将入于井，怵惕恻隐而不自知觉，浑然孺子一体的，这就是浑然天地万物一体的"真情之流"了。所以程明道说:"仁者以天地万物为一体。"《论语》说:"一日克己复礼,天下归仁焉。"人们日用间种种应酬,充周于未发,条理于发见,都是和天地合德,日月合明,我们不要只于身外求"真情之流",须知身内都是"真情之流",浑合无间,本没有内外,这才是"真情之流"的真相!我们何必自己间断分别他呢?于此我请进论"真情之流"的本质,并且连带把三数重要名词,认定它真确的训义是什么。

(一)"真情之流"是自然而然的——天地间流行不息之妙,绝没有一毫人力,完全是自然而然的,不勉而中,不思而得,只是个"情"不容已,所以《礼记·礼运》说"情弗学而能",若稍涉人为,便不是"真情之流"了。所以《系辞》说:

子曰:夫易何为者也?夫易,开物成务,冒天下之道,如斯而已者也。

又说:

易,无思也,无为也,寂然不动,感而遂通天下之故。

又说:

天下何思何虑,同归而殊涂,一致而百虑,天下何思何虑。

晓得"真情之流"不是做出来的,不是有所藏而发,也不期然而然。那么"天命"的意义,就容易了解了!《无妄·象传》言天"之命也",《大有·象传》言"顺天休命",《乾·象传》之各正性命,《系辞传》之乐天知命,《说卦传》之穷理尽性以至于命，这个命只是个自时而然，就其自然而然所起的绵延之感，人们便发现自由了。自由没有别的，只是不绝的生命，无间的动作，不尽的绵延，换句话说，就是造化流行，这造化流行，其来路非常之远，浩然淬然，都是"莫之为而为，莫之致而致"（《孟子·万章上》曰：莫之为而为者天也，莫之致而至者命也）。所以是不可预测的，他当下这一动是未定的，因其不可预测所以自由，故自由非他，即是天命之本体，所以天赋自由是也。天赋自由就没有间断，所谓"维天之命，于穆不已"。

（二）"真情之流"是真实无妄的——天地只是以生物为心，万物欲生，即任其生，所以易以万物发育为真实无妄。《无妄》曰："天下雷行，物与无妄。先王以茂对时育万物。"这就可证万物之生，不外乎"真情之流"，而"真情之流"只是一个实理罢了。所以又叫做"诚"字。《中庸》说"诚者天之道也"，又说"诚者物之终始，不诚然物"。《周子通书》因此立诚为宇宙根本原理更发挥之曰：

> 诚者圣人之本，大哉乾元，万物资始，诚之源也。乾道变化；各正性命，诚斯立焉，纯粹至善者也。
> 故曰一阴一阳之谓道，继之者善也，成之者性也。元亨诚之通，利贞诚之复，大哉易乎！其性命之源乎！

孔家千言万语讲到究竟，只是一个"诚"字，只是一个无妄，而不可谓之妄。但怎么知道"宇宙之生"是真实无妄呢？王夫之《周易内传》说得好：

> 今岁之生，昔岁之生，虽有巧历不能分其形埒，物情非妄，皆以生征征于人者情为尤显，跐析必喜，箕踞必怒，墟墓之哀，鼓夔必乐，性静非无，形动必合，可不谓

天下之至常者乎。故动而生者，一岁之生，一日之生，一念之生，放于无穷，范围不过，非得有参差傀异，或作或辍之情形也。其不得以生为不可常，而谓之妄，抑又明矣，夫然其常而可依者，皆其生而有，其生而有者，非妄而必真，故雷承天以动起物之生，造物之有，而物与无妄，于此对时于育物，岂有他哉。

因为生命是真实无妄的，所以周易以"情"和"伪"对举，情便不伪了，伪便不情了，这么一来，充塞天地间都是"真情之流"，也就是真实无妄的了。伏曼容因不知这点"情"，所以说"蛊者虑也，万事从惑而起，故以蛊为事"（李鼎祚《周易集解》引）。乃不料近人章炳麟，更越说越不近情理了！他道：

　　《中庸》曰不诚无物，诚即佛典所谓根本无明，在意根则我痴是也。非有痴相，则根身器界不得安立，焉有物耶？不觉故动，动则生矣。《易》曰大哉乾元，万物资始，乾元者何？动是也，诸法因动而现，故曰资始。此土之圣，唯作易者知有忧患，忧其动而生生无有已时也。（《菿汉微言》）

这话于《易》毫无心得，然而几乎误尽天下苍生了！

（三）"真情之流"是变动不息的——天地万物的变化，都起于一个"动"字，这一动就不住的动，就成为绵延创化的宇宙生命了。所以"动"是宇宙的本体，在发用流行中，一动一静，才静便动，底子只是一个动，这一个动便唤做道。《系辞》说：

　　一阴一阳之谓道。

道便是在阴的又忽然在阳，在阳的又忽然在阴，这不就是"天下之至动吗"？原来道体浩浩无穷，在无穷中，自静而动，永远没有休息时期，所以复卦，言反又言复，终便有始，循环无穷，而根本只是一动。（项安世《周易玩辞》曰：易之变通，一动一静，而皆名之曰动，至人之仁，即天地之生，易之动也。）《横渠易说》说得好：

> 道行也，所行即是道，易亦言天行健，天道也。

然尤不如程伊川的话，更推辟深至。《易传》曰：

> 反复往来，迭消迭息，七日来复者，天之运行如是也。消长相因，天之理也，阳刚君子之道，故利有攸往，一阳复于下，乃天生生物之心也，先儒皆以静为天地之心，盖不知动之端乃天地之心，非知道者孰能识之。

又曰：

> 天下之理未有不动而能恒者也，动则终而复始，所以恒而不穷，凡天地所生之物，虽山岳之坚厚，未有能不变者也。故恒非一定之谓也，一定则不能恒矣，惟随然变化易，乃常道也。故云利有攸往。

但这一动是什么呢？《温公易说》道："何谓动，动者感物之'情'也。"《童溪易传》（宋王宗传撰）说："夫动而生物者乾之情也，乾之情其所以旁而通之者，即乾之大爻也，故继之以六爻发挥旁通情也。"知道这一动是"情"，就通天彻地，活泼泼地都是"真情之流"了。

（四）"真情之流"是绝对无二的——宇宙发生，只是这一动，这一动便"天地变化草木蕃"，便无在无不在，因之世界的一切事物，一一都不住地动了。然须知这天下之动，虽然千变万化，而根本却主于绝对无二的动，所以《系辞》说：

天下之动贞夫一者也。

又说：

天下同归而殊涂，一致而百虑。

"真情之流"就是这绝对无二的一动。何以见得呢？项安世《周易玩辞》说："利而贞者乾之性情也，性情指本体言之，别者散而为不贞者合而为一，已散而复合，已万而复一言乾性纯一其情不二。"可见凡天下之动，反复往来上下，都是从这极简单的一元生出来，所以都是归于这虚而一的"真情之流"，所以孔子说：

吾道一以贯之。

《中庸》说：

天下之通，一言而尽也，其为物不二，则其生物不测。

《孟子》说：

夫道一而已矣。

可见天地万物莫不以一为根本的原理，所以程大昌《易原》

论一，说：（1）易以一为祖为至；（2）一神；（3）一能无为而无不为。会得这个统之宗，会之元，那么万法从此流出，更没有许多事了！

（五）"真情之流"是本有不无的——孔家没有以"无"言道的，只有《中庸》引诗上天之载，无声无臭，然意乃在有，毕竟不是说"无"就是道。乃韩伯注《易》，竟说"道者何？无之称也"（一阴一阳之谓道句下，又《正义》云，以体言之谓之无，以物得开通谓之道，总而言之，皆虚无之谓也）。这话于易无本。不可不辨须知"真情之流"即是宇宙生命，若这源头果无，便如许的天地，如许的万物，怎能生成出来？所以易的本义，唯在于有，和佛老虚无的思想，绝不相同，由易理看起来，所谓无，不是先有而有这无，也不是有的根基，实在就包含有于其中，所以有无是合一的，一切皆无，一切皆空，实为不可能的一回事！刘琳《周易义疏》因不知这个道理，说什么"自无出有曰生"。如果生是自无而有，那也自有而无了。然生命的真相，决不是如此，《系辞》说得好：

　　易有太极——《北史》：梁武帝问李业兴云：易有太极，极是有是无？兴曰：所传太极是有。

许桂林《易确》说：

　　易有太极，人所共见，故曰易不可见，则乾坤或几乎息矣。

晓得宇宙生命是自有而有，不是自无而有，然后虚无寂灭的学说，便打破了。晓得亿亿万万之年，一定不会有没天没地之日。就是没有没人没情之日，这才算归宿！

（六）"真情之流"是稳静平衡的——天地的造化和人心的寂感，在生机活泼中，自然有个静意，有稳静平衡而默默生息的样子。所以汉儒训情为静，《白虎通》说："情者静也。"《广雅》也说："情静也。"近人刘光汉因此便以体用言"情"，他在《理学字义通释》里说：

> 盖人生之初，即具喜怒哀惧爱恶之情（故《礼运》言情弗学而能），有感物而动之能（见《乐记》），然未与外物相接则情蓄于中，寂然不动（人日与外物相接，心有所感而情始发见于外，不与物接则情不呈），即《中庸》所谓喜怒哀乐之未发谓之中（朱子以未发为性，以已发为情，不知未发为情之体，而已发则为情之用也）。大易所谓其静也翕也（周子《太极图》言一动一静互为其根静也者，即就未发之情而言之也）。汉儒训情为静，乃就情之体而言，非就情之用而言。

这话未是！因为"情"是极活泼极流通而稳静平衡的，在活泼流行中而稳静平衡是其体，然体在用中，静在动中，若于未发前讨个静，作一件东西看便错了。须知"真情之流"原是无动无静的，原自寂然不动，原自感而遂通，然就其发见流行处，这点真情是无所偏倚的，所以唤做静，又唤做"中"。中是什么呢？原来天下的情没有两便没有一，没有流行哪里有调和？所以调和之妙，都是从流行看得，而所以流行其中的，不出阴阳两个意象，又不是真有阴阳，其妙在合而未分，一动一静之间，有稳静平衡而默默生息的样子，这就是"中"，就是"调和"，所以"中"没有定体，只是当下恬然，颇有天清地宁，万物各安其所气象，《系辞》说得好：

> 天地设位而易行乎其"中"矣。

又说：

  易简而天下之理得，天下之理得，而易成位乎其中矣。
（《周易述》曰：易简即天地之中。）

  自从有天地以来，何尝不各安其位？然天地虽各位其位，而"真情之流"何尝不两相调和？可见"真情之流"即一阴一阳之中，便是中就回环往复互为终始，而稳静的平衡的状态，可以想见了。这么一来，便知"真情之流"原不可以分位言，然即就分位中默识出来，后儒分位之说，把一阴一阳认作有形有体的东西，只看到阴阳的两端，而忽略其中间的调和，却不知中间正是天地人的至妙至妙处！才过便不是"真情之流"了。

  最后，我敢告诉大家，我们的宇宙，就是这本原的，研究的真实的"真情之流"，决不是一种占有冲动的世界。须知宇宙起的时候，即这真情充塞流行的时候，可见宇宙存在是因"真情"作背后的护持力，活泼泼的真情之流啊！当下便是乐土，我们更何忍毁灭人生，去求那超于人间希望的涅槃？我们所能作的，也只是复归于"真情之流"罢了。

# 别墨研究

## 一 别墨与墨子

从前讲墨子的人，一定说他是如何如何之合于逻辑，其实这是错了的。因为已经把《墨经》认作墨子做的了。其实《墨经》《经》上下、《经说》上下、《大取》、《取》——不但和墨子思想不同，并且分明一个是"宗教的墨学"——墨子，一个是"科学的墨学"——别墨。在墨子书里有许多浅薄迷信的话，但在《墨经》里就完全是科学和逻辑学家的议论了。因此近人胡适之先生就决定这六篇书决不是墨子时代所能做得出的，而另外提出一篇来讲。这一点虽然如梁任公、章行严都没有赞成他，但我却坚认胡适之的见解是有历史的眼光的。但适之先生虽知墨子学说和墨辩不同，却未免对于墨子仍有附会和辩护的意思，如讲到墨子的哲学方法，说他处处要问一个"为什么"，举《公孟篇》为证，其实这一段实在不是儒墨两家根本上不同之处。因为在儒家的孔子也是主张"疑思问"的，以后儒者如程伊川、陈白沙且以疑为入学法门，可见这一点并没有什么不同。并且最奇怪的，墨子虽然在对人辩论的时候，要问为什么，到了自己立说的时候，就不问为什么了；不但不问为什么，并且很武断地就说什么不但不能合于科学精神，并且分明是"非科学的精神"了。适之先生说儒家爱提出一个极高的理想的标准，作为人生的目的，但儒家所提出的，还是"人生的"，墨子提出的却是"非人"的一个奇怪东西。这个奇怪东西他叫做"天志"。

子墨子言曰：我有天志，譬若轮人之有规，匠人之有矩，以度天下之方圆，曰：中者是也，不中者非也。（《天志上》）

故子墨子之有天之意也，上将以度王公大人之为刑政也，下将以量天下之万民为文学出言谈也：观其行顺天之意，谓之善意行，反天之意，谓之不善意行；观其言谈顺天之意，谓之善言谈，反天之意谓之不善言谈；观其刑政，顺天之意谓之善刑政，反天之意谓之不善刑政；故置此以为法，立此以为仪，将以量度天下之王公大人卿士大夫之仁与不仁，譬之犹分黑白也。（《天志中》）

假使现在有一个基督教徒，他告诉我们：你的话如果和上帝意旨同的，便是是的，和上帝意旨不同的，便是非的。那么我们一定说他是"非科学"的了。现在墨子明明把"天志"去量度一切事情，明明定个标准（大前提）做我们言谈思想的标准，明明是一个"奴性的逻辑"，我们为什么说他"科学的"，岂不是大笑话吗？适之先生说："墨子说单知道几个好听的名词，或几句虚空的界说，算不得真知识，真知识在于能把这些观念来应用。"（《中国哲学史大纲》）我们现在姑且承认墨子的天志，不是好听的名词，是可拿来应用的。且看他怎样应用它？

他说天志是欲义而恶不义的。但怎样证明它呢？《天志上》说：

（大前提）天下有义则生，无义则死；有义则富，无义则贫；有义则治，无义则死。

（小前提）然则天欲其生而恶其死，欲其富而恶其贫，欲其治而恶其乱。

（断案）此我所以知天欲义而恶不义也。

这种三段论法，我们实在不敢赞同，因为他的大前提就未必靠得住，假使有人寻得出天非必欲人之生而恶其死，如达尔文、赫胥黎所说，就墨子的断案便不能成立了。并且这种三段论法，大前提很难确凿，所以结果，也往往误谬，如以韩愈所谓"角者吾知其为牛"为大前提，以三段论法演之，则为"此兽有角也，故此兽为牛"，这不太武断了吗？可见从方法上批评墨子，所谓天志不能不说他在逻辑上是完全失败的！

我们讲逻辑时，最反对把"逻辑"和"宗教"混合起来，但我们考察逻辑的发达史却又不能不承认最初的逻辑，常常和"宗教"混合的事实，如《因明大疏》说："劫初足目，创标真似。"足目是尼夜耶教派的始祖，"因明"就是由他发明，所以难免带多少遗传的宗教性，《尼夜耶经》说的量谛，内中有一个圣教量就指着《吠陀》圣典的神话，当做一切语言思想的标准。所以说道："《吠陀》者正知之源也。"这圣教量从足目到陈那经历了二千多年，然后废掉。我们看看中国论理学的开创，也是如此。墨子是墨教的始祖，他是最先注意到论理学的。但是他的论理学不管怎样的好，总难免带几分宗教性。一直到了"别墨"时代，才把这种宗教性渐渐废掉，而成为科学的方法，所以我们讲墨家论理学时，不要忘记了这一点，墨子确是中国第一个给论理学开辟境界的人，然而他尊崇那"圣教量"，比别人还要厉害些，顽固些。他说："言有三表"：

言必立仪，言而无仪，譬犹运钧之上，而立朝夕者也[①]，是非利害之辨，不可得而知也，故必有三表。何谓

---

[①] 言运钧转运无定，必不可立表以测景。

三表？子墨子言曰：有本之者①，有原之者②，有用之者。于何本之上本之于古者圣王之事。于可原之？下原察百姓耳目之实，于何用之？发③以为刑政，观其中国家百姓人民之利，此所谓言有三表也。（《非命上》）

……故使言有三法，三法者何也？有本之者，有原之者，有用之者，于其本之也，考之天鬼之志，圣王之事；于其原之也，征以先王之书；用之奈何？发而为刑政④，此言之三法也。（《非命中》）

是故言有三法，何谓三法？曰：有考之者，有原之者，有用之者。恶乎考之？考先圣大王之意。恶乎原之？原之察众之耳目之情。之乎用之？发而为政乎国，察万民而观之，此谓三法也。（《非命下》）

这就是墨子的逻辑了！他所谓仪法就是逻辑的意思。把他列一个表是：

第一表　A考之天鬼之志　B本之于圣王之事　有本之者
第二表　A下原察百姓耳目之实　B征以先王之书　有原之者
第三表　A发以为刑政，观其中国家百姓人民之利——有用之者

头一表，就要"考之天鬼之志"，"本之于古者圣王之事"，这个不是墨学的宗教逻辑吗？依适之先生的意思，以为最重要的还

---

① 本谓考其本始。
② 察度其事。
③ 原作废，据中下篇改。
④ 据上篇增政字。

是这第三表（《中国哲学史大纲》），依任公先生的意思，墨子虽然三表并列，但最注重的还是第二表（《墨子学案》），其实墨子在《天志》篇分明承认他最注重的第一表了。不过在应用时候有时第一表和第二表倒置罢了。这个逻辑的用法，可以《明鬼下》作一个例：

第一表

（A）考之天鬼之志

故鬼神之明，不可为幽间广泽山林深谷，鬼神之明必知之。鬼神之罚不可为富贵众强，勇力强武，坚甲利兵，鬼神之罚必胜之。……夏王桀贵为天子，富有天下，上诟天侮鬼，……故于是天乃使汤至明罚焉。……殷王纣贵为天子，富有天下，上诟天侮鬼，……故于此乎天乃使武王至明罚焉。

（B）本之于圣王之事

姑尝上观圣王之事，昔者武王之攻殷诛纣也，使诸侯分其祭，曰：使亲者受内祀①，疏者受外祀②，故武王必以鬼神为有。是故攻殷伐纣，诸侯分其祭，若鬼神无有，则武王何祭分哉？……故古圣王治天下也：故必先鬼神而后人者此也。

第二表

（A）下原察百姓耳目之实

---

① 谓武王克殷，分命使诸侯主殷祀。
② 异姓之国，祭山川四望之属。

天下之所以察知有与无之道者，必以众之耳目之实，察知有与无之为仪者也。诚或闻之见之，则必以为有，莫闻莫见则必以为无。若是何不尝入一乡一里而问之，自古以及今，生民以来者，亦有尝见鬼神之物，闻鬼神之声，则鬼神何谓无乎？若莫闻莫见，则鬼神可谓有乎？……若以众之所同见，与众之所同闻，则若昔者杜伯是也。周宣王杀其臣杜伯而不辜。杜伯曰：吾君杀我而不辜，若以死者为无知则止矣，若死而有知，不出三年，必使吾君知之。三年，周宣王合诸侯而田于圃，田车数百乘，从数千人满野。日中杜伯乘白马素车朱衣冠，折朱弓，挟朱矢，追周宣王射之车上，中心折脊，殪①车中，伏弢而死弢岁弓衣也，当是之时，周人从者莫不见，远者莫不闻……

(B) 征以先王之书

古者圣王必以鬼神为有，……又恐后世子孙不能知也，故书之竹帛，传遗后世子孙；戚恐其腐绝灭，后世子孙不得而记，故琢之盘盂，镂之金石以重之；又恐后世子孙，不能敬莙以取羊②，故先王之书，圣人之言，一尺之帛，一篇之书，语数鬼神之有也。重又重之。……《周书大雅》有之。《大雅》曰：文王在上，于昭于天，周虽旧邦，其命维新，有周不显，帝命不时③，文王陟降，在帝左右，穆穆文王，令闻不已。若鬼神无有，则文王既死，彼岂能在帝之左右哉？此吾所以知《周书》之鬼也。且

---

① 仆也。

② 敬威以取祥。

③ 不显显也不时时也。

《周书》独鬼,而《商书》不鬼,则未足以为法也。然则姑尝上观乎《商书》……姑尝观乎《夏书》……

第三表

(A)发以为刑政,观其中国家百姓人民之利

子墨子曰:当若鬼神之能赏贤如罚暴也,盖本施之国家,施之万民,实所以治国家利万民之道也。若以为不然,是以吏治官府之不洁廉,男女之无别者鬼神见之;民之为淫暴寇乱,盗贼以兵刃毒药水火,迋无罪人乎道路①,夺人车马衣裘以自利者,有鬼神见之;是以吏治官府不敢不洁廉,见善不敢不赏,见暴不敢不罪。民之为淫暴寇乱,盗贼以兵刃毒药水火,迋无罪人乎道路,夺车马衣裘以自利者由此止……是以天下大治。

以上墨子把论证的方法,来作他"有鬼论"的护身符,好似证据很确凿了,其实都是一派胡说乱道。他《明鬼下》中所说"执无鬼者"就是指儒家,可见儒者在古代实在已经做过破迷信的工夫,墨家也实在做过科学的顶大障碍。本篇说"今执无鬼者曰固无有,旦暮以为教,诲于天下"。又《公孟篇》:"儒以天为不明,以鬼为不神天鬼不说,此足以丧天下。"可见孔子死后子游一派传播"无鬼"的教义,这是不可讳的事实。但是子游一派竟受"非科学"的恶谥,而墨子倒是彻头彻尾的实证派哲学,这真是哲学史极大的不平事了!

我们再仔细讨论这三表的价值,如第一表:(A)项我们不要

---

① 即抢劫。

说他了。（B）项本之于圣王之事，这在墨子书中是常常提到的！《贵义篇》说：

> 凡言凡动合于三代圣王尧舜禹汤文武者为之。

这明明是拿着圣王做过的话做标准，而且明明是"古因明"的"圣教量"！但胡适之先生却要说他，这是"温故而知新""彰往而察来"的科学方法了。

第二表（A）原察百姓耳目之实，这固然是墨子的贡献，但我们不能像适之先生那样，以为这便是科学的根本，因为耳目之资有时虽然很靠得住，有时也很靠不住。即如墨子明鬼篇讲许多白昼见鬼的事，是靠得住吗？王充《论衡》说得好：

> 墨家之议右鬼，以为人死辄为神鬼，而有知能，形而害人，故引杜伯之类，以为效验，儒家不从，以为死人无知，不能为鬼。……事莫明于有效，论莫定于有证，空言虚语，虽得道心，人犹不信。……夫论不留精澄意，苟以外效立事是非，信闻见于外，不诠订于内，是用耳目论，不以意议也。夫以耳目论，则以虚象为言，虚象效则以实事为非是，故是非者不徒耳目，必开心意，墨议不以心而原物，苟信闻见，则虽效验章明，犹为失实。……虽得愚民之欲，不合知者之心，盖墨术所以不传也。（《薄葬篇》）

把这番话，来评墨子第二表的短处，实在再好也没有了！（B）征以先王之书，适之先生在《新青年》论过"奴性的逻辑"，我们很可拿来批评墨子，因为他引那些先王的陈言来辩护自己的偏见，这已是大错。至于引那些合我脾胃的书来驳那些不合我脾胃的，究竟所根据的"先王之书"靠得住吗？这还是一个最大的问题。

再论第三表发以为刑政观其中国家百姓人民之利，这一层本没有流弊，但给墨子一说，就有许多流弊了。他主张"节用""节葬"，并且"非乐"。很武断地说，音乐是废国家之从事（《非乐》上）；而且根本排斥一切美术。这种第三表的应用，不消说是很不对的。所以在墨子当时就有一位儒家程繁驳他（《三辨篇》），以后荀子在《富国篇》《乐论篇》，又驳他。《庄子·天下篇》说他："其道太觳，使人忧，使人悲。其行难为也，恐其不可为圣人之道，反天下之心，天下不堪！"汉司马谈也说："墨者俭而难遵。"（《史记·太史公自序》）可见第三表所注意的"实际上的应用"，结果却是一步也走不通，更不要说到"应用"两个字了！

总而言之，墨子所用的是"宗教的逻辑"，却不是别墨的"科学的方法"这一点是可以断言的！

## 二　别墨与诡辩学派

现在讲墨学的，虽然很多，对于墨学的传授系次，却没有一个弄得清楚的。梁任公所作的《墨学派别表》（《墨子学案》），我们一看就知道他是有许多错处！第一他沿袭陶渊明《圣贤群辅录》和俞理初《癸巳类稿》的错误，以宋钘、尹文为墨学，且以宋钘为正统派，其实这在孙诒让已经驳过："《庄子》本以宋钘、尹文别为一家不云亦为墨氏之学。"并且《尹文子·大道》上篇分明说"大道治者则名法儒墨自废"，又说"藉名法儒墨者，谓之不善人"，可见不是墨学了。第二，任公未免自相矛盾了，他在《先秦政治思想史》把许行归入道家思想之内，为什么又把他说成墨学别派呢？第三，惠施、公孙龙并非祖述墨学，孙诒让、胡适之、梁任公均沿其误而不知。这层下面再说好了。——总上可见任公这个表实不可用，我们最好还是仍照适之先生意思（《中国哲学史大纲》），将古书说墨家派别的话拿来讲，于"宗教的墨学"之外另提出一派"科学的墨学"，而认今本《墨子》里的《经》上下、《经说》上下、《大取》、《小取》六篇，是一些别墨做的，这一个贡献实在很不少。但是当适之讲到这六篇和惠施、公孙龙的关系，我便发现他大大的错误了。张惠言云："观《墨子》之书，《经说》、《大小取》，尽同异坚白之术，盖纵横名法家惠施、公孙龙、申、韩之属皆出焉。"孙诒让云："坚白异同之辩，则与公孙龙书及《庄子·天下篇》所述惠施之言相人。"这话本没有深考，适之据此竟说："《墨辩》诸篇，或者是惠施、公孙龙作的。"这种武断的话，以讹传讹，已很久了。其实讲起来"别墨"和墨子不同，而惠施、公孙龙也全不同，一个是用的是"宗教的逻辑"（墨子），一个用的是"科学的方法"（别墨），一个是用的"哲学的辩证法"（惠施、公孙龙），适之先生能以历史的态度去辩正《墨经》不是墨子做的，但适之先生还没有彻底用历史的态度再去辩正惠施、公孙龙之非别墨，结果仍陷于张惠言、孙诒让同样的错误，而梁任公讲《墨子学案》竟引适之为卓识，岂不是以讹传讹的罢！其实在哲学史家的职务，最重要的就是"历史的态度"，如现在许多人讲佛学史时，认"大乘经典实出释尊"，这都不是历史的态度，而胡适之先生之言惠施与公孙龙学术源流，亦犯了一样毛病。在这一点惟有章行严先生的《名墨訾应论》是对的（见《东方》第二十卷二十一号）。固然行严也有很错误的地方（如以《墨辩》非墨予手著之书，又引作墨子言），但这一点，实在有所贡献于中国哲学史上。他所举的证据有三：其一，荀子《解蔽》篇云："墨子蔽于用而不知文……惠子蔽于辞而不知实。"墨惠并举，名迹之大，几于相等，而其所蔽，性又相反，彷若各出所长相齮齕焉。此而谓惠出于墨，苟非惠之生卒年月，略后于墨，将与言墨出于惠同为无义，证一。其二，韩非子《显学》、庄子《天下》篇于相里、邓陵两派，两书同载，似当时墨学源流，当时共见，初无隐匿，焉有墨家巨子如惠施公孙龙所就远出相里诸墨之上者，转致漏列之理？证二。其三《汉书·艺文志》详载九流所出，名墨派别，判然不同，惠施、公孙龙俱列名家为大师，焉有同时跨入墨家之道？证三。——因此行严就断定惠施、公孙龙和墨家截然不可混同，并且《墨经》就是为着防御名家的诡辩，做出来的。他说：

  惠施与墨家俱有事于名，特施为警者，专恃以为求胜之术，而墨非警，其中鸿沟甚大。

又在《墨学谈》（见《胡适文存二集》卷一）里说：

  如惠子言："一尺之棰，日取其半，万世而不竭。"墨子言："非半勿薪，则不动说在端。"凡注墨者率谓此即惠义，而不悟两义相对，一立一破，绝未可同日而语也。且以辞似征之，似惠为立而墨为破，何以言之？惠子之意重在取而不在所取，以谓无论何物，苟取量仅止于半，则虽尺棰已耳，可以日日取之，历万世而不竭也。墨家非之，谓所取之物，诚不必竭，而取必竭，一尺之棰，决无万世取半之理；盖今日吾取其半，明日吾取其半之半，又明日吾于半之半中取其一半，可以计日而穷于取，奚言万世！何也？尺者端之积也，端乃无序而不可分（义出《墨经》）；于尺取半，半又取半，必有一日，全棰所余，两端而已；取其一而遗其余，余端凝然"不动"，不能断即不能取也，故曰："非半勿薪则不动说在端。"此其所云，果一义乎？抑二义乎？略加疏解，是非炳然可知，而从来治墨学者，未或道及！……

这话实在可以纠正适之、任公的错误,并且可见"别墨"实验的学问,比惠施、公孙龙的诡辩好得多了!如公孙龙言"白马非马"而别墨说"乘白马乘马也";公孙龙言"狗非犬",而别墨说"狗犬也";公孙龙言"坚白石二",而别墨则言"坚白不相外也";凡此种种可见别墨确是用的"科学的方法",而惠、龙却实实在在是"诡辩学派"了。不信,我们再举一段《小取》篇来做证明。那篇说:"物或乃是而然,或是而不然。"一个是对的,一个是错的,对的是:

白马,马也。乘白马,乘马也;骊马,马也。乘骊马,乘马也。获人也,爱获爱人也;臧人也,爱臧爱人也;此乃是而然者也。

我们以三段论法写之:

(大前提)白马皆马也。
(小前提)所乘白马也。
(断案)故所乘马也。

这自然是很合逻辑的!反之"或是而不然"的,如:

获之亲人也,获事其亲非事人也;其弟美人也,爱弟非爱美人也;车木也,乘车非乘木也;船木也,入船非入木也;盗人也,多盗非多人也;无盗非无人也;……墨者有此而非之,无他故焉,所谓内胶外闭与!……
此乃是而不然者也。

这种话自然也很中听，所以适之、任公都断章取义把它看做墨学的论证法来讲，其实这些话，都只是"吊诡其辞"，是别墨所极端反对的！所以说："或是而不然者也。"我们再看《荀子·正名篇》也说："杀盗非杀人也，此惑于用名以乱名者也。"可见这些诡辩学派不但为别墨所反对，也是儒家正名学派所不许了。①

因为诡辩学派，实欲以他的诡辩来取胜，所以在当时实可以自立一派。所谓"名家"便是，胡适之先生在《诸子不出于王宫论》（《胡适文存》卷二）说名学是各家治哲学的方法，不应该独立一派，这话本来没有错，因为无论哪家学说，都有他的哲学方法，这种方法，那是广义的"逻辑"。并且《汉书·艺文志》认"名家者流，出于礼官"，也太牵强附会了。当时所谓"名家"，他的好处，正在于"钩瓠析乱"，把诡辩的方法来破坏那所谓无谓的"上下之分"？并不是什么"辨核名实，流别等威，使上下之分，不相逾越"（《崇文总目》语），这一点我们头一件要注意的。不然那惠施所说"泛爱万物，天地一体"和那"天与地卑②，山与泽平"都不成话了。我们再平心静气看一看颜师古注引刘向《别录》的话，说名家《毛公》九篇是"论坚白异同，以为可以治天下"，这就可见当时惠龙一派的野心了！再看《公孙龙子·迹府》篇说公孙龙主张"白马非马，欲推是辩以正名实而化天下焉"，他曾劝过燕昭王偃兵③，又和赵惠王论偃兵（《审应览一》）。可见这一派学者确有以诡辩来实现他理想的意思，我们对他也决不可轻视，我们要很细心地去研究他们"哲学的辩证法"和他们在辩证法里所表现的理想，我们决不要像历来旧派的讲法，把他归入那"叙尊卑，别贵贱"的名家，但我们也不要如新派的讲法，把他归入别墨之内。我

---

① 马骕《绎史》卷一百四十引《新诠》云："龙尝争论白马非马，人不能屈，后乘白马无符欲出关，关尹不听，虽力辩其非马而无效。"可见白马非马，只算一种诡辩罢了。

② 孙诒让《札迻》曰卑与比同。

③《吕氏春秋·审应览》。

们只应该承认惠、龙是战国时代很有势力的"诡辩学派"。他和别墨学说的不同，请看我的比较表就知道了。

| 别墨 | 诡辩学派 |
| --- | --- |
| （1）厚有所大也。（《经上》）〔说〕厚：唯无，无所大。（《经说上》） | （1）无厚不可积也，其大千里。（《庄子·天下》） |
| （2）无穷不害兼，否。《经下》〔说〕无：南者有穷则可尽，无穷则不可尽。有穷无穷未可知，则可尽不可尽未可知。（《经说下》） | （2）南方无穷而有穷。（《庄子·天下》） |
| （3）白马马也，乘白马乘马也。（《小取》） | （3）白马非马。（《列子·仲尼》）马者所以命形也，白者所以命色也。命色者非命形也，故曰白马非马。（《公孙龙子·白马》） |
| （4）坚白不相外也。（《经上》）〔说〕坚；异处不相盈，相非，（排）是相外也。（《经说上》）（又）无久与宇，坚白说在盈。（《经下》）〔说〕无：抚坚得白，必相盈也。（《经说下》） | （4）坚白石三可乎？曰不可。曰二，可乎？曰可。无坚得白，其举也二，无白得坚，其举也二。公孙龙子坚白篇谢希深注云：人目视石，但见石之白，而不见其坚。是举所见石与白二物，故曰无坚得白，其举也二矣。人手触石，但知石之坚，而不知其白，是举石与坚二物。故曰无白得坚，其举也二。 |
| （5）均之绝不（否）说在所均《经下》〔说〕均：发均县，轻重而发绝不均也。均，其绝也莫绝。 | （5）发引千钧。（《列子·仲尼》） |
| （6）火热，说在顿（《经下》）〔说〕火：谓火热也，非以火之热我，有若视白。（《经说下》） | （6）火不热。（《庄子·天下》） |

续表

| 别墨 | 诡辩学派 |
| --- | --- |
| （7）儇秖只（《经上》）〔说〕儇：响民也。（《经说上》，孙校经文当做环俱氏） | （7）轮不辗地。（《庄子·天下》） |
| （8）知接也《经上》〔说〕知也者以其知遇物，而能貌之，若见。（《经说上》） | （8）目不见。（《庄子·天下》） |
| （9）所知而不能指，说在春也。释名春之为言蠢也逃臣、狗犬遗者《经下》〔说〕若知之则当指之，知告我则我知之。（《经说下》另一条） | （9）物莫非指，而指非指。（《公孙龙子·指物》）指不至。（《庄子·天下》）有指不至。（《列子·仲尼》） |
| （10）物甚不是，说在如是《经下》〔说〕物：甚长甚短，莫长于是，莫短于是，是若是也，若是也者非甚于是。（《经说下》）校释页162云甚长甚短者，因莫长于是，故谓之甚长，因莫短于是，故谓之甚短，此言甚与不甚，因举一物为本体相与比较而得名也，故曰说在如是。此龟蛇为辨题之本体，当以龟蛇比较之。 | （10）龟长于蛇。（《庄子·天下》） |
| （11）法：所若而然也。（《经上》）〔说〕法，意规圆三者俱可以为法。（《经说上》） | （11）矩不方，规不可以为圆。（《庄子·天下》） |
| （12）动或徙也《经上》〔说〕动：偏际徙，若户枢它蚕（《经说下》） | （12）飞鸟之影，未尝动也。（《庄子·天下》） |
| （13）知狗而自谓不知犬，过也。说在重。（《经下》）墨经有涉于诡辩者。如《经下》"狗犬也，而杀狗非杀犬也可。说在重"。此段案之《经说》下则曰："狗犬也。谓之杀犬可"。可见经文有误无疑，比另一条可证。 | （13）狗非犬。（《庄子·天下》） |

续表

| 别墨 | 诡辩学派 |
| --- | --- |
| （14）牛马之非牛，其名不同，说在兼。（《经下》）〔说〕牛：牛不二，马不二，而牛马二。则牛不非牛，马不非马，而牛马非牛非马，无难。（《经说下》） | （14）黄马骊牛三。（《庄子·天下》）司马彪注云：曰牛曰马，曰牛马，形之三也。 |
| （15）无不必待有，说在所谓。《经下》〔说〕无：若无焉，则有之而后无如云无马必先曾有马也。无天陷，则无之而无。（《经说》下） | （15）孤犊未尝有母。（《庄子·天下》） |
| （16）非半不斩（取）则不动，说在端。（《经下》） | （16）一尺之棒，日取其半，万世不竭（《庄子·天下》）有物不尽。（《列子·仲尼》） |
| （17）影不移，说在改为经下校释作"改为住"大炎云"改为住"三字不类墨子时语气，当从孙校，甚是。唯云改为犹改造，则非是。案《列子·魏牟》云："说在改也"。可见"为"自字成一句，为即伪字。〔说〕景光至，景亡，若在，尽古息。（《经说下》） | （17）有影不移。（《列子·仲尼》） |

## 三　别墨的科学的知识论

《墨经》发端就有四条，告诉我们以求知的精确方法。

一　知：材也。(《经上》) 知：知也者，所以知也①，而(不)必知。若〔眼〕。②

二　虑：求也(《经上》) 虑：虑也者，以其知有求也，而不必得之，若睨。(《经说上》)

三　知：接也(《经上》)

知：知也者，以其知遇③。物，而能貌之，若见。(《经说上》)

四　恕：明也(《经上》)

恕：恕也者，以其知论物，而其知之也著，若明。(《经说上》)

把这四条合拢来看，确含有"科学"的精神！第一，"知材也"。是论知识的第一条件——官能。有了这官能而后能知，好比有了眼而后能见，但只有官能也未必知；好比只有眼，却未必便成见！第二，"虑求也"。是论知识的第二条件——思想。有了这种知识之主观的条件，才能够用"假设"的，然只管一味冥想，也不必得；好比睥恕来看物，是最容易错误迷乱的！第三，"知接也"。是论知识的第三条件——感觉。将所以知的官能，和外界事物相接触，这就是构成智识之客观的条件了。好比有了眼睛，摄取外物的印象，才有"见"的感觉。第四，"智明也"。是论知识的第四条件——心知。只有感觉还不算真知识、真知识须要能理会得

---

① 不字旧脱，据胡校改。
② 《经说上》旧作明，据梁校改。
③ 旧作过，孙云疑当做遇。

印下来的是什么东西，是什么意义，把这种印象成为一观念，了了胸中，于是才可说有知识！才可称做"科学的知识论"！

别墨因为看重感官的印象，所以认那梦境中的知识，不算真知识；因为梦中所见好似真实，然卧时官能不给外界事物接触，又哪里有真感觉呢？所以说：

卧知无知也。（《经上》）
梦，卧而以为然也。（《经上》）

这两条《经说》都有题无释，然我们已经知道这是做梦的人本无知而自以为有知的意思。其实没有真的感觉的印象，自然算不得知识了！但虽有真的感觉了，而人于得到感觉之时，也绝用不着那些好恶的欲求来寻求真理，因为真理的兴趣，决不能由好恶的条件动摇而增进的！不但如此，这种的情形，反倒往往搅乱了那能求知识的理性。所以说：

为穷知而悬于欲也。（《经上》）

《经说》这一条很长，任公《墨经校释》以"不甚可读，姑从阙疑"八字，把它轻轻放过，其实照原文看来，也很明白。如说："欲壅其智，智不知其害，是智之罪之，若智之慎之也。无遗于其害也，而欲犹壅之则离之。"这段分明是说知识如为人的好恶欲求所蒙蔽，应该去掉它而后真知才不至受害，所以别墨所认为最合于求知识的心理状态，是一些没有欲恶的恬然状态。他说：

平：知无欲恶也。（《经上》）

平：惔然。(《经说上》)①

以上总论知识并涉到求知的方法，《墨经》又有一条论知识更精要的话：告诉我们：

知：闻说亲名实合为。(《经上》)

知：传受之，闻也；方不㢂，说也；身观焉，亲也。所以谓名也，所谓实也；名实耦合也；志行，为也。(《经说上》)

这一段分开来看，上文论知识的来源，共有三种：（一）闻知，（二）说知，（三）亲知。下文论知识的应用，以为要名实相符，而后才算真知识。并且这种真知识是可以有实际的效用，而可以表现于行为上的。好比我说这枝笔好，因为能中写所以好。这就是知识的应用处，或者也是别墨所受于墨子的哲学方法的一点好处了。

以下再把知识来源来分解详说一番。

一　闻知　这个"闻"有两个意思：《经上》说：闻，传亲。《经说上》：闻，或告之传也，身观焉亲也。

一种是"传闻"，一种是"亲闻"，《经上》还有如"闻，耳之聪也""循所闻而得其意，心之察也"二条，意思很明显，也不用什么解说了！

二　亲知　三　说知　前一个是五官的亲自经验，后一个是"推论"的知识。《经上》说：

说，所以明也。

---

① 任公把《中庸》喜怒哀乐之未发谓之中来释他，实不相干。

《经下》说:

闻,所不知若所知,则两知之,说在告。

《经说下》:

闻:在外者〔所知也,在室者〕所不知也。或曰〔在室者之色,若是其色〕,是所不知若所知也。犹白若(与)黑也,谁胜?若是其色也,若白者必白。今也知其色之若白也,故知其白也。夫名以所明正所不知,不以所不知疑所明,若以尺度所不知长,外亲知也,室中说知也。

譬如隔墙见角而知有牛,隔岸见烟而知有火,这都是由"推论"得知的,都是靠"说知"的帮助。如知在外的马色白,又闻室中的马和他同色,就推知那也是白的了!这就是所谓"方不㢓"。亲知是"身观焉亲也",所以又可名为见,《经上》说见也有两种:

见,体尽。

《经说上》:

见,特者体也,二者尽也。

这一段是在"闻传亲"一条之下,所以知道见,就是说的亲知见有两种:(一)体见,(二)尽见。特是特别的,个体的,所以说是体。"体者分于兼也",二者耦也,"尽者莫不然也",所以是普遍的。所谓体见,只见得一部分,所谓尽见就一见而无不见了，现在我们可以综合以上所说，做一个表：

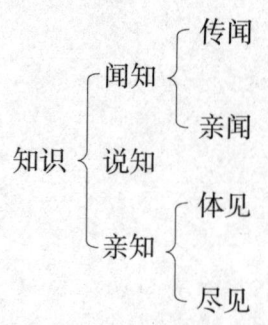

```
          ┌ 闻知 ┌ 传闻
          │     └ 亲闻
知识 ─────┤ 说知
          │     ┌ 体见
          └ 亲知 ┤
                └ 尽见
```

就中亲知是归纳的方法，说知是演绎的方法，这两种都是纯靠自力得到知识，闻知就不免是借助他力得来的知识，三者又互相参错交互为用，这就是别墨求知识的方法了。此外《墨经》还有一条讲到直接的内经验，说道：

知而不以五路，说在久。（《经下》）

《经说下》：

知：以目见而目以火见，而火不见惟以五路知；久不当以目见，若以火见。

这一段有两种解法，一个是章太炎先生在《原名篇》（《国故论衡下》）所说："五路既见物色，虽越百旬其像在于是，见无待天官，天宫之用亦若火矣。"但他弄错了，把上文的《经说》属这一条。适之先生本以为这一段是说"记忆"的重要，"五路"即是"五官"，先由"五路"知物，后来长久了，虽不由五路也可见物。适之先生的解说虽好，然犹不如任公先生对此节有独特的发明。他在《墨经校释》说："五路者五官也，官而名以路者，谓感觉所经由之路，若佛典以眼耳鼻舌身为五人矣。人之得知识，多恃五路，例如见火，目为能见；火为所见，火与目离，火不能独成见也。此之谓惟以五路知。虽然,亦有不以五路知者,例如'久'是。久者时间也①,吾人之得有时间观念,全不恃五官之感受,与以目见火不相当,时间观念纯由时间相续而得来,吾人因时间而知有时间,若以火见火也。"把时间观念认为从时间自身印证出来,这自然就是直觉了。如牛顿(Newton)见落苹果,就悟及万有引力,这种恍若有得的现象,我们也可以叫他直觉,可见直觉和科学并不矛盾,怪不得别墨在"闻""说""亲"以外,另外有这种求真理的方法了。

还有一种研究正确思想的形式法则之学,他叫做"辩"。这种辩学,是成立于辩论最盛的时候,在别墨那时,一方面有如惠施、公孙龙、桓团的"诡辩学派",一方面有如《庄子·齐物论》主张的"不辩主义",说什么"辩无胜","辩也者有不见也",这就是别墨成立辩学的原因了。如《经下》说:"以言为尽诗,诗说在其言。"章太炎先生解道:"谓言皆妄,诘之曰是言妄不?则解送。"有了"以言为尽诗"的学说,可见别墨的逻辑,也已经到了不可不成立的时候了!但是讲到墨辩的法则,现代学者所说,已经很详,所以这里也就可以从略。

## 四 别墨的宇宙观

我们已经知道别墨的哲学方法,是科学的方法,那末别墨的宇宙观人生观,当然也是科学家的宇宙观及人生观了。科学家的宇宙观没有别的,只是根据于科学的知识,叫人知道空间是无尽之大,时间是无穷之长。《墨经》上说:

久:弥异时也。
《经说上》:久,合古今旦莫。
宇:弥异所也。

---

① 《经说上》云久合古今旦暮。

《经说上》：宇，东西南北。

这里久就是宙——时间，宇就是空间，'弥'是'周遍'的意思，合古今旦暮而成时间的观念，统东西南北而成空间的观念，可见时间是无穷之长，而空间又是无尽之大了。《墨经》在这两条下接着说：

穷，或有前不容尺也。

《经说上》：

穷，或不容尺，有穷。莫不容尺，无穷也。
尽，莫不然也。

《经说上》：

尽，但止动。

这两段"穷"是释时间的无穷，"尽"是释空间的无尽最妙的，就是又以"非空间"说明"时间"，以"非时间"说明"空间"。《庄子·庚桑楚》篇说："有实而无乎处者宇也，有长无本剽者宙也。""无本剽"①就是没有间断，所以"古今旦莫"没有停止时节，有停止即是囿于方域（即或字），有方域就占有空间，极于边际而有穷了！没有停止，就"莫不容尺"并无边际，这就所谓无穷的时间——久——了。复次，空间是"有实而无乎处"，是无所不在，所以东西南北，可见空间也是无尽之大了！然却和没有停

---

① 《释文》；剽本作標。崔云：未也。言道之源流固其长而深远。其何以见其本末。

止的时间不同，所以说"但止动"，分明告诉我们：空间是空间的空拓，却不是时间的流转也。《经下》又有一条单道时间：

始，当时也　《经说下》：始，时，或有久，或无久，始，当时或无久。

这是说时间观念，可以剖析到极微，虽似乎没有时间（无久），却仍不失其为时间，因为时间的"始"，等于空间的"端"，时间虽是无穷之长，然这无穷之长的时间，放之为古今旦暮，是这时间；卷之退藏于密，也是这时间；这就是时间所以无穷的长的原故了。近来哲学家中很有许多主张"时间不可分"的学说，在别墨当时大概也有这种学说，但这种学说实在太反科学了！其结果必致如《庄子·知北游篇》所说："古犹今也，犹古犹今。"这种玄而又玄的论潮，当然不是别墨所能承认的了。所以《经上》说：

止，以久也。《经说上》：止，无久之不止，若矢过楹；有久之不止，……若人过梁。①

他说：时间是可分的，因为我们日常生活的时间，本都可以分的。所以说"无久之不止"，时时刻刻的分位时间，"若矢过楹"②。从这一时间，移到那一时间，不是时间分明是可分的吗？然时间也有似乎不可分的，譬如"人之过梁"。要很快的涉水而过，没有片刻停歇。由此可见时间也有可分的，也有不可分的，这都是相对的，却都不是绝对的。

以下单道空间。《墨经》下有一段讲空间和时间的关系道：

---

① 《经说下》，"久有穷无穷"与此同。
② 《校释上》云天行必经时而始至，所行远则需时长，所行近则需时短。

宇，或徙，说在长宇久。《经说下》：长宇，徙而有
处，宇，宇南北在旦又在莫宇徙久。

这一段文有些差错，不可解，依我意思应分《经》和《经说》
二条如下：

宇，或徙。《经说下》：宇，徙而有处宇。宇南北宇徙。
久，说在长。《经说下》：久，在旦又在莫长。

似此就容易读了！那末把"在旦又在莫"的"长"，来解释
时间，本没有疑义，把"或徙"来解释空间，也是科学上的顶大发
明！因为"或"即古域字，"或徙"就是地动的意思，所以说：
"徙而有处"，我们再看经上还有一段也可证明我的话：

动，或徙也。（《经上》）《经说上》：动，偏际
徙，若户枢、它蚕。

"或徙"就是空间转动，所以说"偏际徙"。户枢、它蚕大概
都是常动的东西，以明地动也是如此。但怎样动法呢？自然是由近
而远。《经下》说：

宇，进无近，说在敷。《经说下》：宇，区不可偏
举，宇也。进，行者先敷近后敷远，行者必先近而后远。

这一个动并不是指某一个"区域"，是指空间全体的动，就是
地动了。"宇进无近"，或者就是"动而不息"的意思。
由上可见别墨的宇宙观，很是"科学的"了！抱这种科学的宇

宙观的学者,自然遇着非科学的诡辩学派,要争论起来了!如公孙龙说"坚白石二"——"无坚得白,其举也二,无白得坚,其举也二",我们的眼但见白而不见坚,手可得坚而不见白,因此他就主张"坚白石二",但别墨根据他的科学的宇宙观,便否认其说,以为:

不坚白,说在无久与宇,坚白说在盈。(《经上》)
《经说下》:无,抚坚得白,必相盈也。
坚,白不相外也。(《经上》)
《经说上》:坚,异处不相盈,相非,(排)是相外也。

别墨主张"坚白"是不相外的。说"抚坚得白,必相盈也",言石偏含坚白两德,手抚得坚,同时即全得其白,坚白成为一物,故说"相盈",反之公孙龙子说"坚白石二",就是"异处不相盈",所以见白时便无坚,得坚时即无白,却不知坚白本不相外,而误以为相外者,这完全由于他们没有时间和空间的观念。若我们有了"久"与"宇"的观念,便知道空间和时间是互相关系的,刚才用手去摸的坚物,就是此刻所见的白物,空间和时间不能相外,便知道"坚白"也是不能相外的了。

## 五 别墨的人生观

别墨的宇宙观是科学的,当然他的人生观也是科学的了!他对于人生,并不似孔家"仁者人也",那样抽象的说法,他是很具体地告诉我们:生命是包括精神和物质两方面的。所以说:

生形与知处也。(《经上》)
《经说上》:生,形之生常不可必也。

他一面告诉我们有精神和物质合之一元现象,就是所谓"生命"；一面又告诉我们以躯壳的生命必归死灭的原理。这种思想，自然再科学也没有了！

我们知道墨子本来是主张"乐利主义"的，但是到了别墨，更推到极端，而主张一种"新乐利主义"。墨子已有"义即是利"的意思，但他却没有点明，到了"别墨"，才说出来了。他说：

义，利也。（《经上》）
《经说上》：义，志以天下为爱，而能利之，不必周。

墨子主张"兼相爱，交相利"；是以"周偏"为目的，所以只算宗教家的说法，不容易办到。别墨言利，就以为抱定宗旨去求最大多数的最大幸福就对了，但实行起来，却不必一下就要周偏，也不必就能周偏。这话自比墨子更为靠实，而近于科学家的派头！好比利亲一层，《经上》道：

孝，利亲也。
《经说上》：孝，以亲为爱，而能能利亲，不必得。

能够利亲，才算真爱亲，才叫做"孝"。但怎么样才算能利亲呢？所谓善利亲的人，一定要尽晓得种种利亲的事体："如何而为奉养之宜？如何而为温清之节？"然最主要的，还在能分别出那最利亲的是什么？那次要的'温清之节'，只可搁下来了。因为别墨在讲"利"时，最喜欢比较那"利"的轻重，所以就立了一个"利之中取大，害之中取小"的新乐利主义的公式。《大取》说：

利之中取大，害之中取小。……〔利之中取大，非不得已也，害之中取小，不得已也，所未有而取焉，是利之中取大也；于所既有而弃焉，是害中之取小也；]①……
害之中取小也，非取害也，取利也；其所取者，人之所执也。遇盗人而断指以免身，利也；其遇盗人害也。断指与断腕，利于天下相若无择也。死生利若一无择也。杀一人以存天下；非杀一人，以利天下也，杀己以存天下，是杀己以利天下。于事为之中，而权轻重之谓求。求为之（是）非也，害之中取小，求为义，为非义也。……

适之先生在《中国哲学史大纲》也举这段，并说道：细看这个公式的解说，便知"别墨"的乐利主义，并不是自私自利，乃是一种为天下的乐利主义。所以说"断指与断腕，利天下相若，无择也"，可以见"利之中取大，害之中取小"，原只是把天下"最大多数的最大幸福"作一个前提。——适之先生的话很对！别墨甚至于说"死生利若一无择也"，可见完全不是自私自利那一回事了！《墨经》上有一段，很可参证：

任，士损己而益所为也。（《经上》）
《经说上》：任，为身之所恶，以成人之所急。

这实在是墨学的真精神！别墨告诉我们为了"最大多数的最大幸福"我们宁可"为身之所恶，以成人之所急"。孟子论墨子"摩顶放踵利天下为之"，这就是别墨所受于墨子的好处了！不过还有一层，墨子主张"爱"与"利"，别墨也主张"爱"与"利"，但墨子所主张的"爱"是"兼爱主义"，而别墨所主张的，自然也是兼爱主义，不过更加以一番修正罢了。如《大取》说：

---

① 依胡校移上。

爱众〔众〕世与爱寡世相若；兼爱之有（又）相若；爱尚世与爱后世，一若今之世人也。

这分明是极端的兼爱了。但还要更进一步，如《大取》最后一句说的：

兼爱相若，一爱相若〔一爱相若〕其类在死也。

这句话从来没有人解清楚过！甚至以"死"字为有误，其实找《墨经》下段来比较就明白了！

不知其所处，不害爱之，说在丧子者。（《无说》）

"爱"到了极端，就是所爱的对众，已经不存在了。好比所爱的"子"死过去了！犹能够照生前一样爱他。这一层我们不能不说是别墨所受于墨子兼爱的影响而越发深刻的了！然别墨的贡献，还不止此，他实在于"兼爱主义"以外，还提出一种叫做"体爱主义"①。《经上》说：

仁，体爱也。（《经上》）
《经说上》：仁，爱己者，非为用己也，不若爱马者。

别墨虽极端主张兼爱，但兼爱有时也很有抽象的毛病。好比爱自己的，必定要能够利用自己，这种爱才算切实，假如不知具体的自爱，而空空洞洞地说爱己，那倒不如爱马的还知道利用马了。所

---

① 体分于兼也。

以《大取》篇又说：

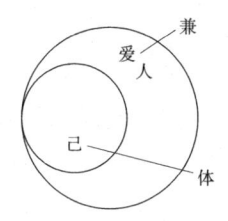

爱人不外己，己在所爱之中，己在所爱，爱加于己。
伦列之，爱己，爱人也。

可见别墨一方面主张兼爱，一方面又告诉我们"己在所爱之中"，所以爱己就是爱人，体爱就是兼爱。这可以说是别墨对于人生观方面的一个新贡献！

## 六　别墨的政治哲学

把"乐利主义"应用于政治方面，就成为别墨的政治哲学了。但他和墨子学说显然有大不小同的地方，就是墨子是政治，是从上而下的，别墨却是从下而上的。墨子的政治分许多阶级，如下图：

```
天
天子
国君
乡长
里长
里之百姓
```

这种非常专制的"神权政治"，到了别墨时代就起一个反动，而倾向于"平民政治"了！《墨经》下道：

取下以求上也，说在泽。（《经下》）
《经说下》：取，高下以善不善为度，不若山泽。

取①下善于取上，下所请上也。

这一段分明是批评墨子政治，以天子国君的善恶为标准，是靠不住的，反不如山泽之一任自然。因此别墨就提出取下比取上，还要好些。但也不是不取上，不过要"取下以求上"罢了。不过要这个"上"是从"下"推出来的罢了。所以别墨论国家的起源，倒和欧洲"民约论"有些相似。他说：

君，臣萌（氓）通约也。（《经上》）
《经说上》：君，以约名者也。

最初由人民相约立一个首长，叫做"君"。所以说："君以约民者也。"既有了首长，同时就设有法律（《经上》云"赏，上报下之功也""罚，上报下之罪也""罪，犯禁也"皆是）。而这些法律，都是为着保护人民设的，所以说"功利民也"。然人民既立首长，便应该一致去尊崇他，所以人民有忠君的义务，君是首长，忠是什么呢？《墨经上》说：

忠，以为利而强低也。
《经说上》：忠，不利弱子亥足将入止容。

这条《经说》不大可解，大概意思，是说人民既立一个首长，这首长便能利益人民，所以人民也应该因国家的利益，去尊敬他，服从他。

---

① 旧作处同。

# 庄子研究

## 一　哲学方法论

要懂得庄子学说，须先懂得他的"哲学方法论"。他的方法是受老子的影响，《老子》七十一章说："知不知，尚矣；不知知，病也。"那自以为知，实在是不知，而无上的"知"，反在于"不知"知之。所以又屡屡说到"无知"。三章说"常使民无知无欲"，十章说"爱民治国能无知乎"①。这种"无知"就成了庄子的哲学出发点了！庄子说：

同乎无知，其德不离。②（《马蹄》）
闻以有知知者矣，未闻以无知知者也。（《人间世》）

这个意思，和《列子·仲尼篇》"无知是真知，故无所不知；……无知为知亦知；……亦无所不知，亦无所知"相同。大概道家一派，所有名学上的见解，其最后的归宿，总在乎言语道断，辨证路绝的本体，到此地步，自然要将知识根本消除。例如"啮缺问于王倪，三问而三不知"③，那才是真知识了。所以说：

---

① 王弼注云：治国无以智犹弃智也。
② 成玄英疏云：既无分别之心故同乎无知之理。
③ 《齐物论》云：啮缺问乎王倪曰："子知物之所同是乎？"曰："吾恶乎知之？子知子之所不知耶？"曰："吾恶乎知之！然则物无知耶？"曰："吾恶乎知之！"郭注云：都不知乃旷然无不任矣。

人皆尊其知之所知，而莫知恃其知之所不知而后知，可不谓大疑乎？（《则阳》）

其知之也，似不知之也；不知而后知之。（《徐无鬼》）

不知深矣，知之浅矣；弗知内矣，知之外矣；……弗知乃知乎？知乃不知乎？孰知不知之知。（《知北游》）

因为他要"恃其知之所不知而后知"，所以很讥笑那些只晓得"尊其知之所知"的科学家，以为他一向只是胡叫乱喊，以为只要测测星，看看地壳，研究研究微生物，那就是真知识；其实这种有知的"知"。以有限的生命，逐无穷的知识，知识尚未得到，生命已是"无可奈何"了！所以说：

吾生也有涯，而知也无涯，以有涯随无涯，殆也。（《养生主》）

小夫之知，不离苞苴竿牍①若是者迷惑于宇宙形累，不知太初。（《列御寇》）

计人之所知，不若其所不知，其生之时，不若其未生之时，以其至小，求穷其至大之域，是故迷乱而不能自得也。（《秋水》）

并且他很大胆地给知识下一个定义道：

知出乎争……知也者，争之器也。②

---

① 苞苴，包裹。竿牍谓文书。
② 《人间世》《外物篇》亦云知出乎争。

因为有生之初，人们本都是好的，给他一个知识，就弄坏了！并且弄出战争、强力、不好的事情来了！所以知识这个东西，原是大乱的根源，知识发达愈高，便其结果使世界更纷乱了！所以庄子说：

> 天下每每大乱，罪在于知。甚矣夫，好知之乱天下也！自三代以下者是已！（《胠箧》）
> 举贤则民相轧，任知则民相盗，千世之后，其必有人与人相食者也。（《庚桑楚》）

由庄子的眼光看起来，任知的结果，反带来许多灾难，所以自然而然地得和老子一样的结论。就是：

> 绝圣弃知，天下大治。（《在宥》）

在他所理想的至德之世，并没有知识这个东西，是：

> 端正而不知以为义，相爱而不知以为仁，实而不知以为忠，当而不知以为信。（《天地》）

这是何等自然的世界！什么仁义忠信，都可以一概不知，还有什么战争呢？举此可见"无知"的哲学方法，在庄子学说中的重要了。

他既然反对"知识"，当然也反对"辩论"，以为辩论的方法，是不能用来求真理的，尽管你怎样辩论得天花乱坠，其结果谁是谁非，还是不容易断定。如《墨经上》说："辩争彼也。辩胜当也。"①这是认天下有真是非的。但庄子态度，却恰恰与之相反，他眼见得当时儒墨之争，觉得两造都有他片面的道理，都有是有非，所以辩也是徒然。因此就主张"辩无胜"的学说。他道：

  道恶乎隐而有真伪？言恶乎隐而有是非？道恶乎往而不存？②言恶乎存而不可？③道隐于小成，言隐于荣华④，故有儒墨之是非，以是其所非，而非其所是。（《齐物论》）

  从真理的全体看起来，无所谓是，也无所谓非，好比有正便有旁，假如无正，何以见旁？同理，无是便无非，无非便无是；所以是中有非，非中有是；而无所谓是，无所谓非，若儒墨两家各是其是，而非他人所是；各非其非，而是他人所非；这就是所谓"辩也者有不见也"（《齐物论》）了。

  因为不信辩论可以分别是非，所以他的哲学方法，就倾向于知识上的"怀疑主义"，以为否认知识，才可以得到真知识。他说：

  物无非彼，物无非是⑤。自彼则不见，自知则知之，故曰：彼出于是，是亦因彼⑥。彼是方生之说也，虽然方生方死，方死方生，方可方不可，方不可方可，因是因

---

① 《校释》页63 云辩者何？对于所研究之对象辩论以求其是也。故曰："争彼。"有两人于此。一人曰："甲牛也。"一人曰："甲非牛也。"于是争论起焉。此两说不能俱是，必有一是有一非。例如甲实犬也。则谓之非牛者是也。谓之牛者非也。故曰"辩胜富也"。

② 郭注皆存。

③ 皆可。

④ 成疏云：荣华者，谓浮辩之辞，华美之言也。

⑤ 《广雅·释言》曰：是此也。

⑥ 焦竑《笔乘》曰：因此则有彼。因彼则有此。

非，因非因是。是以圣人不由而照之于天，亦因是也。是亦彼也，彼亦是也①，彼亦一是非，此亦一是非，果且有彼是乎哉？果且无彼是乎哉？（《齐物论》）

圣人不由辩论的方法，去求真理，真理是要跳出辩论以外，而直接认识的。所以说"自彼则不见②，自知则知之"；是非既然无定，便辩论也是不可靠极了！所以又说：

即使我与若辩矣，若胜我，我不若胜，若果是也？我果非也耶？③我胜若，若不吾胜，我果是也？而果非也邪？其或是也，或非也耶？其俱是也，其俱非也耶？我与若不能相知也。则人固受其黮闇，吾谁使正之。（黮闇不明之谓也。）使同乎若者正之，既与若同矣，恶能正之？使同乎我者正之，既同乎我矣，恶能正之？使异乎我与若者正之，既异乎我与若矣，恶能正之？使同乎我与若者正之，既同乎我与若矣，恶能正之？（《齐物论》）

因为天下事理，都没有绝对的是非，所以是非只算个妄见，若从真理上看起来，"是"和"非是"表面上虽然极端反对，实际上却全然相同。所谓"物固有所然，物固有所可，无物不然，无物不可"；《齐物论》无论从哪方面立说，都有存在的理由。你看《秋水》篇说得何等明白：

因其所大而大之，则万物莫不大；因其所小而小之，

---

① 焦竑《笔乘》曰：此即彼，彼即此。
② 即辩有不见之说。
③ 若而皆汝也。

则万物莫不小。

因其所有而有之，则万物莫不有；因其所无而无之，则万物莫不无。

因其所然而然之，则万物莫不然；因其所非而非之，则万物莫不非。

既然大小、有无、是非，都没有什么区别，那末我们一切论辩，也都没有绝对的断定，因此庄子书中就很带怀疑的态度如说：

吾未知……仁义之为桎梏凿枘也？焉知曾史之不为桀跖嚆矢也？（《在宥》）

何以知毫末足以定至细之倪？何以知天地足以穷至大之域？（《秋水》）

庸讵知吾所谓天之非人乎？所谓人之非天乎？（《大宗师》）

予恶乎知夫死者，不悔其始之蕲生乎？（《齐物论》）

可见庄子的方法，只是一种"怀疑主义"。把怀疑主义来解决知识上的疑谜，自然好极了！但是我们要问：知识固然不能见得真理之全，在积极方面，难道没有一个方法比知识还好，还要见到真理之全的吗？有的！这种方法，庄子有一个专门名词，叫做"以明"。《齐物论》说：

欲是其所非，而非其所是，莫若以明。

从来的解说：都以为"以明"就是以彼明此，以此明彼的"反复相明"，其实这种说法，我以为是错了的。只有王先谦的《庄子集解》说："莫若以明者，言莫若即以本然之明照之。"这话再好也没有了！和本篇所说"自彼则不见，自知则知之""圣人不由而照之于天"，都是一样的意思。换句现在的话来说，庄子的"以明"，就是所谓"直觉"，我们再看《庄子》本篇还有几处讲到"以明"的如：

> 彼是莫得其偶，谓之道枢①。枢始得其环中，以应无穷，是亦一无穷②，非亦一无穷也③。故曰：莫若"以明"④。
>
> 滑疑之耀，圣人之所图也，为是不用，而寓诸庸。此之谓"以明"⑤。

因为辩论的方法，都是相对而非绝对，所以只算得不完全的知识，如是便不能非，非便能不足。反之直觉的方法，是绝对的，完全的，因为他已超过辩论境界，所以绝对无比，叫做"道枢"；而相对的"是"和"非是"（彼），都消失在这个玄中了！并且这种方法，只要识自本心，见自本性，岂不是很容易懂得做得；所以也只做平庸的道理，然这最平庸的道理，却就是最奥妙的了。所以在《齐物论》里又称之为"天府"，为"葆光"：

---

① 成云：偶对枢要也。体夫彼此俱空，是非两幻。疑神独见，而无对于天下者，可得会其玄极，得其道枢矣。
② 握道之枢，以游乎环中，中空也，是非反复，相寻无穷，若循环然游乎空中，不为是非所役，而后可以应无穷。
③ 一是一非两行无穷。
④ 惟本明之照，可以应无穷。
⑤ 滑疑，乱也。虽乱道而足以眩耀世人。故曰疑滑之耀，圣人必谦去之，为其有害大道也。为是不用己智，而寓诸寻常之理，此之谓以本然之明照之。

059

孰知不言之辩，不道之道①，若有能知，此之谓天府。注焉而不竭，酌焉而不竭，而不知其所由来，此之谓葆光②。

这种方法，能够现证甚深微妙无所不包的宇宙的真源，所以也可叫做"天府"。然细察起来，直觉方法却是先天而有的知识，我们也不知其所由来，我们也没有一刻能够间断它，我们一旦恍然独见，会得时就光明灿烂，常在目前，到处都是道体了！所以叫做"葆光"，以上都是庄子讲"直觉"很明显的证据！

庄子一方面用辩证的方法，来证明一切东西都是相反相成，一面用直觉的方法，去实证"绝对无比"的本体。但是直觉是无可言说的，所以凡可言说者都在辩证，我们在知识界所认为经验上有差别不能相容的东西，在"直觉"都能同融无碍，但这境界，却是不可说不可说的！要说出来，都是用的"辩证法"了。这种辩证法，在庄子有一个专门名词，叫做"两行"他说：

圣人和之以是非，而休乎天钧，是之谓两行③。
（《齐物论》）

所谓是非，只好任其两行罢了！因为是非都只生于偏见，假使通观全体，就或是或非，或俱是，或俱非，真是"劳神明为一，而不知其同也"。庄子还设一个譬喻，叫做"朝三"：

何谓朝三？狙公赋芧曰：朝三而暮四，众狙皆怒。

---

① 不道即不称。
② 成云：葆，蔽也。韬蔽而其光弥朗。
③ 郭注：任天下之是非。成疏云：不离是非而得无是非，故谓之两行。

曰：然则朝四而暮三？众狙皆悦，名实未亏，而喜怒为用，亦因是也。（《齐物论》）

从"两行法"来看，就一是一非，两行无穷。"是亦一无穷也，非亦一无穷也"，这么一来，就争辩也没有了。故说：

是不是，然不然，是若果是也，则是之异乎不是也，亦无辩。然若果然也，则然之异乎不然也，亦无辩①。（《齐物论》）

现在且看这"两行法"的应用，最好的例，就是《逍遥游》了。这一篇的大意，在以辩证法来显其逍遥自得的旨趣，换句话说，就是于相对的差别相当中，而表示其绝对无差别，好比差别相之大，莫过于大和小了。然大的如鲲鹏，小的如蜩鸠，都一样地逍遥自得。故说："鲲之大不知其几千里也，化而为鸟，其名为鹏，鹏之背不知其几千里也，……鹏之徙于南冥也，水击三千里，抟扶摇而上者九万里……蜩与学鸠笑之曰：我决起而飞抢榆枋而止，时则不，至而控于地而已矣。奚以之九万里而南为？"鲲鹏以大自足，鹏鸠以小自足，大的小的虽有差别，而同于放狂自得，那就是绝对无差别了。《骈拇》篇说得好："凫胫虽短，续之则忧；鹤胫虽长，断之则悲；故性长非所断，性短非所续。"可见大小长短都自有他的逍遥，万物都能满足自己的本性，这一点可算得一点没有差别可言！复次就是《齐物论》了。焦竑在《庄子翼》卷一说："齐物者始之以无彼我，同是非，合成毁，一多少，均大小；次之以参古今，一生死，同梦觉。"他的话很可通贯全篇大义，我们不

---

① 成疏云：是若定是，是则异非；然若定然，然则异否。而今此谓之是，彼谓之非。彼之所然，此以为否。故知是非然否。理在不殊。彼我更对，妄为分别。故无辩也矣。

必似章太炎先生《齐物论释》那样牵强附会，而本篇是把"两行法"来证明绝对无差别的原理，已经很明白了。总而言之，庄子一面用"以明"的直觉法，打破相对的束缚，而直接达到绝对境界，一面又用"两行"的辩证法，不但告诉我们以相对的原理，而且告诉我们以"绝对"的真意义——就是相反相成的原则。他两种方法所得到的结论是：

天地与我并生，万物与我为一。（《齐物论》）

这就是哲学家心中最高的境界了！

### 二 宇宙观———本体论

庄子的本体观，就是道家一派所谓"道"这一个字。但这一个"道"和"无"是一样的，所以在庄子以前的老子，已说过：

道生一，一生二，二生三，三生万物。[①]（四十二章）

又说：

天下万物生于有，有生于无。（四十章）

"道"和"无"同是万物的母，可见道就是无，无就是道，这种思想到了庄子发挥得更透彻了！庄子本来就很看不起有限的"知识"，因为这种知识，只能看得现象界，而不能会得本体界，所以才反转来尊重"无知"的"知"；也惟有"无知"，才能知"无"。所以说：

---

[①] 王弼注云：由无乃一。

古之人其知有所至矣①，恶乎至？有以为未始有物者，至矣尽矣，不可以加矣。（《齐物论》）

　　睹有者昔之君子②，睹无者天地之友。（《在宥》）

　这个"无"就是庄子所认识的本体了！我们要认这个"无"的知识，只须由我们意识中"有"的世界，一直追到现实世界的根极——便是"无之又无"的境界。故说：

　　有始也者，有未始有始也者③，有未始夫未始有始也者；有有也者，有无也者，有未始有无也者，有未始夫未始有无也者。（《齐物论》）

　　泰初有无无④，有无名⑤，一之所起，有一而未形。⑥（《天地》）

　这一段说"自无而有"的道理，和老子最相似，因为道体本无，所以讲到"道"时，必推到"无之又无"的境界。所谓"至道之精，窈窈冥冥，至道之极，昏昏默默"（《在宥》）；"视之无形，听之无声，于人之论者，谓之冥冥，所以论道而非道也"（《知北游》）；可见道的境界，就是"无"的境界了！

　然道——本体虽一向空无，而能从无生有，宇宙的起源，不过从本体而"芒乎芬乎"生出来的罢了！本体是"无"，由本体而有

---

① 成云：至造极之名。
② 宣云：三代所谓明圣。
③ 成云未始犹云未曾也，即事端未露。
④ 并不得谓之无。
⑤ 可谓之无而不能名。
⑥ 宣言太极尚未著。

现象，那便是自无而有了。庄子说得好：

>   芒乎芴乎①，而无从出乎？（成云：寻其从出莫知其由。）芴乎芒乎，而无有象乎，万物职职②，皆从"无"为殖。（《至乐》）

由着无象而有象，自有了象就要"芒乎芬乎"生出万物来了。可见天地万物都是从无而生。说得最好的，有下面的一段：

>   出无本（无始），入无窍（无终），有实而无乎处（无所不在），有长而无乎本剽③，有所出而无窍者有实，有实而无乎处者宇也；有长而无本剽者宙也；有乎生，有乎死。有乎出，有乎入。入出而无见其形，是谓天门④。天门者，无有也，万物出乎无有⑤，有不能以有为有，必出乎无有⑥，而无有一无有⑦。（《庚桑楚》）

由上可见"无"就是宇宙间一切现象的本源，而且是宇宙一切现象的究竟了。所以叫做"天门"，天门即指这个"无"而言，由"无"而有时间（宙），而有空间（宇），可见"空间""时间"都是从"无"而起的。这么一说，那么"无"就是超越空间时间的了。然"无"虽超越时空，独立自存，却又能生起时空，又统治

---

① 李云：芒音荒，芴音忽。荒忽犹恍惚也。
② 成云：职职繁多无。
③ 绵延无间断意，《释文》剽本亦作摽。崔云：末也，言道之源流固甚长而深远，其何以见其本末。
④ 犹言众妙之门。
⑤ 以无为门。
⑥ 有不自有而无生有。
⑦ 并无有二字亦无之，乃象妙所在也。

之，所以说：

> 夫道无为无形，可传而不可受，可得而不可见，自本自根，未有天地自古以固存①。神鬼神帝，生天生地②。在太极之先而不为高，在六极之下而不为深，先天地生而不为久，长于上古而不老③。（《大宗师》）

因为"无"生天地万物，所以天地万物遍一切处，都不能离无，所以说"夫道覆载万物者也"（《天地》）；道"在蝼蚁""在稊稗""在瓦甓""在屎溺"（《知北游》）；可见道是无往而不在了！

但我们怎样去证会这个"道体"——"无"呢？他的方法是在主观的顿悟，就是"直觉"，只有"直觉"是能认识一切皆空的实体的。故说：

> 卜梁倚④学道三日而后能外天下，七日而后能外物，九日而后能外生，外生而后能朝彻⑤，朝彻而后能见独（独即绝对境界），见独而后能无古今，无古今而后能入于不死不生。（《大宗师》）

## 三　宇宙观二——唯心论

要知道庄子的宇宙观，当知宇宙本体，就是吾心的本体，宇宙

---

① 明无不待有而无也。
② 老子言：吾不知谁之子，象帝之先。是以道在帝之先。庄子亦然。故云：神鬼神帝。言神帝而道而神。
③ 言道之无所不在，而所在皆无也。
④ 《释文》曰：卜梁性倚名。
⑤ 成玄英疏曰：死生一观，物我兼忘，如朝阳初启，故曰朝彻。

现象就是吾心的现象；在上面说道"芴乎芒乎而无有象乎？万物职职，皆从无为殖"，这分明是认宇宙是由"无心"而有"心"，由着"无象"而有"心象"。自有了心象，就要"忽兮怳兮"生出天地万物来了！所以宇宙只是"唯心"，所谓空间时间，只不过心的反射罢了。所以《天地篇》说：

其心之出，有物采之，故形非道不生。①

《田子方》篇言孔子见老聃。老聃说："吾游心于物之初，……心困焉而不能知，口辟焉而不能言。"章太炎先生《菿汉微言》释道："游于物之初者，谓一念相应，觉心初起，心起无有初相可知，而言知初相者，即是无念。杂念境界唯证相应，非一切妄心分别所能拟似，故曰心不能知，口不能言。"可见庄子分明以"无心"的心作宇宙的根本，然自有心便有一切分别——时间空间，都从此起。所以说：

使日夜无却②，而与物为春，是接③，而生时于心者也。（《德充符》）

心起就有时间，心寂就没有时间了！可见时间本非实有，因心而有。《知北游》篇说"无古无今，无始无终"；《则阳》篇说"与物无终无始，无几无时"，又说"除日无岁"；由此可见时间观念是由心起的，离心就没有什么宇宙了！

这个"心"，《庄子·德充符》篇叫做"灵府"④，《庚桑

---

① 采集下文荡荡乎忽然出，勃然动，而万物从之之意。
② 却，间也。日夜不停，心心相系，亦无间断也。
③ 接万物而施生。
④ 成云：灵府者精神之宅。所谓心也，经寒暑治乱，千变万化，与物俱往。

楚》篇叫做"灵台"①，其言曰"灵台者有持而不知其所持，而不可持者也"②；因此章太炎先生在《齐物论释》把他来附会佛学，说"灵府"就是"阿罗耶"③，"灵台"就是"阿陀那"，所谓灵台有持，即指阿陀那识持一切种子，不可持是言有情执此为自内我就是妄执。其实庄子的"唯心论"本很明白，太炎把他附会唯识宗，倒不容易明白了！庄子认"心"为宇宙根柢，是万物所由发生存在的，所以叫做"灵府""灵台"，这个"心"并不是寻常有"意念"的心，所以不能以观念来求，若以观念求之，就属于所证之境，就不是这个心了！所以须以直觉的方法，"以心复心"（《徐无鬼》），这个境界是怎样呢？他的答案，就是一切皆空的心的本体。所以说：

唯道集虚，虚者心斋也。④（《人间世》）

## 四　宇宙观三——自然论

《齐物论》篇说：

日夜相待乎前，而莫知其所萌？⑤已乎已乎！旦暮得此，其所由以生乎！⑥非彼无我，非我无所取，是亦近矣。而不知其所为使⑦，若有真宰而不得其朕。⑧

---

① 郭云：心也。案谓心有灵智能住持也。
② 有持者谓其不动与物若有心持则失之远矣。
③ 府藏词义。
④ 成云：唯此真道，集在虚心，故如虚心者。心斋，妙道也。
⑤ 日昼月夜，轮转循环，更相递代，互为前后，推求根绪，莫知其状者也。
⑥ 郭注：言其自生。
⑦ 凡物芸芸，皆自尔耳。非相为使也。
⑧ 万物万情，趣舍不同，若有真宰使之然也。起索真宰之朕迹，而亦终不得，则明物皆自然，无使物然也。

又《天运》篇说：

> 天其运乎！地其处乎！①日月其争于所乎！②孰主张是？孰维纲是？③孰居无事而推行是？④意者其有机缄而不得已邪？意者其运转而不能止邪？⑤云者为雨乎？雨者为云乎？⑥孰隆施是？孰居无事淫乐而劝是？风起北方，一西一东，有上彷徨，孰嘘吸是？孰居无事，而披拂是？⑦

看这两段，所讨论的，都是万物变迁的问题，他的要旨，就在郭注说的"皆自尔耳"四个字罢了。"自尔"就是"自然如此"，这分明是说宇宙变化都是自然而然的，不期然而然的。如果变化不是自然，就应该有个做主宰的"上帝"，然而不得其朕，怎可便说是别有主宰呢？只不过都是自尔自化罢了。所以"鹄不日浴而白，乌不日黔而黑"；白的黑的，都只是自然如此！《秋水》篇说得好：

> 万物之生也，若驰若骤。⑧无动而不变，无时而不移⑨，何为乎？何不为乎？夫固将自化。⑩

---

① 不争而自正也。
② 不争所而自代谢也。
③ 皆自尔耳。
④ 各自行耳。
⑤ 自尔故不可知也。
⑥ 二者俱不能，相为各自尔也。
⑦ 成疏云：夫风吹无心，东西任适。或彷徨而居空，或嘘吸而在山中。拂披升降，略无定准，孰居无事而为乎此。皆自然也。
⑧ 生灭流谢，迁运不停，其为迅速，如驰如骤。
⑨ 未有语动而不变化，言时而不迁移也。
⑩ 万物纷乱，皆由自然变化，何劳措意，为与不为。

这个"自化"学说，从前的人也曾说过：《列子·天瑞篇》道："自生自化自形自色，自智自力，自消自息。"又道："生者不能不生，化者不能不化，故常生常化。常生常化者，无时不生，无时不化。"①又道："生物者不生，化物者不化②，自生自化，谓之生化。"所谓自化是："非能化而化，乃不得不化。"③这就是很彻底的自然主义了！

## 五　宇宙论四——进化论（天均律）

庄子的进化学说和现在西洋进化论很不相同，我们最好看《学艺》第六卷第二号，有章鸿钊先生的《达尔文的天择律与庄子的天均律》一文，这篇是在民国十二年二月北京高师达尔文生日纪念会讲演的，比诸胡适之先生在《中国哲学史大纲》所说，实在有价值多了。

原来庄子主张的是一种"天均律"，成玄英说："均齐也。是谓天然齐等之道，即以齐均之道，亦名自然之分也。"又作"天钧"，钧就是转轮，"天钧"是说：天造成万物，好比陶在转轮一般，随轮流转，轮的半径，都是相等，所以造出来的，也是很均平的了。《寓言》篇说：

万物皆种也，以不同形相禅④，始卒若环⑤，莫得其伦⑥，是谓天均，天均者天倪也。⑦

---

① 《天瑞篇》引壶丘子林言。
② 张湛注引向秀曰：生非吾之所生，则生自生耳。化非吾之所化，则化自化耳。
③ 张湛注语。
④ 禅代也。夫物云云，禀之造化，受气一种，而形质不同。运运迁流，而更相代谢。
⑤ 物之迁贸，譬彼循环，死去生来；终而复始，此出禅代之状也。
⑥ 寻索变化之道，竟无理之可致也。
⑦ 万物相生，犹万物之相禅也。万物有种，生发生子无穷而不能执一形以相禅，始卒无有端倪，是之为天均。

又《天地篇》说：

天地之大，其化均也。

这是庄子"天均"的界说。就是说物种相禅变化，由同形的变为不同形的，但是从何处变来，向何处变去，还看不见他的端倪，好像环的转轮一样，这就叫做"天均"。我们也就叫做庄子的"天钧律"。

依照章鸿钊讲"天钧律"，是有两个要件：（一）物种越变迁，越趋平等，便令形质不平等，地位不平等，性分还是平等；（二）物种的变迁，是没有目标的，没有方向的，走的路线，是曲线形的，不是直线形的；好比人类，我们不要以为他是不变的。他实还要万变，并且或变鸡、弹、轮、马，或变鼠肝虫臂，都没有一定的。《大宗师》篇说：

若人之形者，万化而未始有极也。
浸假而化予之左臂以为鸡，予因以求时夜；浸假而化予之右臂以为弹，予因以求鸮炙，浸假而化予之尻以为轮，以神为马，予因以乘之。岂更驾哉。①
伟哉造化！又将奚以汝为，奚以汝适。以汝为鼠肝乎？以汝为虫臂乎？②

照这样说：庄子分明将一切变迁的最初原因归之自然"以天地

---

① 假令阴阳二气，渐而化我左右两臂为鸡为弹，弹则求于鸮鸟，鸡则夜候天时，尻无识而无轮，神有知而作马，因渐溃而变化，乘轮马以遨游，苟随任以安排，亦于何而不适者也。

② 将汝五藏为鼠之肝，四肢为虫之臂。

为铲，以造化为大冶，恶乎往而不可哉！"（《大宗师》）这种学说，是认进化为自然而然，不期然而然，并不是一定要保存有益的个体，消灭有害的个体，像达尔文天择说那样讲法了！《山木》篇说得好：

化其万有而不知禅之者，莫知其所始，莫知其所终。

可见循任自然变化，而变化的始终，是看不见的！然变化的始终，虽看不见，而那看不见的"无始无终"的"无"——"几"，却正是变化的终始，所以说："万物皆出于机，皆入于机[①]。"这个"机"字，郭注成疏都作几何的几解，直到胡适之先生才把当几微的几字解，说是指物种最初时代的种子，也可叫做元子，其实适之先生把这个字来附会进化，这是错了的。这个"几"字，就是"无"字，万物出于几入于几，即是说万物从"无"出而入于"无"，王弼注《易》道"几者去无入有"；《正义》解道"几者去无入有，有理而未形之时"；可见道家一派本以"几"作自无而有的"无"解释。我们再打开《至乐》篇本文来看，他在未到"种有几"以前，先说了几句话：

万万职职，皆从"无"为殖。

又说：

察其始而本无生，非徒无生也。而本无形；非徒无形也而本无气；杂乎芒芴之间，变而有气；气变而有形，形变而有生，今又变而之死；是相与为春秋冬夏四时也。

---

[①] 《至乐》。机当做几。

这分明是说万物的变化,是从"无"而来,自无而有又自有而无。不过有气形生死这些过渡变相罢了。晓得这一层,才可看《至乐》篇末一段讲进化的文字:

种有几,得水则为䘇①。得水土之际,则为蛙蠙之衣②。生于陵屯③,则为陵舄④,陵舄得郁栖⑤,则为乌足⑥。乌足之根为蛴螬⑦,其叶为胡蝶⑧,胡蝶胥也化而为虫⑨,生于灶下,其状若脱,同蜕其名为鸲掇⑩。鸲掇千日为鸟,千日而死,其名为乾余骨,乾余骨之沫为斯弥⑪,斯弥为食醯⑫,颐辂生于食醯,黄軦生乎九猷⑬。瞀芮生乎腐蠸⑭,羊奚比乎不箰,久竹⑮生青宁⑯。青宁生

---

① 王船山《庄子解》卷十八云:䘇,水中尘埃如丝者。
② 司马彪云:物根在水土之际,布在水中,就水上视之不见,按之可得。如张绵在水中,楚人谓之蛙蠙之衣。成玄英云:青苔也,在水中。
③ 陆地。
④ 疏:陵舄,车前车也。
⑤ 湿地。
⑥ 司马云:草名。
⑦ 司马云:虫也。
⑧ 王先谦《集解》云:大者如足,大指以臂行。乃驶于脚,从夏入秋化为蝉。《论衡·无形篇》:蛴螬化为复育,复育化而为蝉。
⑨ 当连下读胥也化而为虫,言其速也。
⑩ 鸲掇虫名也。得熟气故化为虫。
⑪ 千余骨鸟口中之沫。化为斯弥之虫。
⑫ 司马云:食醯若酒上蠛蠓也。
⑬ 司马云:颐辂、黄軦皆虫名。李云九宜为久,久老也,猷虫名。
⑭ 瞀芮虫名,腐蠸萤中火虫也,亦言是粉鼠虫。
⑮ 司马云:羊奚草名。与久竹比合而为物。
⑯ 疏:羊奚比合于久竹而生青宁之虫也。

程[①]，程生马，马生人[②]。人又反入于"几"，万物皆出于"几"，皆入于"几"。

这一段，据成玄英疏说："机者发动所谓造化也；造化者无物也，人既从无生有，又反入归无也；岂唯在人，万物皆尔。"他的话实在解释得好，用不着再说了！只就这一段看，我觉着庄子主张的自而无有的生物进化论，在他当时，不能不算是一个顶大的贡献！现在分作两节来讲：

（1）进化的根本原理——万物皆自"无"而"有"，自"有"复归于"无"。

（2）自然发生的阶段——（A）得水则为㡭。司马本作继。他说："万物虽有兆朕，得水土气乃相继而生也。"这话也很有理。因为《管子·水地篇》也有以水为宇宙本原的话，《易》说"天一生水"，苏东坡说"阴阳一交而生物，其始为水，水者无有之际也"，可见庄子以水为自无而有之一过程，也是可能的说法。（B）：得水土之际，则为蛙蠙之衣以下，案《墨说上》解"化"字说："蛙买化也。"又说："化若蛙化为鹑。"可见当时对于蛙蠙[③]的变化，很多人都注意它。不过当时的进化说，我们可以很容易看出是主张自然发生说的。在西洋希腊最初解说生物起源的人，也多抱这一种学说，如谓生命起源，是干的物体湿了，能生出动物；湿的物体干了，也是如此。直到第六世纪，化学家中还有Van Helmout深信生物能自然发生。他说：便是鼠也是自然发生的，若取汗布片和几粒麦或乳饼，放在柜中，便能化生鼠。又说蝎子自然发生，很是奇异，即试验的方法，是"取一块砖，中央凿成一窝，窝中置了

---

[①] 疏：亦虫名。一云越人呼豹曰程。
[②] 疏云：未详所据。王船山《庄子解》引方以智云：肯宁生程，程生马，马生人。世间自有此事。如史言武陵蛮生于畜狗。元始胎于狼鹿之类。不可以耳目所限而断之。
[③] 买字误疑。

罗勒草，捣碎之后，别取一砖盖在上面，就日光下晒着，过数日，这罗勒草的气味薰蒸起来，便化生蝎子了"①。我们反转来看，庄子说法，也是以为各种生物，从气或水或泥土变成。如说"生于陵屯，则为陵舃"；司马彪云"谓燥湿变也"。又"乌足之根为蛴螬"，司马彪本作蠀蛴，云：蝎也。乌足，草名。这和说由罗勒草变成蝎子不是一样的，是生物自然发生说吗？（C）程生马，马生人一节，由一层层的进化，直到现在最高等的人类，这个意思，很和进化论派认人类为主兽中之最发达者，是一个道理。后人对于这一节都不敢解释，郭注无，成疏说"未详所据"，《释文》说"俗本多误"，因为当时没有进化论作旁证，所以几乎无可解释了！

既然万物变化都是自无而有，又自有而无，没有一刻不在变化当中。那么哲人的主观态度，就只有"观化"了！《至乐》篇说：

支离叔与滑介叔观于昆仑之虚②。俄而柳生其左肘，支离叔曰：子恶之乎？滑介叔曰：予何恶？生者假借也，假之而生；生者尘垢也；死生为昼夜。且吾观化而化及我，我又何恶焉。

这一段纯是寓言，很可看出天钧律对于人生观的影响！

## 六　人生观——自然主义的人生

庄子的人生观，是从宇宙观引申出来的！他最喜欢谈"天"，"天"就是"宇宙"与"自然"的代名词，而庄子所要求的，就是这种"宇宙的人生"，"自然的人生"。他把"自然的人生"和"人为的人生"分别得很严，天就是自然；和天相反的，就叫做

---

① 参周建人《生物之起源》，见《新青年》第6卷第四号。
② 即古墟字。

"人"；人就是不自然的意思。所以说：

> 天在内，人在外……牛马四足，是谓天；落①马首，穿牛鼻，是谓人。(《秋水》)
>
> 天之小人，人之君子；人之君子，天之小人。(《大宗师》)
>
> 天为而尊者，天道也；有为而累者，人道也。(《在宥》)

陆象山《语录》曾说："庄子云：眇乎小哉，以属诸人；謷乎大哉，独游于天。"又曰："之与人道也相远矣，是分明裂天人而为二也。"这话实在很对。庄子也实在要分别天道"自然的人生"和"人为的人生"，把"人为的人生"看得丝毫没有价值，而要去人而反天，去不自然的人生而返于自然的人生。故说：

> 不以人助天，是之谓真人。(《大宗师》)②
>
> 不开人之天，而开天之天；开天者德生，开人者贼生。(《达生》)

但怎么样才是自然的人生呢？庄子告诉我们道：

> 子独不闻至人之自行邪？忘其肝胆，遗其耳目③，芒然彷徨乎尘垢之外，逍遥乎无事之业。(《达生》)
>
> 夫至人者，相与交食乎地，而交乐乎天④，不以人物利害相撄，不与为怪，不相与为谋，不相与为事，翛然而往，侗然而来。(《庚桑楚》)

---

① 同络。
② 又《徐无鬼》篇云：古之真人，以天待之，不以人入天。
③ 暗付自然也。
④ 自无其心皆与物共。

抱这种自然的人生来处世，也是高超得很！

　　彼且为婴儿，亦与之为婴儿；彼且为无町畦，亦与之为无町畦；彼且为无崖，亦与之为无崖；达之入于无疵。（《人间世》）

《天下》篇道他自己的理想生活是：

　　独与天地精神往来，而不敖倪于万物，不谴是非，以与世俗处。……上与造物者游，而下与外死生无终始者为友。

这就可见庄子的人生观，完全是"宇宙的人生"了！

### 七　人生观二——生死问题

这种宇宙的人生，把宇宙看得太大了！把人生看得太小了！以为人生应该一切放任，一切都听之造化之自然。所以说：

　　今一犯人之形，而曰：人耳！人耳！夫造化者必以为不祥之人，今一以天地为大炉，以造化为大冶，恶乎恶而不可哉？

就是生死那一回事，也都只好算做自然变化的痕迹罢了！所以在达观的人看起来，生死本是一条①的！

　　彼方且与造化者为人，而游乎天地之一气；彼以生为

---

① 《德充符》篇云：老聃曰：胡直不使彼以死生为一条，……解其桎梏其可乎？

附赘县疣，以死为决疣溃痈；夫若然者，又恶知死生先后之所在？（《大宗师》）

并且有生便不能无死[①]，在这里生，安知不在那里死呢？在这里死，不是那里生呢？所以说"方生方死，方死方生"（《齐物论》）"生者死之徒，死者生之始，孰知其纪"（《知北游》）？就是我们把那许多气质相结合而成的一个东西，叫做"生"。如《知北游》篇说："人之生，气之聚也，聚则为生，散则为死。"而这种"假于异物，托于同体"（《大宗师》）的暂时的生命，也是要很快地归于消灭！所以说：

自本观之，生者喑醷[②]，物也，虽有寿夭，相去几何？须臾之说也。……人生大地之间，若白驹之过郤，忽视而已。注然，勃然，莫不出焉。油然，漻然莫不入焉。[③]已化而生，又化而死。[④]（《知北游》）

因为生死只是变化的痕迹，所以本算不了什么！在《至乐》篇有一段记庄子"鼓盆"的故事，最好引来作生死观的结束：

庄子妻死，惠子吊之，庄子则方箕踞鼓盆而歌。惠子曰："与人居，长子老，身死不哭亦足矣，又鼓盆而歌，不亦甚乎？"庄子曰："不然，是其始死也，我独何能无慨然。察其始而本无生，非徒无生也，而本无形；非本无形也，而本无气；什乎芒芴之间，变而有气；气变而有

---

[①] 《达生》篇云：生之来不能却，其去不能止。

[②] 直聚气也。

[③] 勃是生出之容，油漻是人死之状。言世间万物相与无恒，莫不从变而生，臧化而死。

[④] 俱是化也。

077

形；形变而有生；今又变而之死；是相与为春夏秋冬四时行也。①人且偃然寝于巨室②，而我嗷嗷随而哭之，自以为不通乎命，故止也。

## 八　人生观三——命定论

《大宗师》篇说：

夫大块③载我以形，劳我以生，佚我以老，息我以死。

既然生劳老死都只是天道自然的运行，那末人生在世，最好就是"安时而处顺"了；所以《养生主》篇说老聃死时。秦失道：

适来夫子时也④，适去夫子顺也⑤，安时而处顺，哀乐不能入也。⑥

再看《大宗师》篇说得更好：

子来有病，喘喘然将死，其妻子环而泣之。子犁往问之，曰：叱！避无怛化！⑦倚其户而与之语，曰：伟哉造

---

① 生来死往，亦犹春秋冬夏，四时代序。
② 偃然安息貌，巨室谓天地之间也。
③ 自然也。
④ 时自生也。
⑤ 理当死也。
⑥ 无时而不安，无顺而不处，安于生时，则不厌于生，处于死则不恶于死。
⑦ 叱诃声也。夫方外之士，冥一生死，而朋友临终。和光往问，故叱彼亲族。令避傍近，正欲变化，不欲惊怛也。

078

化！又将奚以汝适！①以汝为鼠肝乎？以汝为虫臂乎？子来曰：父母于子，东西南北，唯命之从；阴阳于人，不翅于父母。②

这就是所谓"命定"的观念了！③如果人们能够一切都乐天知命，就消极方面可以安慰自己，如《大宗师》篇子桑的话，就是一个好例：

子桑家贫，霖雨十日而饿病，子舆裹饭而往食之，至其门闻鼓瑟，若歌若哭。鼓瑟云：父邪母邪！天乎人乎！子舆入，曰：子之歌诗，何故若是？子桑曰：吾思乎使我至此极者，而弗得也。父母岂欲吾贫哉？天无私覆，地无私载，天地岂私贫我哉？求其为之者而不得也，然而至此极者命也夫！

在积极方面，倒能把得失成败祸福看得极轻，而只管一任自然做去了。所以说：

自事其心者，哀乐不易施乎前，知其不可奈何而安之若命，德之至也。④（《人间世》）

死生存亡，穷达贫富。贤与不肖：毁誉、饥渴、寒暑是事之变，命之行也。日夜相代乎前，而知不能规乎其始者也，故不足以滑和。（《德充符》）

---

① 不知适往何处变作何物。
② 自古或有能远父母之命者矣，未有能远阴阳之变，而距昼夜之节者也。
③ 《大宗师》篇云：死生命也，其有夜旦之常天也。
④ 郭象注：知不可奈何者命也，而安之则无哀无乐，何易施之有哉。故冥然以所遇为命，而不施心于其间。泯然与其至为一，而无休戚于其中。

## 九　人生观四——反本复始主义

庄子的自然的人生观，就是一种"反本复始主义"，因为道的本体是绝对的，所以我们的人生，也应该超脱相对界，而达到绝对无比的本体界，但这谈何容易。我们第一步要先作到虚静恬淡，能够以无为处世，就生死尚且不足动心，更不要说到什么善恶了！原来庄子人生观的特色，即是要"返于自然"，他的意思，好像是说：自然的东西，都是好的。一入人的手中，就弄坏了！引导人生于罪恶的，不是别的，就是所谓"仁义"，因此他就反对仁义，而主张人类的天真！他说：

> 天下有常然，常然者曲者不以钩，直者不以绳，圆者不以规，方者不以矩，附离不以胶漆，约束不以缠索。（《骈拇》）

人的本来面目，是很自然很朴素的。用不着什么仁义去教他为善，而最高的善，却是无所为而为，是很自然的，所以说：

> 泉涸，鱼相与处于陆，相呴以湿，相濡以沫，不若相忘于江湖。（《大宗师》）

这就是说：仁义是发生于不仁不义，有了仁义这个名词，便把人类本真失掉了！所以没有仁义，才算得真仁义。所以《骈拇》篇说：

> 吾所谓臧者，臧善也。非仁义之谓也，臧于其德而已矣；吾所谓臧者，非所谓仁义之谓也，任其性命之情

而已矣。①

庄子以为人性本来不待仁义而自然是好的！所以仁义不是人的本性，我们应该废掉他才好。故说：

> 夫仁义憯然乃愤吾心，乱莫大焉！（《天运》）
> 圣人屈折礼乐，以匡天下之形；县跂仁义，以慰天下之心；而民乃始踶跂好知，争归于利不可止也。（《马蹄》）
> 今世之仁人，蒿目而忧世之患，不仁之人决性命之情而饕富贵，故意仁义莫非人情乎！（《骈拇》）

看重仁义的结果，使天下莫不奔命于仁义，这岂不是把仁义来换人的本生自然情性吗？岂不是把性情作仁义的牺牲吗？所以说：

> 天下尽殉也，彼其所殉仁义也，则俗谓之君子；其所殉货财也，则俗谓之小人，其殉一也。（《骈拇》）

从埋没本性这一点看起来，又有什么分别呢？总而言之，什么礼乐呀！仁义呀！这些都是人为的，技术的。反于人的本性自然性的，所以庄子反对他，而提倡一种"反本复始主义"。

但怎样才能"反本复始"呢？庄子在这里也有提到"修养的方法"，就是"去物欲"。能够"去物欲"就自然能到达"虚无恬静"的境界，因为虚无恬静的生活，就是自然的生活，但是自然生活本来自己如此的，所以要求自然生活，只须将不自然根本推翻，既没有什

---

① 谓仁义为善，则损身以殉之，此于性命还自不仁也。身且不仁，其如人何。故任其性命乃能，及人，而不累于已。彼我同于自得，斯可谓善也。

么不自然的，那就是自然了。所以自然生活除却不自然生活便是；除却不自然的外诱——物欲，便是。所以《庚桑楚》篇说：

贵富显严名利，六者勃志也；容动色理气意，六者缪心也；恶欲喜怒哀乐，六者累德也；去就取与知能，六者塞道也；此四六者不荡胸中则正，心神平正正则静，静则明，明则虚，虚则无为，无为而无不为也。

又《天地》篇说：

先性有五，一曰：五色乱目，使目不明；二曰：五声乱耳，使耳不聪；三曰：五臭薰鼻，困悛中颡；①四曰：五味触口，使口厉爽；五曰趣舍滑心，使性飞扬；使自然之性，驰竞不息。此五者皆生之害也。

庄子的意思，以为"物欲"的生活，就是反于自然的生活，所以说"其耆欲深者，其天机浅"（《大宗师》）；那些向外逐欲的人们，不知不觉间，都把本性自然性完全白白送掉了！并且"天下之所尊者富贵寿善也，所乐者身安厚味美服好色音声也，所下者贫贱夭恶也，所苦者心不得安逸，口不能厚味，形不得美服，目不得好色，耳不得音声；若不得者则大尤以惧，其为形也亦愚矣！夫富者苦身疾作，多积财而不能尽用，其为形也亦外矣！夫贵者夜以继日。思虑善否，其为形也亦疏矣！人之生也，与忧俱生，寿者惽惽，久忧不死，何苦也？其为形也亦远矣！"（《至乐》）。他们为着物质生活，不惜把精神生活一天天地梏亡了！依庄子的意思，这都是吃着"有为"的亏。我们应该倒转过来去主张"至人无为"

---

① 言鼻耽五臭故壅塞不通，而中傍颗额也。

(《知北游》)。他理想中能到达这种反本复始的人格，是要如《刻意》篇所说的："无天灾，无物累，无人非，无鬼责，其生若浮，其死若休。不思虑，不豫谋，光矣而不耀，信矣而不期，其寝不梦，其觉无忧，其神纯粹，其魂不罢，虚无恬淡，乃合天德。"能够没有喜怒，没有好恶，这时内外都忘了，虽然千变万化，而丝毫不着于物。这就是庄子所理想的真人、神人或圣人了！

## 十　政治观———庄子政治哲学的根本观念

要想明白庄子的政治哲学，必须先明白他人生哲学的根本观念，他的人生哲学归本于"无为"两个字，《大宗师》说："茫然彷徨乎尘垢之外，逍遥乎无为之业"；《知北游》说："至人无为大圣不作，观于天地之谓也"；可见无为是自然的本体，也是人生的归宿，所以应用到政治方面，也自然要主张"无为"的政治了。这种无为政治的理想，实发生于老子时代。老子说：

以辅万物之自然，而莫敢为。（六十四章）
为者败之，执者失之。（二十九章）

任凭你费了多大气力，总跳不出"自然"的大圈套。并且自然就是绝对的美，绝对的善，再加人工，便毁坏自然了。所以一切有为，都是罪恶的源泉，一切文化文明乃至法律，政府也都是罪恶的结果；所以主张要"绝圣弃智""绝仁弃义""绝巧弃智"，十九章把文物制度，都一扫而空，使人们复归到自然无为的状态，这就是老子的目的了。《庄子·应帝王》篇更设一个譬喻来证明有为的害处道：

南海之帝为儵①，北海之帝为忽②，中央之帝为浑沌③，儵与忽相与遇于浑沌之地，浑沌待之甚善。④儵与忽谋报浑沌之德，曰：人皆有七窍，以视听食息，此独无有，尝试凿之。⑤日凿一窍，七日而浑沌死。⑥（《应帝王》）

郭注云"为者败之"，因为有为的害处如此，所以不得不主张那复归于自然状态的政治了。《马蹄》篇说得好：

马，蹄可以践霜雪，毛可以御风寒。龁草饮水，翘足而陆，此马之真性也。虽有义台路寝，无所用之。及至伯乐曰：我善治马，烧之，剔之，刻之，雒之⑦，连之以羁馽⑧，编之以皂栈；马之死者十二三矣。饥之，渴之，驰之，骤之，整之，齐之，前有橛饰之患，后有鞭筴之威，而马之死者已过半矣。

陶者曰：我善治埴，圆者中规，方者中矩。匠人曰：我善治木，曲者中钩，直者应绳。⑨夫埴木之性，岂欲中规矩钩绳哉！然且世世称之曰"伯乐善治马，而陶匠善治

---

① 喻有象也。
② 喻无形也。
③ 浑沌非有非无，此喻自然也。
④ 有无二心，会于非无非有之境。和二偏之中，执为一中之志，故云待之甚善。
⑤ 儵忽二人，由儒偏滞，未能和会，尚起学心。妄嫌混沌之无心，而谓穿凿之有益也。
⑥ 言不顺自然，强开耳目也。
⑦ 司马注云：烧谓烧铁以烁之。剔谓翦其毛，刻谓削其甲，雒谓羁勒其头，按当义作络。
⑧ 绊前两足也。
⑨ 土木之性，禀之自然，不求曲直，岂慕方圆。陶者匠人，浪为臧否。

埴木"此亦治天下者之过也！①

这一段实在是庄子政治论的出发点了！《应帝王》篇还有好几段讲到治天下的，现在只举两节如下：

肩吾见狂接舆，狂接舆曰：日中始何以语女？肩吾曰：告我君人者以己出经，式义度人，孰敢不听而化诸？②狂接舆曰：是欺德也。③其于治天下也，犹涉海凿河而使蚊负山也。夫圣人之治也，治外乎？④正而后行⑤，确乎能其事者而已矣！⑥且鸟高飞以避矰弋之害，鼷鼠深穴乎神丘之下，以避熏凿之患，而曾二虫之无知！

天根游于殷阳，至蓼水之上，适遭无名人而问焉。曰：请问为天下？无名人曰：去！汝鄙人也！何问之不豫也。⑦方与造物者为人，厌则又乘夫莽眇之鸟，以出六极之外，而游无何有之乡，以处圹埌之野，汝又何帠以治天下感予之心为？⑧又复问，无名人曰：汝游心于淡，合气于漠⑨，顺物自然而无容私焉，而天下治矣。

由上两段可见"无为"而治的旨趣！只有这种"无治"的治，

---

① 世以任自然而不加巧者，为不善于治也。揉曲为直，厉驾为骈，能为规矩。以矫拂其性，使死而后已。乃谓之善治也，不亦过乎。
② 教我为君之道，化物之方，必须己出智以经纶，用仁义以导俗。则四方氓庶，谁不听从，遐迩黎元，敢不归化耶？
③ 夫以己制物，物丧其真。欺诳之德，非实道。
④ 言不治之也。
⑤ 静正无为。
⑥ 因自然不为其所不能。
⑦ 所问之旨甚不悦豫我心予。
⑧ 帠有误。俞樾曰，疑乃臬字之误，即梦语愿意。
⑨ 游心于恬淡之域，合气于寂寞之乡。

才不失掉人的本性,而后世之所以使人失掉本性的,有两个东西;一个是"仁义圣智",一个是"政法赏罚",而最可痛恨的,就是那些圣人,不但不足以治天下,且以乱天下。所以庄子主张破坏一切,而想像他至德无为的理想的政治。《胠箧》篇说:

> 圣人生而大盗起,掊击圣人,纵舍盗贼,而天下始治矣。……圣人已死则大盗不起,天下平而无故矣。圣人不死,大盗不止,虽重圣人而治天下,则是重利盗跖也。① 为之斗斛以量之,则并与斗斛而窃之;为之权衡以称之,则并与权衡而窃之;为之符玺以信之,则并与符玺而窃之;为之仁义以矫之,则并与仁义而窃之;何以知其然邪?彼窃钩者诛②,窃国者为诸侯,诸侯之门而仁义存焉,则是非窃仁义圣智邪?……故绝圣弃知,大盗乃止;掷玉毁珠,小盗不起;焚符破玺,而民朴鄙;掊斗折衡,而民不争;殚残天下之圣法,而民始可与论议。

这是很激烈的无政府主义了!不过和近代巴枯宁、克鲁泡特金的无政府主义还是不同,现在的无政府主义不过把社会上的种种罪恶,都归到"政府""资本家"身上,而庄子则更进一层,把罪恶归于有知识以来。以为"政府"尚是有知识以来的产物,还是有为的结果,我们却要以根本上取消这个"有为",而复归于"无为"。所以庄子可以算做更彻底的"虚无主义者",他屡屡说"绝圣弃智,而天下大治"③,他最痛恨的就是三代以下的政治,以为这些政治,都是反自然的,都是由于好知的结果。所以说:

---

① 将重圣人以治天下,而桀跖之徒,亦资其法。
② 钩者腰带钩也,今私窃钩带,必遭刑戮。
③ 又见《在宥》篇。

甚矣夫好知之乱天下也！自三代以下者是也！舍夫种种之民①，而悦乎役役之佞②；释夫恬淡无为，而悦夫啍啍之意；啍啍已乱天下矣！（《胠箧》）

又《在宥》篇说：

自三代以下者，匈匈焉终以赏罚为事。③彼何暇安其性命之情哉！夫施及三王而天下大骇矣，下有桀跖，上有曾史，而儒墨毕起，于是乎喜怒相疑。愚知相欺，善否相非，诞信相讥，而天下衰矣。……于是斨锯制焉，绳墨杀焉。椎凿决焉，天下脊脊大乱，罪在撄人心。④

自有圣智出来，就有了许多人造的道德、法律，就设立了家庭、国家的种种组织，但这些道德、法律、这些组织，哪一个不是有为的结果？哪一个不和自然的人心反背？所以说"天下脊脊大乱，罪在撄人心"，但是怎样才可以顺自然而不伤人心呢？庄子道最好是不要管他。故说：

闻在宥天下，不闻治天下也。⑤在之也者，恐天下之淫其性也，宥之也者，恐天下之迁其德也⑥；天下不淫其性；不迁其德，有治天下者哉！⑦（《在宥》）

---

①李云：种种淳厚貌。
②役役鬼黠貌。
③人惧斧钺之诛，又慕轩冕之赏，心怀百虑，事出万端。匈匈竞逐，而不知止。
④撄天下之心，使奔驰而不可止。
⑤宥使自在则治，治之则乱也，治统驭也，宥宽也，任物自在。
⑥疏若不任性自在，恐物淫僻丧性者也。若不宥之，复恐效他其德迁改也。
⑦郭注：无治乃不迁淫。

"在宥"就是任人民绝对的自由的意思,但怎么样才能使民绝对自由呢?唯一的方法,就是所谓"无为"了。

## 十一 政治观二——庄子理想中的世界

道家一派都有他理想中的社会,因为他们本来一生就不肯在政治和社会的现状下低头;所以他们的理想,格外自由些。不过他们的理想,大概都是空想着太古时代的好处,而不积极地向文明进步着想,所以他们的无政府主义,可以叫做"空想的无政府主义",和现在"无政府主义"不同。不过他们确是反对政治社会现状的顶激烈的革命家,把他们的理想实现出来,不但没有国家,并且没有社会,他们理想中的天下,不过是一些赤裸裸的"自然人",不识不知地散在地面上,天天吃饭睡觉罢了!不用器械,也不讲交通,不要甲兵,也不要文字,连什么知识学问,文物制度,都一齐废掉。《老子》有一段文字,把这样的天下写得顶好;

> 小国寡民,使有什佰之器而不用,使民重死而不远徙,虽有舟与舆无所乘之,虽有甲兵无所陈之,使民复结绳而用之,甘其食,美其服,安其居,乐其俗,邻国相望,鸡犬之声相闻,民至老死不相往来。(八十章)

这种理想的世界,在《列子·黄帝》篇就变成很具体的"华胥国"了!

华胥氏之国，在弇州之西，台州之北，不知斯①齐国②几千万里，盖非舟车足力之所及，神游而已。其国无师长，自然而已，其民无嗜欲，自然而已。不知乐生，不知恶死，故无夭殇；不知亲己，不知疏物，故无爱憎；不知背迹，不知向顺，故无利害；都无所爱憎，都无所畏忌，入水不溺，入火不热，斫挞无伤痛，指擿无痟痒，乘空如履实，寝虚如处床，云雾不硋其视，雷霆不乱其听，美恶不滑其心，山谷不踬其步，神行而已。

这段中国式的乌托邦（Utopia）也是代表一种理想复归于自然状态的社会，然在老列时代，还是一种乌托邦的思想，而在庄子书中，却竟然认作已经在太古实现的事实了！庄子所理想的社会，就是"至德之世"，他的政治，就是要复归于"至德之世"，这至德之世是和老子列子所理想的却并没有两样。如《马蹄》篇说：

至德之世，其行填填③，其视颠颠④，当是时也，山无蹊隧，泽无舟梁，莫往莫来，船轿于是乎废。万物群生，连属其乡⑤，禽兽成群，草木遂长⑥，是故禽兽可系羁而游，鸟鹊之巢可攀援而窥。夫至德之世，同与禽兽居，族与万物并，恶乎知君子小人哉！

夫赫胥氏之时，民居不知所为，行不知所之，含哺而

---

① 离也。
② 中国。
③ 填填满足之心。
④ 颠颠高直之貌。
⑤ 既无国异家殊，故其乡连属。
⑥ 飞禽走兽不害所以成群。蔬草果木不伐，所以盛茂。

熙，鼓腹而游，民能已此矣！①

又《胠箧》篇说：

子独不知至德之世乎？昔者容成氏、大庭氏、伯皇氏、中央氏、粟陆氏、骊畜氏、轩辕氏、赫胥氏、尊庐祝融、氏伏牺氏、神农氏，当是时也。民结绳而用之，甘其食，美其服，乐其俗，安其居，邻国相望，鸡狗之音相闻，民至老死而不相往来②，若此之时，则至治已。无欲无求，怀道抱德，如此之谓至治。

又《天地》篇说：

至德之世，不尚贤，不使能，不如标枝③，民如野鹿④，端正而不知以为义，相爱而不知以为仁，实而不知以为忠，当而不知以为信，蠢动而相使，不以为赐，是故行而无迹⑤，事而无传。

由上看来可见庄子的乌托邦和《老子》八十章所说是一样的，不过讲得更痛快些罢了。

---

① 安居而无所为，率性而动，游行而无所往，既而含哺而熙戏，与婴儿而不殊，鼓腹而遨游，将童子而无别，此至淳之世，民能如此也。
② 无求之至。
③ 居上者恬淡虚忘，犹如高树之枝，无心荣贵也。
④ 上既无为，下亦淳朴，譬彼野鹿，绝君主之礼也。
⑤ 郭注：能任其自行，故无迹也。疏上下和平，率性而动，故无迹之可记。

## 十二　结论

最后一句话，庄子的宇宙观、人生观和政治哲学，都只是一种"虚无思想"。所以"虚无主义"就是这一派哲学的最高目的，以后"魏晋哲学"就是完全受这派的影响。

# 老子哲学

## 一、老子的年代及其著作

在古代哲学的唯物论传统中，我们首先应该从老子算起。老子的年代虽然很久成为争论的问题，但无疑乎老子思想的产生，是在孔子以前；而《老子》一书的完成，却在孔子以后。今本《老子道德经》是荟萃多人材料而成一家之言。此多人之中，以老聃为最早，他所唱学说，很多引用古语，言道德之意。其次老莱子，言道家之用。又其次书中言"取天下"与谈兵处，所用战国成语与战国官名，则似非较晚出之太史儋不能作。由此可见，以太史儋为《道德经》之最后完成者，似尚可信。案《史记·老庄申韩列传》，"老子者，楚苦县厉乡曲仁里人也。姓李氏，名耳，字伯阳，谥曰聃。"又曰："或曰老莱子亦楚人也，著书十五篇，言道德之用，与孔子同时云。"《正义》云："太史公疑老子或是老莱子，故书之。"在此可见老子即是老聃，司马迁疑其即是老莱子。又本传："自孔子死之后，百二十九年，而史记周太史儋见秦献公曰：'始秦与周合而离，离五百岁而后合，合七十岁而伯王者出焉。'或曰儋即老子，或曰非也，世莫知其然否。"毕沅云："古聃儋字通，《说文》聃耳曼也，又云儋耳垂也，又云耽耳大垂也，声义相同，故并借用。"由此则老子又疑其即是太史儋，或《吕氏春秋》中之老耽。但依研究的结果，知本传中之老聃、老莱子、太史儋，实为三人非即一人。如太史公疑老子或即老莱子，而《仲尼弟子列传》序云"孔子之所严事，于周则老子，于楚则老莱子"，分明认为二人。实则老子和老莱子，虽同属道家系统，而据《庄子》书中，老子名共二十二见，老聃名四十六见，老莱子名三见。又据《大戴礼·卫将军文子》《战国策·楚策》中所称老莱子，和《礼记·曾子问》之老聃，《战国策·魏策》之老聃，亦决为二人非一人，不然则同在一书之中，不应前后所用人名不同。《汉书·艺文志》"老莱子十六篇"，班固自注云"楚人与孔子同时"，《战国策·楚策四》有老莱子教孔子事君，《孔丛子·抗志篇》以为老莱子语子思。大概就时代言，老莱子当较老聃为晚辈，他著书据《史记》是得之传闻，即使有所传述，当已经归入《道德经》今本之中。至于太史儋，则在孔子死后一百二十九年才出现，当然和孔子问礼的老聃，决非一人，而可认为是老莱子的后辈，说他是《老子》一书的真正作者，不如认为《老子》一书乃经过长久时间，才由太史儋把老聃、老莱子这些人的原始材料和他所作的新材料积累而成。这就是说，老子《道德经》开始于孔子同时的老聃，而完成于战国中叶。今本《老子》所表现的思想的时代背景，既反映春秋，又反映战国时代，大概是在战国中叶的著作，不过里面最可宝贵的部分，却早在春秋之末已经有了。

  现在姑且假定《史记》本传中底三位老子著作，而为之分清眉目，则老聃的年代当在纪元前五世纪，这时正在中国奴隶制社会的转型期，社会的特点是奴隶剥削的阶级制度已经盛极而衰，而氏族的农村公社之亚细亚的生产方法尚遗留下来，这是当时社会之内在的矛盾。老聃的素朴的社会观，即是反映这内在于奴隶制社会中之农村公社底人底社会意识。这是一点。其次，因为老子学说的渊源很远，《汉书·艺文志》说"出于史官"，大概可靠。在古代神权政治时代，史官实为最大的知识者，掌握了所有学术，尤其是关于天文学的知识，只有他们才有探究天道的本领，所以《国语·周语下》周之单襄公说："吾非瞽史，焉知天道。"老聃相传是柱下史，或征藏史，分明是《吕氏春秋》所述终古向挚之流，是从史官出身的隐士，所以能以初步的科学知识为基础，而产生他的素朴的唯物观念与辩证法思想。即因这从初期科学所孕育来的唯物观念，要穷究到天地万物的起源问题，照人类知识的发达顺序来看，应该是属于较早的时期的，这是第二点。最后，就是从文学史的眼光来看，韵语应出现于散文之前，如《易经》与《老子》即为中国最古之哲学诗。《易经》韵语，顾炎武、江晋三已有详说，《老子》全书均为韵语，有通篇用韵的，有章首用韵而中间或尾声不拘者，要之哲学诗的体裁，有所谓自由韵式，老子就是这种哲学的诗人的代表。

但老子思想虽发生较早，而《老子》一书的完成，却在战国时代，这证之以先秦诸子著作的情况，一般都如此。在春秋时代，老子的著作可能只流行于消极的隐士之间，《史记》老子本传"老子修道德，其学以自隐无名为务，居周久之，见周之衰，乃遂去……莫知其所终"。老莱子也有同样传说，成玄英《庄子疏》云："老莱子，楚之贤人隐者也，常隐蒙山，楚王遣使召为相……逃于江南，莫知所之。"一个"莫知所终"，一个"莫知所之"，这样以自隐无名为务的人物，他的学说，绝不会有什么大影响。只是到了太史儋时代，由他见秦献公说霸王的故事，知为积极分子，他之发挥老子学说，正如韩非子之作《解老》《喻老》。他所著书，史册无记，但可能即是添进《老子》书中之"取天下"与谈兵处，因此汪中及今人也有认《老子》为太史儋作。这全称肯定之说，固不可信，但谓今本《老子》一部分散文著作为太史儋所著，而以太史儋为《道德经》之最后完成者，似尚无可疑。从太史儋编成五千文，而《老子》一书才普遍地为人所引用，如《战国策·魏策》魏武侯引"故老子曰：圣人无积，书以为人己愈有，既以与人己愈多"。《齐策》颜斶引"老子曰：虽贵必以贱为本，虽高必以下为基，是以侯王称孤寡不谷，是其贱之本与非"。以太史儋之时代考之，均约略相近，这也证明了《老子》一书思想虽产生于较孔子为年长之老聃，而《老子》一书的完成和普遍传播，则在战国时代。

## 二　老子的阶级性

老子学说的产生，有人说是在春秋时代孔子前（如吕振羽《中国政治思想史》），也有人说是在战国时代孔子后（如侯外庐等《中国思想通史》、范文澜《中国通史简编》），尽管许多人的看法不同，但一致地认为老子学说是没落阶级思想的反映。因为在奴隶社会制度的转型期中，有一部分地主阶级的势力，即有一部分奴隶主贵族，这没落的贵族的意识中，它们一方面由于阶级地位的变动，因而对于现实制度感到极端不满，另一方面却留恋过去，企图缓和新旧的矛盾对立，使事物保持常态，甚至于提倡复古。老子思想正是代表这种矛盾状态。就他出身来说，老子是殷人而居于陈（陈为楚灭，老子亦称楚人），又服官于周，以殷人而跑到周作守藏室之史，已经是失去原有的领地。这是一种没落。再加以"居周久之，见周之衰，乃遂去"，或如《庄子·天道篇》所说"免而归居"，更明显地又是一种没落，照《史记》所载是自动的隐居，依《庄子》则是被免而隐居，而要之归隐是表示他失去了官职，失去了他原有的领地。因之老聃可以说是一个没落的贵族。但说是没落的贵族，似还不够，应说老子是没落贵族出身的"士"。本来史官的地位虽高，实不很重要，司马迁《报任少卿书》已指出："文史星历，近乎卜祝之间，固主上所戏弄，倡优所畜，流俗之所轻也。"可见这一阶层，在整个统治阶级来说，是受压迫的。何况老子已经失去了史官的职位，没有政权，所以成为隐士。隐士也是士，所以《道德经》中，很多说到"士"，如"善为士者不武"；又以"士"为论道的对象，如云："古之善为士者微妙玄通，深不可识。"（十五章）"上士闻道，勤而行之；中士闻道，若存若亡；下士闻道，大笑之，不笑不足以为道。"隐士是对于社会持消极态度的人，但他不能没有生活，他以何为生？证之以《论语·微子篇》荷蓧丈人的话，再参之以《庄子·寓言》中所极力描写的隐士的风貌，如《人间世》中的匠石，《逍遥游》与《人间世》的楚狂接舆，《养生主》的庖丁，《骈拇》之臧与谷，《天地》的为圃者，《达生》之痀偻者、操舟者、养斗鸡者、削木者、东野稷、工倕，《山木》之伐木者，《田子方》之无择豯工，《知北游篇》大马之捶钩者，《徐无鬼》之匠石（善涂墁者），《让王》之屠羊说，《渔父》之渔人，这些得道之士，都和后来"四体不勤，五谷不分"的"士"不同，他们似乎就是农村公社中各种劳动人民。因此《老子》书中，就有许多地方是站在隐士的立场，说出了农村公社各种劳动人民，尤其是农民的愿望。

我们现在读《老子》，首先感到的困难之点，就由于老子的阶级关系，他的立场，因为是没落《贵族》出身的"士"，所以不能完全是统治阶级的立场，也不能完全是农民的立场。它的阶级性是摇摆不定的。即因如此，所以有人可将《老子》书看做侯王的宝典，将老子哲学看做侯王的哲学，事实老子也是开口侯王、闭口侯王，绝不类平民的口吻。如说：

道常无名。朴虽小，天下莫能臣，侯王若能守之，万物将自宾。（三十二章）

侯王得一以为天下贞。……侯王无以贵高将恐蹶。故贵以贱为本，高以下为基。是以侯王自谓孤、寡、不谷。（三十九章）

道常无为而无不为，侯王若能守之，万物将自化。（三十七章）

人之所恶，唯孤、寡、不谷，而王公以为称。（四十二章）

圣人云：受国之垢，是谓社稷主；受国不祥，是谓天下王。（七十八章）

因为没落的贵族从其自身之实际利益的立场上，不否定"侯王"的存在，即使把"侯王"向后倒退变成农村公社的首长，他的学说还是可为统治阶级服务，即所称为"君人南面之术"。如在历史上唐明皇、宋徽宗、明太祖、清顺治都有御注《道德经》，而且刻成碑幢，传布极广。统治阶级提倡老子，就有许多的人再把他发展起来，这当然只是利用老子，不是老子学说的真发展。老子学说的真发展，他的优良传统，还在于接近农民性的一面，这是民主性的精华，不是封建性的糟粕。例如，他反映农民的愿望，提出"小国寡民"之氏族的农村公社底人底主张；又反映农民的要求，提出反剥削和重税的主张。

**朝甚除，田甚芜，仓甚虚，服文彩，带利剑，厌饮食，财货有余，是谓盗夸。（五十三章）**

**民之饥，以其上食税之多，是以饥；民之难治，以其上之有为，是以难治。（七十五章）**

反对战争的主张：

**以道佐人主者，不以兵强天下。其事好还，师之所处，荆棘生焉；大军之后，必有凶年。（三十章）**

**天下有道，却走马以粪；天下无道，戎马生于郊。（四十六章）**

反对刑罚的主张：

**天下多忌讳，而民弥贫。……法令滋彰，盗贼多有。（五十七章）**

**民不畏死，奈何以死惧之？（七十四章）**

反对不平等的主张：

天之道，其犹张弓与？高者抑之，下者举之；有余者损之，不足者补之。天之道，损有余而补不足；人之道则不然，损不足以奉有余。孰能有余以奉天下？唯有道者。（七十七章）

反对阶级社会道德的主张：

大道废，有仁义；智慧出，有大伪；六亲不和，有孝慈；国家昏乱，有忠臣。（十八章）

因为早期农民经济是自给自足，所以希望统治者不要干涉他们，少剥削他们，让他们自然发展。因此，作为反映农民意识的隐士老子，也就对于新兴统治者的压迫发生激烈批判和反抗的意思，这反映于政治哲学，为平等的社会观。《荀子·天论篇》已经指出："老子有见于诎，无见于信，则贵贱不分。"认为老子是把阶级制度打破了的。大概在老子当时，隐士之间普遍地存在一种恢复农村公社的思想，而老子的"小国寡民"，尤其是农村公社底人底自发的抗议的反映。老子这种农民性思想的发展，在战国为孟子同时的许行，主张"贤者与民并耕而食，饔飧而治"；在汉代则成为农民派的王充《论衡》的唯物主义与在农民阶级的实际运动中所表现的"太平道""五斗米道"。王充的家世属于被压迫的穷乏的贫民阶级，"黄巾起义"则是把老子的"替天行道"变成了以后农民起来对于暴君苛政的罪恶作总结算。时为老子学说的发展，在民间成为农民革命的大旗帜，在迷信落后的社会里居然是历代反封建斗争中的一种潜在动力。因此我们对于老子思想，就他的阶级性说，虽然不能和真正农民完全一样，他的君人南面之术，也为统治者服务，但比较起来，这还不是他思想的主要方面；主要的老子思想，是他素朴的唯物主义和辩证法的成分，这是反映他以没落贵族出身的隐士，而代表农民利益，是农村公社崩溃出来的农民思想的表现。

### 三 老子的认识论与思想方法

老子的认识论与思想方法，有与其他学派不同的，是它以初步的天文学知识为基础。天文学在科学系统中是普遍性最大、复杂性最小的一种科学。它所用的是观察法，原为科学方法最低的一层；而数理现象研究，又属于演绎法的性质，这对于老子思想的制限性是很有关系的。《老子》书中很看重观察，如观察天地说：

天长地久，天地所以长且久者，以其不自生，故能长生。（七章）

天地之间其犹橐龠乎？虚而不屈，动而愈出。（五章）

飘风不终朝，骤雨不终日，孰为此者？天地。天地尚不能久，而况于人乎？（二十三章）。

观察万物草木说：

人之生也柔弱，其死也坚强；万物草木之生也柔脆，其死也枯槁。（七十六章）

万物并作，吾以观复，夫物芸芸，各复归其根。（十六章）。

观察江海川谷说：

江海所以能为百谷王者，以其善下之，故能为百谷王。（六十六章）

谷得一以盈，……谷无以盈将恐竭。（三十九章）

上德若谷。（四十一章）

上善若水，水善利万物而不争。（八章）

天下莫柔弱于水，而攻坚强者莫之能胜。（七十八章）。

但老子虽以观察法为起点，而不以此为究竟。由于初步科学只可能是观察的方法，而观察方法为足力目力所限，只能以知得相对的皮相为已足，故老子乃更进一步，超出"有限"的现象界而求"无限"的变化的原理原则，这就是《道德经》开首所提出了两面的思想方法，即：

常无欲观其妙，常有欲观其皦。（一章，据敦煌本）

在这里，"皦"是显明之谓，与妙为对文"妙"的微眇之谓，荀悦所谓"理微谓之妙也"（《申鉴》）。用知识只能观察有限世界，除了接触于感官的显明的状况以外，无从知道，而天地间之变化的原理原则是无限的，超出寻常的认识的。因此老子便提出另一种的观察无限的方法，要穷溯天地万物的微妙的关系从何而来，以便冲破观察的界限，而求绝对的知识，乃至极力否认知识，最后陷入形而上学。这可以说是由于他只能以当时初步的科学方法为基础，也由于他认为知识有相对的知识，也有绝对的知识，相对的知识是有名的境界、见闻的境界，而绝对的知识则"不行而知不见而名"，是"不出户，知天下；不窥牖，见天道"（四十七章），是"言有宗，事有君"（七十章）。而老子即站在这立脚点，提出他否认知识的主张：

我愚人之心也哉，沌沌兮。俗人昭昭，我独昏昏；俗人察察，我独闷闷。（二十章）

智慧出，有大伪。（十八章）

绝圣弃智，民利百倍。（十九章）

绝学无忧。（二十章）

民之难治，以其智多。故以智治国，国之贼；不以智治国，国之福。（六十五章）

老子这种反知识的思想方法，和他"无"的世界观是不可分开的。"无"之一字，有虚空的意思，也有无限的意思，在这虚空或无限里面，可以化解一切贵贱大小轻重上下先后强弱的差别，没落阶层即在这"观无"的境界里得到了它的解脱、它的玄想的自由。所以"观无"是失望的思想方法，却从失望里得到很大的希望的幻影——无限的境界。老子思想方法之另一面，就是在认识这个"无"的方法，这就是所谓"不知"知之。所谓"知者不言，言者不知"（四十七章），"知者不博，博者不知"（八十一章），有所知则有所不知，无所知则无所不知。《庄子·知北游》假托老聃的话道："汝之掊击而知……且夫博之不必知，辩之不必慧，圣人以断之矣。"这就是从小知的批评中看出大知来，大知对于小知，实可称之为无知之知，或不知之知。老子说："知不知，上不知，知病。"（七十一章）那自以为知，实在是不知；而无上的知，反在于"不知"知之。所以又屡屡说到"无知"："常使民无知无欲"（三章），"爱国治民，能无知"。这种"无知"或"不知"的思想方法，虽反映了农村公社的农民意识，但无疑乎是老子思想方法之保守的一方面。

老子的思想方法是"无知"，也是"无名"。本来名就是概念的代表，作知识的符号，所以主张无知的，一定连带主张无名，因有了抽象的名，一方面使具体的事物，去做普遍的牺牲，一方面又建立许多差别，以唤起不平等，所以老子一派均主废"名"。凡天下之名，其可名者都不是永远不变的名，而永远不变的名，本不可名，所以"道常无名"（三十二章），"道隐无名"（四十一章），所以"名可名，非常名"（一章），"必不得已而有名，字之曰道""强为之名曰大"（二十五章）。为方便起见，不妨假设一个表记叫做"道"，因其周行天地万物之中，无所不在，所以勉强把"大"字来形容它。其实这"道"字"大"字两个抽象名词，都是凑成的、人造的，和道体绝不相干，只是强为之名而已。因有名生于无名，"无名天地之始，有名万物之母"（一章），名就是从无名中生出的差别而来，所以说"道常无名……始制有名"（三十二章），名就是差别，就是限制，所以有名即有争。《吕氏春秋·贵公篇》有一段逸话：

  荆氏有遗弓者，而不肯索，曰："荆人遗之，荆人得之，又何索焉？"孔子曰："去荆而可矣。"老聃闻之曰："去其人而可矣。"故老聃至公焉。

这从一方面看来，无名是打破阶级和人我的限制，有进步的意义。从另一方面看，把名实混淆了，认为物本无名，我不必问，名相不能成立，科学也无从发展起来。

但老子的思想方法，有保守的一面，也有进步的一面，如他由古今治乱成败兴亡、天时人事之间所归纳而成的素朴的辩证法成分，就是他最进步的地方。本来老子既然反对知识，反对名，当然也反对辩论，认为辩论的方法，是不能用来求真理的。所以说"善者不辩，辩者不善"（八十一章），"大巧若拙，大辩若讷"（四十五章）。但老子虽不以胜人为名、以善辩为名，而他所著书却充满着农民的思想斗争性，更加以他是没落贵族出身，由于自己阶级地位的颠倒，因而达到了正反易位之辩证法的初步认识。如依辩证法原理，从矛盾进展中所找出的充分理由，即正面与反面二者互相依据，互相替换，老子说："夫物，或行或道，或嘘（傅、严古本作噤）或吹，或强或羸或挫（读为捷）或隳。"（二十九章）这就是一些东西去了，另一些东西跟着来了；一些东西闭塞了，另一些东西开张了；一些东西壮大了，另一些东西便衰退了；一些东西胜利了，另一些东西便衰亡了。这就是正面依反面而有，反面依正面而在。所以说：

福兮祸之所倚，祸兮福之所伏，孰知其极？其无正，正复为奇，善复为妖。（五十八章）

《韩非子·解老篇》注：

人有福则富贵至，富贵至则衣食美，衣食美则骄心生，骄心生则行邪僻，而动弃理。行邪僻则身夭死，动弃理则无成功。夫内有死夭之难，而外无成功之名者，大祸也，故曰"福兮祸之所伏"。人有祸则心畏恐，心畏恐则行端直，行端直则思虑熟，思虑熟则得事理，行端直则无祸害。无祸害则尽天年，得事理则必成功。尽天年则全而寿，必成功则富与贵，全寿富贵之谓福。故曰"祸兮福之所倚"，以其成功也。

因为世间一切对待，都只见得相反相成，如福由于祸，祸由于福，祸福尚且倚伏，可见一切坠于两边矛盾的东西，穷其所极，无不从其反面看出理由或根据。老子说：

明道若昧，进道若退，夷道若类，上德若谷，大白若辱，广德若不足，建德若偷，质真若渝，大方无隅，大器晚成，大音希声，大象无形。（四十一章）

曲则全，枉则直，洼则盈，敝则新，少则得，多则

惑。（二十二章）

此处如明与暗、进与退……曲与全、枉与直……都是一对相反的概念，而究之皆没入于一个无矛盾的更高级概念之中，这就是矛盾的统一。又如：

有无相生，难易相成，长短相较，高下相倾，音声相和，前后相随。（二章）
物或损之而益，或益之而损。（四十二章）
大成若缺，大盈若冲，大直若屈，大巧若拙，大辩若讷。（四十五章）
无为而无不为。（四十八章）
柔弱胜刚强。（三十六章）
守柔曰强。（五十二章）
兵强则灭，木强则折。（七十六章）
重为轻根，静为躁君。（二十六章）
将欲歙之，必固张之；将欲弱之，必固强之；将欲废之，必固兴之；将欲夺之，必固与之。（三十六章）

以上皆为"反者道之动"（四十章）的注脚。处处都是矛盾，无论明暗、进退、曲全、枉直、洼盈、敝新、多少、有无、难易、长短、高下、高低音、前后、祸福、损益、成缺、屈直、巧拙、辩讷、强弱、刚柔，乃至重轻、静躁、壮老、张歙、废兴、与夺、有余不足、无为无不为，无一处不矛盾，无一处不包含着辩证法之对立的统一的法则，也即无处不在其对方找出其理由或根据。所以老子说"正复为奇，善复为妖"（五十八章），"正言若反"（七十八章），有正即有反，反又为正，这即是复。所以又说"万物并作，吾以观复"（十二章），有正有反有复，这就是老子的辩证法。

　　由上老子从自然社会各方面所发见的若干辩证法的规律，确然是极珍贵的。正如今人所承认的，"在马克思主义的唯物辩证法传入中国以前，古代哲学中老子确是杰出的无与伦比的伟大哲学家"（范文澜：《中国通史简编》第一册）。为什么这么说？因为"他观察了自然方面天地以至万物的变化的情状，他观察了社会方面历史的、政治的、人事的成与败、存与亡、祸与福、古与今相互间的关系与因果，他发现并了解事物中的矛盾，比任何一个古代哲学家更广泛、更深刻"（同上）。但虽如此，我们却不要忘记在老子思想中存在着方法与体系的矛盾。正如黑格尔在德国代表新兴资产阶级意识提倡了"绝对观念"的哲学，老子相反地代表没落贵族出身的士，却提倡了"虚无"的哲学。新兴资产阶级意识是"有"——绝对的有，没落贵族意识是"无"——绝对的无。同样，黑格尔哲学的绝对观念反映资产阶级永世不移的社会秩序，什么私有制和剥削制的永恒原则，什么工人服从资本家的永恒观念，这是和他革命的辩证法相矛盾的；同样，老子哲学的虚无思想，也是反映没落阶层反发展，反创造，不要解决矛盾、向前推进，而是要阻止发展、保持原状以至向后倒退的反动思想。虚无哲学的保守性，是对于现实世界的新兴事物，无论是地主阶级也好，工商业者也好，都极力加以否认，他所拥护的乃是远古的原始共产制度，和现实距离得很远的无之又无的境界，由此产生的辩证法，应用起来，虽也承认矛盾的对立，但却否定了矛盾斗争。"无"是一个失望的名词，因人们在得不到东西的时候，于是起失望之心，而有"无"发生，所以"无"之哲学，不可能是积极的斗争，而只有消极的无抵抗。把老子的辩证法和赫拉克立特比较就最明显，赫拉克立特所见一切自然现象的统一和普遍的基础是"火"，火是斗争的旗帜；相反地，老子所见一切自然现象的统一和普遍的基础是"水"，水是不争的旗帜。老子不是发展矛盾，而是应用"反者道之动"的原则，把反面放在正面内部，使不走极端，正面不至质变而为反面。所以"知其雄，守其雌，为天下谿；知其白，守其黑，为天下式……知其荣，守其辱，为天下谷"（二十八章），"圣人去甚去奢去泰"（二十九章），"持而盈之不如其已；揣而锐之，不可常保"（九章），"保此道者不欲盈"（十五章），这当然是他运用辩证法来处世的一种巧妙，却也可见老子思想体系中之方法，还是反映农民自供自足经济的保守性。正如黑格尔在德国资产阶级革命时期所造成他哲学体系与方法论之间的矛盾一样，老子正是在古代中国没落贵族间造成了反动的保守哲学体系与辩证法之间的矛盾。

## 四　老子的世界观

《庄子·天下篇》概括老聃的学术是："建之以常无有，主之以太一。以濡弱谦下为表，以空虚不毁万物为实。"在这里，前两句是老子的世界观，后两句是老子的人生观。老子的世界观，是所谓"道"。道兼有与无之两方面，常无有，即是常无常有，也就是无→有→无→有→永远无穷地发展下去，所以《道德经》开卷即是：

> 道可道非常道，名可名非常名，无名天地始，有名万物母。常无欲观其妙，常有欲观其徼。此两者同出而异名，同谓之玄。玄之又玄，众妙之门。（一章）

老子所谓"道"，即是变化之总称，即是常有常无之道，即是"无穷"。在无穷中"天地万物生于有，有生于无"（四十章），道是生而不息的，但却遵循着一定的规律而生，这即是从无生有，从有而无，又从无生有。更具体地指出，就是："道生一，一生二，二生三，三生万物。万物负阴而抱阳，冲气以为和。"（四十二章）"一"就是"太一"之"一"，又称为"有"。"道生一"即是"无"生"有"。无是虚空，是无穷尽，因其不可见不可闻不可执不可名，从任何正面都不能形容它，所以只能从反面来说，说它不是什么。不是什么即不是一个什么的意思，并不是零。在"无"之中涵有浮沉升降缊相荡之"气"，这就是所谓"一"。《庄子·知北游篇》说："通天下一气耳，圣人故贵一。"气分阴气阳气，是"一生二"。"万物负阴而抱阳，冲气以为和"，这就是阴阳由"三"聚而为万物了，说得更明白的是：

  视之不见名曰夷，听之不闻名曰希，搏之不得名征。此三者不可致诘，故混而为一。其上不皦，其下不昧，绳绳不可名，复归于无物。是谓无状之状，无象之象。是谓惚恍，迎之不见其首，随之不见其后。（十四章）

  凡一切眼可见的耳可闻的并可触的东西，是"有"，眼不能见，耳不能闻，手不能触的东西，是"无"，无就是无形无声无质三者所混合成的"无状之状，无象之象"，是超感觉的境界，是"绳绳不可名"的境界，说它是"无物"，却是"其中有物"的"无物"，这"其中有物"之"物"即是"气"。所以说"是谓惚恍，迎之不见其首，随之不见其后"。惚恍是气的形象化。万物皆由气聚而成，也就是在惚恍之中絪缊相荡而成。所以说：

  有物混成，先天地生。寂兮寥兮，独立而不改，周行而不殆，可以为天下母。吾不知其名，字之曰道，强为之名曰大。大曰逝，逝曰远，远曰反。（二十五章）。

  道之为物，惟恍惟惚。惚兮恍兮，其中有象；恍兮惚兮，其中有物；窈兮冥兮，其中有精，其精甚真，其中有信。（二十一章）

这都很明白地是一种素朴的唯物论。老子所谓道，乃指一种"物"，这个先天地而存在的"物"，"惟恍惟惚"，倏而生，忽而成，"其中有精，其精甚真，其中有信"，这精、真、信可能与希腊哲学家德谟颉利图所说的微粒子相似，即是以至小无内的真实存在（信）为宇宙基本的学说。因为老子剖析道之混成物，自恍惚中之象，象中之精，精中之信，逐层地向内探讨，而得出道的最小单位，它的真实存在。这当然只是一种假说，最重要的是证明老子宇宙观之唯物论的见解，是以他的初步天文学知识为基础。"独立而不改，周行而不殆"，是指天体循环而言，所谓道原意为日月星辰运行的轨道，转而为无处不存在、无处不运动的意思，所以说"强为之名曰大，大曰逝，逝曰远，远曰反"，所以说"反者道之动"（四十章），正如希腊赫拉克立特的素朴唯物论把普遍的运动了解为自然的封闭着的循环一样，老子的道也具有循环的意义。但他也有一个贡献，即认道为客观的存在，为一切之先，如说"道""湛兮似或存，吾不知谁之子，象帝之先"（四章），"有物混成，先天地生"。这不但把天降低与地相等，打破了当时天是至上神的思想，而且认为如有上帝，道也比上帝为高。《老子》书中固然也有说到"神"的地方，如"谷神不死，是谓玄牝"（六章），但在这里，神只是指其因应无穷，非人格神的存在。"以道莅天下，其鬼不神。非其鬼不神，其神不伤人。神不伤人，圣人亦不伤人"（六十章），有了道，便有人格有意志的神都用不着了，这还不是无神论？即因老子所谓"道"是自本自根之客观的存在，所以基本上是唯物主义。不但如此，他所谓道，是物质，也是规律，也是运动，是在运动中的物质，但更重要的是在运动中有规律的物质。这种规律，是自然的规律，即自然法。因此老子极看重自然，二十五章说："人法地，地法天，天法道，道法自然。"自然为一切宇宙万物的归宿，宇宙间的现象，都是"莫之命而常自然"（四十四章）。这里把自然放在道的上面，是意味着自然就是道，道的存在是依自然的规律而存在，道的发展，是依自然规律而发展。人跟着地球，地球跟着天体，天体在那里运动，运动是自然规律的运动，这是物质、运动与规律的概念的合一。试看以下的例子：

  天地之间其犹橐籥乎！虚而不屈，动而愈出。（五章）
  飘风不终朝，骤雨不终日。孰为此者？天地。天地尚不能久，而况于人乎！（二十章）
  天之道其犹张弓与！高者抑之，下者举之；有余者损之，不足者补之。（七十七章）
  天之道，不争而善胜，不召而自来，繟然而善谋。（七十三章）

这些都是"莫之命而常自然"的现象，人们只能效法自然规律，而不能违背它。因为天道如此，故应用之于人事，也是"以辅万物之自然而不敢为"（六十四章）。在这里可注意的，就是自然的现象乃是必然的现象。宇宙好似那铜匠的风箱，抽动风箱，就自然生生不已，有"虚而不屈，动而愈出"底不得不然的趋势。一切现象均有一定自然的规律，其所有运动发展均各有不得不然的趋势，这就是自然，也就是所谓必然，即因宇宙现象都是不假人为而自然如此，且非如此不可，所以不是有意志作用，故说：

  天地不仁，以万物为刍狗；圣人不仁，以百姓为刍狗。（五章）

王弼注："地不为兽生刍而兽食刍，不为人生狗而人食狗。"兽食刍，人食狗，这都合于自然的规律，这就是老子的唯物论所得到的可怕的结论。

由上老子的素朴唯物论，可以说是古代初期科学知识的总结，是极可珍贵的。老子所以有此成就，是由于他本身是周守藏室之史，好似埃及、印度的祭司一样，掌握了一切学术，尤其是天文学的知识。他对于鬼神术数一切不取，这是古代哲学中唯物论的优良传统。但他也有很大缺点。如把他和18世纪法国唯物论者比较，法国的唯物论代表新兴资产阶级，所以唯物论中有战斗性，可以说是战斗的机械唯物论；相反地，老子则只代表没落贵族出身的士，有很多的软弱性，故所形成的唯物论，也只能是非战斗的，或者说是"柔性的"素朴唯物论。战斗的唯物论是"向前看"，柔性的素朴唯物论只是"反后看"。老子的道虽兼有与无之两方面，但他不向"有"的世界看齐，而向"无"的世界看齐，懂得了"有"的科学的领域，却要顽强地死守住"无"之非现实的、非科学世界的领域，"反者道之动，弱者道之用"（四十章），"天门开阖，能为雌乎"（十章），这是没落阶层的社会意识的特点，同时也就标志着老子唯物主义中的保守性和不进步性。

## 五　老子的历史观与人生观

《汉书·艺文志》："道家者流，盖出于史官，历记成败存亡、祸福古今之道，然后知秉要执本，清虚以自守，卑弱以自持，此君人南面之术也。合于尧之克攘、《易》之嗛嗛，一谦而四益，此其所长也。及放者为之，则欲绝去礼学，兼弃仁义，曰独住清虚，可以为治。"这是用儒家的眼光，来叙述道家的源流的。实际则其学派之"绝去礼学，兼弃仁义"，乃为其历史哲学理论之必然的结果。《老子》三十八章说：

上德不德，是以有德，下德不失德，是以无德。上德
无为而无以为，下德无为而有以为。上仁为之而无以为，
上义为之而有以为。上礼为之而莫之应，则攘臂而扔之。

故失道而后德，失德而后仁，失仁而后义，失义而后礼。夫礼者，忠信之薄而乱之首。前识者，道之华而愚之始。是以大丈夫处其厚，不居其薄；处其实，不居其华，故去彼取此。

在这里所列举的道——德——仁——义——礼的顺序之中，道厚而德薄，德厚而仁薄，仁厚而义薄，义厚而礼薄，每况愈下。而且同在德之一范畴中，又有上德与下德之分，"上德无为而无以为，下德无为而有以为"。老子尊重无为为至上，故其结论自然是"绝圣弃智，绝仁弃义"，而"礼者，忠信之薄"。《庄子·知北游篇》托黄帝之言：

黄帝曰："……夫知者不言，言者不知。"故圣人行不言之教。道不可致（郭象注：道在自然，非可言致），德不可至（郭云不失德故称德，称德则不至也），仁可为也，义可亏也，礼相伪也。故曰：失道而后德，失德而后仁，失仁而后义，失义而后礼；礼者，道之华而乱之首也。故曰：为道者日损，损之又损，以至于无为，无为而无不为也。今已为物也，欲复归根，不亦难乎？其易也，其惟大人乎？

这一段完全为《老子》三十八章的注脚，老子的历史哲学之基本原则，认为天地万物皆"有生于无"，后起之"有"应以先存之"无"为法则，所以应用到人类历史，也是前一历史阶段必胜于后一历史阶段，前一历史人物必胜于后一历史人物。《庄子·天运篇》假托老子论三皇五帝之治天下，即有禹不及舜，舜不及尧，尧不及黄帝之语。为什么历史上的黄金时代是在上德之世，而现代乃为下降的"忠信之薄而乱之首"的铁时代呢？老子以为这都是知识发达的结果。人类知识发达一步，罪恶便也跟着前进一步，因为知识是反于淳朴的本性自然性，所以自有知识而浇淳散朴，天下大乱了，什么道德呀，仁义呀，制度文物呀！这些人造的反于大自然的圈套何一不从知识发生出来。可见知识便是大乱的根本，没有知识，没有文化，也没有罪恶了。这种反历史反文化的历史哲学，和法国革命时卢梭攻击不自然的文明而憧憬于自然人的素朴社会相同。因为从历史看来，前前胜于后后，"大道废，有仁义；智慧出，有大伪；六亲不和，有孝慈；国家昏乱，有忠臣"（十八章），封建社会阶级政治所藉以维系的工具，是圣智、仁义、巧利三者，然而"绝圣弃智，民利百倍；绝仁弃义，民复孝慈；绝巧弃智，盗贼无有"，老子的最大目的在复归于太古淳朴的社会。所以说：

大上，下知有之，其次亲而誉之，其次畏之，其次侮之，信不足有不信焉，悠兮其贵言。（十七章）

"下知有之"（《永乐大典》本作"不知有之"），意思是不知道私有财产，这正是原始共产社会，这是《庄子·天地篇》所描写的"不尚贤，不使能，上如标枝，民如野鹿"的世界。到了"亲而誉之"，这已经是"有虞氏不及泰氏"了。因为老子是以原始农村公社为其历史思想的背景，所以到处主张复归于此社会为历史的最大目标。老子常教人返本复始，他称之为"观复"为"复常"，为"归根"，如说：

致虚极，守静笃。万物并作，吾以观复。夫物芸芸，各复归其根。归根曰静，是谓复命，复命曰常，知常曰明。（十六章）

用更具体的历史名词来表示,即所谓"道纪":

> 执古之道,以御今之有,能知古始,是谓道纪。
> (十四章)

因老子是柱下史,又享高年,所以他的得道要应用历史之术,即是执古之无以御今之有。历史告诉我们:是物极必反,功成者退。因此应用在人生方面,便如《庄子·天下篇》所描写老聃的道术是:

> 知其雄,守其雌,为天下谿;知其白,守其辱,为天下谷。人皆取先,己独取后,曰受天下之垢。
> 人皆求福,己独求全,曰苟免于咎。以深为根,以约为纪。曰坚则毁矣,锐则挫矣。常宽容于物,不削于人。

人类历史是以"复古"为原则,一个人的历史是以"守柔"为原则。什么叫做圣人?圣人就是理想的保存人的本性自然性。所谓"常德不离",《老子》书中所谓玄德、孔德,都是指人的本性自然性,其涵义与道相近。

> 孔德之容,惟道是从。(二十一章)
> 生之畜之,生而不有,为而不恃,长而不宰,是谓玄德。(十章)
> 故道生之,德畜之,长之育之,成之熟之,养之覆之,生而不有,为而不恃,长而不宰,是谓玄德。
> (五十一章)

这所谓德,即是上德不德是以有德。这以何为征验呢?以婴儿为征验。圣人如婴儿一样不失其本性自然性，所以说：

> 专气致柔，能婴儿乎？（十章）
> 知其雄，守其雌，为天下豁。为天下豁，常德不离，复归于婴儿。（二十八章）

婴儿是老子人生的理想境界：

> 众人熙熙，如享太牢，如春登台，我独泊兮其未兆，如婴儿之未孩。（二十章）
> 含德之厚，比于赤子，毒虫不螫，猛兽不据，攫鸟不搏，骨弱筋柔而握固。未知牝牡之合而朘作，精之至也；终日号而不嗄，和之至也。（五十五章）

所谓婴儿，所谓赤子，都只是无求无欲，不犯万物，而万物也不侵犯他，这就是老子的理想人格。"圣人为腹不为目"（十二章），"圣人之治，虚其心，实其腹"（三章），很明白地，这圣人不是封建社会统治的圣人，而是"两不相伤"的原始共产社会的人物。"圣人处上而民不重，处前而民不害，是以乐推而不厌"（六十六章），这原始共产社会的圣人——老农老圃之流，他自己无知无欲，也常使民无知无欲，他自己终不为大，所以"万物归焉而不为主，可名为大，以其终不自为大，故能成其大"（三十四章）。这就是老子"君人南面之术"的背景，也可以看出他是如何受了自己的历史的限制。

因为老子是没落阶层，眼见得"勇于敢则杀，勇于不敢则活"（七十三章），"强梁者不得其死"（四十二章）。就人来说，新生的婴儿，总常是生气勃勃的，因此他强调柔弱，认为是无往而不胜的力量。

人之生也柔弱，其死也坚强；万物草木之生也柔弱，其死也枯槁。故曰坚强者死之徒，柔弱者生之徒。（七十六章）

柔弱是新生的现象，是生活力的表现，相反地，坚强则为死的象征，以水为喻：

上善若水，水善利万物而不争，处众人之所恶，故几于道。（八十八章）

江海所以能为百谷王者，以其善下之，故能为百谷王。（六十六章）

天下莫柔弱于水，而攻坚强者莫之能胜，其无以易之。弱之胜强，柔之胜刚，天下莫不知，莫能行。是以圣人云："受国之垢，是谓社稷主；受国不祥，是谓天下王。"（七十八章）

结论就是"天下之至柔，驰骋天下之至坚"（四十三章），"守柔曰强"（五十二章）。老子理想的柔道人生，固然有他成功的一面，但其流弊便只能有见于柔，而丧失面对现实积极斗争的勇气，这是他思想最保守的一面，是亡国遗民柔顺取容、以求苟免的人生观。

## 六　老子的政治思想

老子的政治思想反映着农民的自然法观念。自然的就是真实的，所以自然即善，一入人的手中，才变坏了。人初生时本性原是善的，应保持其天生之资质，即所谓"见素抱朴"（十九章），这种思想应用到政治，则为清静无为之治。就是说人的本性自然性原是好的，用不着去管它。所以最好的政治，即是无为的政治：

> 故圣人云：我无为而民自化，我好静而民自正，我无事而民自富，我无欲而民自朴。（五十七章）
>
> 不尚贤，使民不争；不贵难得之货，使民不盗；不见可欲，使民心不乱。是以圣人之治，虚其心，实其腹，弱其志，强其骨，常使民无知无欲，使夫智者不敢为也。为无为，则无不治。（三章）

无为政治的成就，即为返朴归真的生活：

> 其政闷闷，其民淳淳。（五十八章）

"闷闷"是有欲为而无可为的意思。这所描写的无怀、葛天之世，正是返于自然的境界。无为就是一任自然，最彻底的放任主义。所以老子说：

> 以辅万物之自然而不敢为。（六十四章）
> 为者败之，执者失之。（二十九章）
> 为学日益，为道日损，损之又损，以至于无为，无为而无不为。（四十八章）

《庄子·天下篇》称老聃"无为也而笑巧"，郭象注："巧者有为，以伤神器之自成，故无为者，因其自生，任其自成。万物各得自为，蜘蛛犹能结网，则人人自有所能矣，无贵于工倕也。"成玄英疏云："本性而动，淳朴无为，嗤彼俗人，机心巧伪。"任凭你费了多大气力，也跳不出自然的大圈套，并且自然就是绝对的真，绝对的善，再加人工便毁坏了。所以一切有为都是痛苦的根本，罪恶的源泉，一切文化文明也都是罪恶的结果。所以主张"绝圣弃智，绝仁弃义，绝巧弃利"（十九章），把文物制度一扫而空，人生便复归到自然无为的状态，这就是老子的政治，李卓吾《老子解序》发挥老子无为政治最为透彻："夫老子者非能治之而不治，乃不治以治之者也。故善爱其身者不治身，善爱天下者不治天下。凡古圣王所谓仁义礼乐者，非所以治之也，而况一切刑名法术欤！"这无治为治，是复归古代淳朴的社会，不能说是政治，而只好说是"自化""自均"。

  道常无为而无不为，侯王若能守之，万物将自化。化而欲作，吾将镇之，以无名之朴。无名之朴，夫亦将无欲。不欲以静，天下将自定。（三十七章）
  道常无名，朴虽小，天下莫能臣也。侯王若能守之，万物将自宾，天地相和以降甘露，民莫之令而自均。（三十二章）

  老子既醉心于原始公社生活，贵清静而重任自然，所以反对任何有为的政治，如反对以智治国，"故以智治国，国之贼，不以智治国，国之福"（六十五章）；反对以礼治国，"夫礼者，忠信之薄而乱之首"（三十八章）；反对以法治国，"天下多忌讳……法令滋彰，盗贼多有"（五十七章），"民不畏死，奈何以死惧之"（七十四章）；反对以兵治国，"天下有道，却走马以粪；天下无道，戎马生于郊"（四十六章），"以道佐人主者，不以兵强天下"（三十章）。那么应该以什么来治国呢？老子的答案是：以愚治国。

  古之善为道者，非以明之，将以愚之。（六十五章）
  爱民治国，能无知乎？（十章）
  众人皆有余，而我独若遗，我愚人之心也哉……众人

皆有以，而我独顽似鄙。（二十章）

这简直好像是再守旧再顽固也没有了。最妙的是，他还告诉我们："治大国若烹小鲜。"傅奕、孙登、范应元同古本"小鲜"作"小鳞"。范应元注："鳞总括鱼之属也，小鳞，小鱼也。治大国者譬若烹小鳞，夫烹小鲜者不可扰，扰之则鱼烂；治大国者常无为，为之则民伤。盖天下神器不可为也。"因为有为的害处太多了，所以老子高喊着返朴归真，返于自然的生活。而这返于自然的生活，也就是返于原始公社的自然统治。老子有一段文字，把这理想中的天下写得妙绝：

小国寡民，使有什佰之器而不用，使民重死而不远徙。虽有舟舆无所乘之，虽有甲兵无所陈之，使民复结绳而用之。甘其食，美其服，安其居，乐其俗，邻国相望，鸡犬之声相闻，民至老死不相往来。（八十章）

这是中国式的乌托邦，是亚细亚的生产方式里农村公社崩溃出来的农民思想的表现。在这自然社会里，各个人虽群居其处而毫无政治的拘束，人人不治而天下治。

由上老子无为政治的理想，无疑乎在中国封建社会长期成为失望的人，尤其是农民对于暴君苛政最微妙而最严重的抗议，但他的革命性，也就不过于此。老子底整个学说虽然是中国以后的唯物论发展的基础，但他在政治战线上所号召的，却不是"向前看"，而是要恢复过去原始公社的生活，这是历史的"开倒车"，是复古。

## 七 老子哲学的批判

最后，我们必须指出，老子整个学说体系和他的思想方法，有极进步的，也有极保守的，这不消说是思想上的一种矛盾。这种矛盾应该认为是反映亚细亚社会生产方式之内在的矛盾。亚细亚社会有几个特征，如农村公社之存在，小农业与家庭手工业的结合，土地国有，水利灌溉事业。这亚细亚的农村公社，即原始共产主义的残余，在中国早期奴隶社会里遗留着，在春秋战国奴隶制社会的转型期也遗留着，直至后来为中国封建制之一种独特遗留的社会形态，那在奴隶制社会转型期所保存着、在崩溃过程中之农村公社之亚细亚生产方式，这就是老子思想之经济的背景，也就是老子素朴唯物论之自己的历史的限制。同样的历史范例，我们也远可以举出俄国的大思想家托尔斯泰，虽然他和老子时代隔得很远，但他的理想社会，也完全是依据俄国古代遗留下来的农村公社"米尔"，而理想化之为"共同生活"，他也是提倡"虚无"，主张无抵抗主义。但另一方面，他也和老子一样，以没落期的贵族地主而反映着农民的原始意识，把封建统治阶级的种种虚伪、种种罪恶，揭发出来。不但如此，托尔斯泰还极力推崇老子，在1880年至1910年间，他研究中国哲学，在全集第四十三卷引用老子三十五句，第四十四卷有关于老子的介绍，据《苏联纪行》所载，"1884年开始提到老子，他读过迦鲁斯（Paule Carus）英译的《道德经》，后来又得到海辛格（Heysinger）的译本，但他都不很满意。他在1909年和一位日本学生姓今西（Konishi）的每日讨论，就凭着今西的帮助，把《道德经》重译了一遍，在1913年出版。1910年出版过一本《老子》，是一本小册子，封面上画有老子骑牛图（郭沫若著）"。在这一点，可说托氏是老子学说的继承者，即因这个原故，所以我们现在批判老子哲学，很可以正确地应用列宁对于托尔斯泰思想的矛盾分析，来分析老子思想。列宁指出：

> 托尔斯泰见解的矛盾，的确是我们革命中农民在尽其历史任务时所处的矛盾情况的一面镜子……以自由平等的小农社会代替警察——阶级国家的愿望，在我们革命里农

民所采取的每一历史步骤中都占着主要地位，毫无疑问，托尔斯泰著作的思想内容适合于农民这些愿望。（列宁《论托尔斯泰》，中外出版社）

又说：

托尔斯泰的见解是我们农民暴动的弱点和缺点的镜子，是宗法乡村的软弱的和勤俭的农民的深藏的懦怯的反映。

又说：

托尔斯泰反映了炽烈的仇恨，对于更好生活的成熟的愿望，摆脱过去的要求。——也反映了不成熟的幻想，政治无知和革命软弱性。

正如托尔斯泰是属于1861—1904年这一阶段表现俄国第一次革命的历史特点一样，老子思想主要表现了属于春秋战国时代农民阶级的力量和弱点。托尔斯泰的反封建，变成了对于政治的否认，引导到无抵抗主义的学说，结果就和1905—1907年的群众革命斗争完全分离。同样，老子批评当时社会制度，也变成了"小国寡民"的幻想与提倡不争，结果为历代专制君主利用它作统治的武器。这不但是他们自己思想中的矛盾，而正是反映着在极复杂矛盾的社会条件下之时代的矛盾。这正如列宁所作的结论：

托尔斯泰的学说真是空想的，在内容上是反动的（就这个字的最精确最深刻的意义讲）。但这决不是说这一学说不是社会主义的，或者它不包含能有助于前进阶级启蒙

的批评因素。（同上书）

我们对于老子思想的评价，也达到和这结论相同的结论，老子学说的内容，从最精确的最深刻的意义讲，是反动的，但这决不是说这一学说不是中国以后的前进阶级的唯物论发展的基础。

## 历史哲学的方法

人类自有历史以来，还只有数千年，历史之有哲学，更不过数百年间的事罢了。然在这不及千年的短期中，这种历史哲学研究的方法，是屡变的。从孔德以后，历史才渐渐有科学的根据，才渐渐去注意历史事实的"所以然"；依他意思，历史现象之主要原因，一方面看来是进步，而从他方面看来，社会的进步又是原于人类的心理。诚然，如果要使历史发达到最高的程度，应该于研究社会生活的各种情形——如家庭、人口、都市、经济诸问题——以外，还要注意到心理的方法，从人类心理的现象，去找出历史的程序来。所以在这一点，孔德实在是很有贡献的了。可是在孔德时代，达尔文的《物种起源》还没有出世（在1859年出版时，孔德已经死去二年了），对于人类以外各高等动物的心理学，且一无所知，更不消说到最近才产生的社会心理学了。我们知道林德勒（Lindner）最初发表《社会的心理学》（Ideen Zur Psychologic der Gesellschaft），是在1871年，这时孔德已经死过去十四年了。在心理的研究那样幼稚的时代，孔德竟想用心理学的方法以解释历史现象，结果只能把历史现象弄变易，而不能完全解释他。所以到了涂尔干（Durkheim）就很不客气地拒绝了心理的解释，以为不过是种玄想罢了（见《社会学方法论》）。然个人心理虽不能用来穿凿事实，但历史既是一个社会现象，把他当做是社会的心理来研究，这就不容有少许疑义，我们假使不能想着一个与社会心理分离独立的人类历史，那末我们就不能不承认兰伯列希（Lamprecht）的话，以"历史为社会心理的科学"了（History is Primarily a Sociopsyehological Science）。由兰伯列希看起来，历史上的一切活动和事实，都不外乎心理作用，尤其是某种文化的形状，就是某种集合心理的形状（Collective Psychical Condition）；而所谓文化的时期，也不过是社会的心理现象的一个连串罢了。因此他就把历史发达的一般形式，分做六个阶级：（1）万物有生主义（Animismus），（2）象征主义（Symbolismus），（3）模型主义（Tyqismus），（4）因袭主义（Konventionalismus），（5）个性主义（Individualismus），（6）主观主义（Subìjektivismus）。像他这么样把模型主义因袭主义都嵌进文化的时期里，本不是什么妥善的研究法，但由他意思，历史应该以人类社会心理方面为主，这实在一点也没有错的了。我可以很公平地说：就是杜里舒都不能没有受他的影响，不过杜里舒所反对他的，是因为太近于堆积说方面（见武昌中华大学讲演）。如果把这社会心理只看做"堆积"的，那虽有超个人的特征，然今日一现象，明日一现象，前后重垒，那又和地质上泥沙的堆积何异？自然还说不上历史的"进化"了。即因兰伯列希只把历史看做社会心理的一个连串，而没有注意到这个连串背后那种逼促人们实现他进步的"生机力"，所以还算不得尽历史的意义，算不得知道历史的全体性，换句话说，就是于"进化"还不能有所启发，所以方法上有改造的必要。

我们现在的问题：便是怎样使历史变成有生命的？申言之，历史是否也以生机主义的方法，才可以解释？从前的历史家，记述些王公世爵耀武扬威的事，好一点的亦只在夸耀他本国的光荣，我们所认为极重要的事实，竟丝毫不载；反大书特书其焚杀、奸谋、篡夺、压制等等，这不消说是全然没有生命的。反之现代的历史家，其历史的解释方法，不求原因于心的势力，而求之于物的势力，主张心的变动常是为物的环境所支配；凡他所记载的事实，都是适合于这个目的，这自然也是呆板板的一点没有生命之可言了。有生命的历史，必须另有一番解释，必须注意关于社会行为的心理方面，知道于各个人私有行为之上，还有多数人公共的行为思想；

这是社会心理之所以形成，与个人心理是显然不同的。但是只有一种公共的行为思想还是不行，须要把这一个个公共的行为思想，作一个继续的形式而连接起来；并且这种继续的延长形式，不仅一段一段地上升，还且底子里是有人类普遍的"生机力"作主宰的。我们要知道，人类继续不断的历史发展，都是从人类的"生机力"做出来的，有这普遍生力，故常不满意于现在的境界，而别求创造其他的新生活形式。因为他是变化多端向着四方各面分歧的，故能造出知识线上伟大的复杂的系统，如宗教、艺术、道德、政治、法律、经济、科学等，这就是历史进化的原因了。复次，历史是要叙述过去，但这种过去是活动的、绵延的、有公共的遗传性的；如果没有绵延，就绝不会有历史。即因"生机力"的绵延，不是堆积，乃是过去的扩张；不是如记录和收藏一样，不时间断，乃是连续不断地增加；并且过去即保存于现在当中，现在是永远"向着光明里跳"。由此可见从生机主义的解释，则历史也是发展不绝，为有生命的东西，他的本身就是活泼泼地受制于宇宙的根本大法。反一面讲，如果采"堆积"的方法，把历史的心理现象，看做一时代一时代孤立绝缘的，虽有进化，也只算做"堆积"的现象，怎好解释那永远不断的绵延创化的历史哲学呢？

我们知道，历史事实并不是乱哄哄的瞎碰一气，他是由于人类生机力的主宰，而表现为一定的趋势或倾向的。但从前的历史家，至多不过以为是一串一串事实的相续罢了。这一时代一时代的历史现象，好比是一张一张的相片，在每一张相片，都是静的，那么一百影片连串起来，仍只是静止的堆积的东西，这怎好拿来说明活动的进化的历史呢？反之生命的史家，把这些影片贯串起来，他的活动境界，才一言难尽，一瞬间一瞬间都通彻无间，而历史的真相也显现出来了。晓得这一层，可见说明历史，实用不着堆积的方法，而应该把历史看做一种活形势，一种有意味的东西；但怎样才能认识历史的活形势与意味，这就不能不靠"生物学的方法"了。

我主张生物学的方法，并不是对于孔德和兰伯列希的方法有意排斥，也实在是就历史现象的特别情况，不可不确定一种明晰确切的历史哲学方法。因为所谓历史，浅言之，就是"研究人类故事的由来及其意义与价值的"；而一究人类的由来，却是由极远的动物祖先传衍下来的，是经过若干万年由哺乳动物进化来的，除非我们不问人类是从哪里来的罢了，如果要问，就只得慢慢地追溯到古生物学上去了。复次从前学者把历史归结于人类心理的现象，却不知这种人类心理，还是慢慢从动物心理发达出来的，是不是我们的心理，和动物的心理完全不同？或者有许多是由动物传下来的？如果这个问题不解决，便武断地将心理的方法来解释历史，其误谬可不消说。但一涉于这种研究又正是动物心理学的问题了。并且人类是好群的动物，所以有社会的组织，但若以社会的组织评人类，则在别的同种动物之间，也很容易看出那独居之恐惧或不悦，和伴侣之愿望和同情。所以要指明人类社会是什么，势必须追溯于动物社会的演化，自极端个人主义以至于蜂蚁的社会，这又是生物学的问题。并且历史的目的，是要我们明白我们自己同人类的现在及将来的，关于人类将来的讨论，从生物学上立论的，如日本丘浅次郎以为今后惟有向着灭亡的方向进行，人类和人类间，势必至于不能协力一致的动作（《进化与人生》）。反之克鲁泡特金在《互助论》里，则断言人类将来底进步里面，乃是互助；所以我们只有庆前途无穷。究竟这两说哪一个对呢？我们讲历史哲学的，应该取哪个的途径呢？这就不能不从生物学上来取决了。并且杜里舒告诉我们，历史的意义是决之于历史是"堆积"的，抑为"进化"的？前者是物理的变化，后者是生机体的变化，所以历史必须像自然界的蛙卵一般，合于生机主义，而后才有历史的意义可言，这更可见历史哲学应该以新生机主义的生物学说为根据，对于历史现象，将来永远不能有机械的解释了。

在上述以外，我还有更重要的原因，使我不能不这样主张，因为只有从生机主义的生物学家的解释，而后历史才成为自觉的，而后历史才成为人的历史。我们很勇敢地自信：人们的生活发展的内力，是禽兽所无。虽然这世界不只是属于人们的，但只人们的历史上，有过很放光辉的时代；只有人们在生命的舞台上，会演成雄伟壮丽的奇观。因为人在芸芸万汇之中，具有特别的自觉心与创造力，所以不受机械的支配，而能继续创造他自身的历史。但是历史上的往事，又明白告诉我们说：假使人类不能自己努力建设世界，那末今日这个地位，也许不久就要被剥夺了。我们知道古代里鱼类和两栖类，中生代里的爬虫类，它们是怎样地在这地球上横行阔步，又怎样地终归灭绝，只要稍微思量一下，也就知道全是"生机力"消长的原因了。柏格森说得好："自最低级的有机物，以至最高级的脊椎动物，常常有一种努力，这种努力时时失败，却也时时以更妙的方法图进步，人类就是这个场合的战胜者。"我们要牢牢记着这个战胜者的历史，正是脱离机械主义的羁绊的生机主义史，现在生命虽是打了胜仗了，但圆满的光辉，还应该怎样去取得它？

现在已到要讲明生物学方法的地方来了！固然在宇宙之内，从组织这个大地的质点起，没有一个不是永久在剧动的状态中，没有一个是真正的静止的东西，所以推到究竟，实在很难分别出什么是生物，什么是无生物。不过就现象的变动言，有生物的动和无生物的动，却是各不相同，差不多可以说这两者是互相矛盾的；一个是生机作用，一个是机械作用；一个是起于内的，叫做进化，一个是起于外的，叫做堆积。诚然无生物也能变动，但动的结果，仍是无生物，不会变出生物来；但细胞则能成胎，而成完全的一个动物。这么一来，就知道生物和无生物，毕竟有严密的界限，我们不应把机械的法则，来讲明生物学，犹之乎我们不能把山石堆积的现象，来讲生机体的复生现象，以及细胞的胚胎学的发展。因为两者都是非机械的，所以必须用特别的方法，来定生物一切的历程，这种方法，就是所谓"生物学的方法"了。在这里我们应该注意生物学的方法，怎样和机械主义不同，依杜里舒学说：第一，生物是发生的。在胚胎发生的途中，就算切去了一部的细胞，每一细胞也都能发展成一完全的生机体，但假使生物是一架极复杂的机器，难道有这样一架机器，分之又分，分到百数次，各部分都能成一完全的机器么？也能维持原来的秩序么？这就可证机械的方法，是完全不可通了。第二，生物有复生的现象。譬如蚯蚓之头，切去复生可至五十余次，切尾亦可生头，如我们切头留尾，新头生再切尾，新尾生再切头，循环切去，都可复生。譬如一只轮船，机器坏了换机器，换了机器之后，船身坏了又换一船身，假如机器又坏，又换一机器，还同是一个船，但这同字又作何解释呢？第三，从生物的行为生理而论，也不是机械的方法所能解释的。固然所谓行为，都有"历史根据的反应"，初看似乎这种现象，正与留声机作用无异，但留声机的发音，以所受的音为限，故第一次所唱的，与第三十次完全无二，但是人类的行为，则把平日所感受的事件，于重新配合以后，才表现出来，是有一种自发运动的能力的，这又可见用机械主义的方法，是不成功的了。（以上均引杜里舒"生机体的哲学"讲演）

　　总而言之，机械主义的方法，把它应用在无生物方面自是恰好，但在生物则万不能以机械说明。生物所与无生物不同的地方，即在有生命，有绵延，有自觉性，就在植物界，虽说它大概固着在地上，却并不是没有自觉运动的机能，不过它的这种机能在睡眠状态，遇用着这种机能时，它就醒觉。因为生物有生物的特别情况，所以不能用无生物学的方法去管理它，说明它，应该即用生物学的方法，去管理它，说明它。

　　怎样是生物学的方法呢？这自然是指着以生机体的进化为主的历史方法了。在这种方法之下，有几个特点：

　　（一）全体性——生机主义在方法学上的根本概念，便是全体（Whole），怎么样才是一个全体？即如这个字所代表的，它是浑成的，实在的，以统一的变化为基础，但若不细细考察，便很容易和总和（Sum）相混。然全体不是总和，总和是"堆积"，而全体是"进化"；总和如物理的变化，是偶然的由元素凑成，全体如生机体的变化，是个性的凝合，彼此互有关系的。因为生机体的发生，由它内力由简单的状态，进到复杂的状态，前后变化，都是要到达全体为止境的。所以生机论者给它一个专门名词，叫做"以全体为依归"（Ganzheitsehzogen），能够"以全体为依归"，这就是进化的真相了。把这个道理来看人类历史，究竟人类社会的变化，最后的目的在哪里？它最后的全体在哪里？假如所谓目的，所谓全体，都和胎生中的生机体一般，那么人类历史才是进化的历史，才是整个而活的历史。所谓历史家的职务，就是把这整个而活的全体相，把它摄取而再现于我们心目中，使它和现在连络成一个生命，这就是历史学的目的了。固然从外的眼光观察，天下古今从来没有一个模型造出来的历史事实，如就种族政治来说，都留下它疆界的痕迹；但我们若从内的眼光观察，就天下古今的知识线的波澜起伏，实在俨然有所谓"全体性"的在他背后。譬如人生哲学里所认是非善恶的标准，差不多都是以最后的全体为依归的。关于这层，杜里舒教授尝试从物质上、精神上，来证明人类是具全体性的。从物质方面讲，人类是一代一代相传下去的物种相传，因而有变化，有血统，这可说就是全体性的一种象征。然还有更重要的，却在精神方面。他曾举几个特征如下：

（A）文字和语言——无论哪一人种，哪一国家，都是有语言及文字，这就是人类心理自然相应的第一个特征。

（B）新思想的同时发明——人类思想的基础，往往时间和空间绝不相同，而能发现不谋而合的学说，例如牛顿（Newton）与来勃尼兹（Leibnitz）二人，同时异地而同发明微分学，这各不相谋而想及同种学说，不得不说是全体性的表示了。

（C）学说授受——如甲提倡一种学说，乙宣传之，这决不但是师生间相互的传授，他所以彼此相得，实由甲乙同在协和的全体当中。

（D）道德的自觉性——任何社会都有"应该""不应该""何必这样""可这样"这几句话，我们从这几句话观察，就可知道人类"善"和"恶"的观念，也是全体的。一定是自己已经承认了是全体的一分子，所以一切行为，才要求符合于它。

（E）职业的协和——人类各种职业，都有人担任，这也决不是偶然的。这种职业的协和，在国家有非常变故时，格外重要，彼此间互相扶助，拿大家所得的，来维持生存，虽不免有的失业或饱食，但仍有好几个地方可看出是有全体性的。

（F）目的与结果相反——有人说过冯德（Wundt）所谓"目的底异化"，也是全体性的一个证据。如亚历山大攻小亚细亚，本不过要穷兵黩武，结果却给东西交通作个媒介。这种一人或一团体的行为，能发生并没有预先计划而于全体有利益的效果，这除了全体性，也很难说明的了。（以上见杜里舒《系统哲学》《生机体之哲学》《实生论大旨》等）

照此看来，人类历史实在是全体性的、整个而活的了。所谓历史本就是世界人类的全体进化的历史，若离开人类的全体性，而凭空描写某朝代的战争，某帝王的野心故事，那就是表明他对于历史这个东西，还没有懂得罢了。固然说到人类两个字，就含有甲乙丙丁各个人的意义，但是这些甲乙丙丁的事实，决不是历史，因为历史就他的本性讲，就是有超个人的特征。所以种族呀，战争呀，都决不是历史应有的东西，所谓历史决不是仅有这一方面，而是要注意在全体性一方面的。并且表现上虽似乎一切历史事实纯然是知识线上一人或数人活动的结果，然从底子里看，却不能没有公共的思想行为在他背后，这就是一时代一社会的全体性的表现了。

（二）生命自主——生机主义在方法学上还有一个更主要的贡献，就是生命自主律（Autonomy of life）。凡生物都能自己选择或有选择的倾向,它有一种生之冲动,有了这一种冲动之力,才能绵延进化。它好像一条生命的大河流,冲着物质流去,一意只想冲开一条地道,或左或右的试验,或多或少的冲进,它虽不能完全破坏物质所服从的必然律,却能使它屈曲;虽对于物质的战胜,还没有完成,却能努力更求有势力的运动,向更有自由选择的方向进行。由此可见生物在事事有定的世界内,却有一个生命自主的地带围绕着它。自然那些主张机械主义的学者,对于生物进化,总喜欢用"适应环境"来解说,他们不承认有什么生活自主,以为人的内心生活,也不过是适应环境手段罢了。其实这种学说,只要举一个例,已经很可证明是误谬的了。柏格森在《创造的进化》第一章,会把脊骨类动物的人眼和软体类动物的蚌眼,比较一下,知道两构造相同,同具网膜骨膜和晶球,而网膜的倒转,是一切无脊椎动物所不会有的,蚌也有它,这么一来可见人和蚌虽然种类不同,各走各进化的路,但两目同一受光的影响,这决没有异议。因为光是物理的作用,依照物理一定的原因,必生一定的结果。然人和蚌的体积不同,何以纯以同感一光的缘故,竟致眼有这样构造相同呢?假使说生物因适应光以致机宫相似,那就恰好拿来反证其非纯由物理的作用了。并且眼的构造,是由简而繁,如果照适应环境的话,难道也是由光之反射其上,由疏而渐密的吗?这自然是不可通的话了。所以柏格森在《心力》一书,又告诉我们:适应环境的必要,似乎只能解释生命所以破阻碍于种种的构造,却不能解释生命何以能使组织者逐渐向上地运动。一个极下等的有机体,也能像人一样,善于适应生存的条件,这个可以由它能保存生命推断出来的,那末生命既然适应环境了,为什么还要纠缠它自己呢?总而言之:生命本身实有向上的要求,实有一种生机力,督促它冒险前进,不甘于停止一个固定的地方;并且这种内力,似乎很明显地在那里运动,极力使生物脱离物质的桎梏,不绝地创造自身。似此自动自主的方法,便是生物的真相如此。

把这种道理来解释历史，便头头是道，所谓历史全体的进化，也是有本身目的的，是能生长变化的。然而全体的历史进化，从最初生命这一动，便不住地动；但这一动不仅一段一段地上升，是四方各面分歧的，是很复杂的，是变化多端的。所以从根本上看起来，历史是一线相延的，创造的进化；从别方面看去，因有环境和生命对，而人类不得不和它宣战。只要人类生命的力，对于环境一旦冲入，它就逐渐扩大，从冲进去的那一点，逐渐扩充。因为它有无穷的时间，所以它可以慢慢进行，在慢慢进行之中，有时给别种势力压抑住了，碰着机会，就这种磅礴郁积的生机力，又活泼泼地从地底里跳出来，这就是所谓"革命"了。梁启超在《中国历史研究法》里说："历史上进步的事象，什九皆含革命性。"这是再对没有的话了。但他又说："历史长在此心物交战的状态中，次第发展，而两力之消长，绝无必然的法则以为之支配。"（同上）这句话还有应商榷的地方。因为历史的根本的活动形式，是向上进行，是追求那个无穷无尽的"全体性"的实现，换句话说，就是生生不已自强不息的进化了。而在进化的时候，同时必伴有不可思议的生命力，以排山倒海的力量，去冲破一切网罗，这便是"革命"。这很可证明历史什九皆含革命性的一句话了。但在这心物交战的状态中，从进化的前一段，到进化的后一段，那是有一定目的的，这个目的不仅为历史的进化的原动力，并且为指示它的方针的。木村泰贤在《人生论》说得好："譬如生命的方针，恰像放箭似的，纵使把那根箭，偶然从手里放出，并没有预定的目的，但既放出了之后，那箭必在一定的方向上进行，好像有预定似的。我们的生命就使是偶然而生，但既然生了，由它自身讲起来，这一生是要有一个一定的进行方针的。"讲到历史，更是如此。假使不承认有目的的表示，不承认有"以全体性为依归"的表示，那也无从说明历史进化的究竟原因了。须知历史哲学家的职务，即在于人类全体的进化当中，时时找出那生物现象所特有的"动的目的"（Dynamic

Purpose）；不过这个目的，并不是有前定和机械的意思，如从前"静的目的论"（Static teleology）那样讲法，这个目的也还在永远进化之中。所以从此发现出来的"历史法则"，也只是整个而活的生命的历程，就是生命活动于物质上向上自由的现象罢了。请问在这活动于物质上向上自由的现象当中，究竟有没有历史的法则以为之支配呢？那是有的。这个法则就是"进化的法则"——人类知识线上的进化法则。

上面已经将生物学方法决定了。现在讨论怎样应用这生物学的方法在历史哲学上，使它格外可靠些。因要做到这一步，我更把生物学的方法，分别研求：（一）发生的，（二）心理的，（三）社会的。然后一一加以解释与例证。如果能够照这样的方法同计划来说明历史，我敢相信无论如何，不至于再在唯物主义或机械主义的历史观里面翻来覆去了。

（一）发生的方法——由天演的眼光看起来，无论什么东西，都有一段发展和进化的历史在。所以我们着手研究任何问题，要使它格外成功具体的系统的知识，那就非用发生式（Genetic Mode）的方法研究不可。这种方法，本是生物学上研究有机体发生的各时期的经过的一种方法，现在却应用到各种科学上去。如有所谓"发生力学"（是由杜里舒提倡的），和"发生的心理学"，都是最近才产生的。但我们还应该注意这种方法，本就是历史的方法，所以鲍尔文（J.M.Baldwin）在《发展与进化》（Development and Evolution）一书里说全部的历史，应当是发生的历史，这句话一点也没有错。固然有一派人，如德国海娃儿（Friedrich V.Hellwald著 *Kulturgeschichte in ihrer natürlichen En-twicklung bis Zur Gegenwart*，1875）席克（OttoS eeck著 *Geschiehte des Untergangs der antiken Welt*，1894）等，一面主张历史现象可全用生物进化的方法讲明，一方面却未免把环境的影响看得太重了。所以结果把历史全部过程，看成功机械的、唯物的、偶然的，历史是"追溯"的科学，却不是"发生"的科学了。但"追溯"是一种反发生的（Agenetic）方法，结果必至于把反复循环的现象来讲历史，也怪不得从前叔本华（Schopenhauer）、尼采（Nietzsche）们都借循环来贬历史的价值了。因为历史的现象，是进化不是循环，所以我们应该用发生的方法，来指明进化的途径；并且这种方法还有一个好处，就是给历史以新生机主义的根据，这自然再可靠也没有了。

依我意思，达尔文（Darwin，1809—1882）的物种起源（*The Origin of Species*）可算第一个应用发生的方法的。因为从前最大多数的自然学者，总以为"物种"是不变的，牛不会变成马，马不会变成人，所有生物的今种，自古至今就从没有改变过，那就用不着讨论它的"起源"了。直到达尔文出来，才把"物种"和"起源"联在一起，他在纷乱的生物界中，居然找寻出了亲属关系，使我们知道所有的生物，都是由相同的祖先变下来的了。但他虽给我们一个"变"的新观念（从1859年"变"的发现以后，一个历史学者便同时即一进化论者了），却并没有指出"物种"所以变的原因，在这一点，洼来斯（Wallace，1828—1915）实在给我们以更好的贡献。他在《生物之世界》一书里，讲到达尔文还没有讲过的生命原因，他告诉我们："生物世界宏高深远，生物形态千奇万殊，考其由来，不外单一细胞为之原始，逐渐变化，乃生各种生物，种类性质，效用美观，各不相同，但求其最后原因，则非物质的存在，乃精神的存在。"他的生命起源结论是："此复杂变化之宇宙，可谓为神力的表现。"不过洼来斯究竟是一个不彻底的学者，所以他虽认生物不是唯一的上帝造出来的，却还没有胆量来主张一种普遍的泛神论（Universal Pantheism）。这一点反不如他的论敌赫克尔（Haeckel，1834—1919）那样显明的泛神思想了。赫克尔实受白鲁罗（Bruno，1548—1600）、斯宾诺莎（Spinoza，1632—1677）、歌德（Geothe，1749—1832）的影响，这在他的《一元哲学》很可看出来的。我们知道，白鲁罗以他的奇想的爱美的精神，把他所居的新世界,看做神的象征;他认神无所不在,宇宙无论内外,都是神自身的表现。这个泛神主义者,为要证明他的学说,于1600年竟为上帝代表烧死于罗马的浮立场了。到17世纪的下半期,泛神论的系统,才由斯宾诺莎接续起来。斯宾诺莎以为万有皆神所包,神不但是万有的普遍原理,也就是万有的总和。这种神秘的宇宙观,以后影响歌德,使他也成了一个"想求神于自然,求自然于神"的泛神论者,并且把最完全最美丽的诗词,来宣传他对于自然的欣慕之情。这是不须疑的,赫克尔因受了这些影响,使他格外确立泛神论就是近世自然科学的世界观念了(《一元哲学》)。他解释泛神论的特性,就是万物有生论(《生命之不可思议》)。既认神的精神充满万物中,就所谓"物质"也不是死的,是活的了。所以说:"物质及以太之二实在元素,非死物质,亦非依外力而活动者;彼自具感觉与意志,但所具者程度较低耳。且物质与以太,皆趋于凝聚而恶压屈云。"(《生命之世界》,据英译《一元哲学》引)又说:"余与歌德抱同一之意见,而谓凡物质无精神则不能存在运动,而斯宾诺莎之纯一元论,予亦守之。故谓物质与精神为宇宙的实体之二基本性,此基本性一旦表现其无限扩充之实体,则更表现其可感受可思考之实体,此即所谓活力(Energy)也。"(同上)由上所述,可见他的泛神论已承认一个变动不居的物质状态,他虽有时说到"物理的生机主义"(他和白拉特Bernard一样是攻击生机主义最有力量的人,然而很奇怪的,他的泛神论却极与生机主义相近),却是极反对那非物质的活力所支配的生机主义的人(见《生命之不可思议》),以为一切生活作用,都是原形质的官能,都是受物理学上形态学上的性质所支配的。因此就很反对新旧的生机主义,对与新生机主义的代表杜里舒很不赞成。这一点我以为赫克尔是错了的。因为旧生机主义假定有一个特别的有机力制御个体的生命,催动无机物的盲动力,这种思想,一面用一个造物主的意思解释一切,一面仍采取一种机械的形式,这是很容易陷于机体的机械说的，我们自不能赞成他。但如新的生机主义，认生活历程是一种不容分析的自主，一方面反对因袭的生机主义的一般人，除去他的错处；一方面由于实验的发生学之重新发现，而提倡那一般主张系统的发生的人所最忽视的发生的问题（参看杜里舒《生机主义史》第三章）。须知这是完全根据生命发生底程序立说的，这实在没有理由去否认他。所以关于这一点，杜里舒的新生机主义，至少也使我们承认生机主义是可能的。他最大的功绩，就在发生学上告诉我们生物发生的原因，究竟是什么。他的生活自主说的论证，就是完全以实验海胆的胚胎的发生结果为理由的。他知道海胆的卵，即使有一部分缺陷的时候，仍旧可以长成完全的胎体，无论去其一细胞两细胞，或竟去其三细胞，其余的三细胞二细胞与一细胞，都有发展成一个虽然小但是完全的生机体的可能。并且他还用压力的方法，把海胆挟在两枚玻璃片的中间，使它发育，则因压力的关系，结果一定要失去常态了；孰知无论怎样，依然可以成为平常的胎，这难道也是机械主义所能说明的吗？（参看《生机体之哲学》）由上因杜里舒在那泪尔海滨生物试验所十二年反复实验的结果，竟结结实实地为生机主义添了最有力的证据，的确是科学的证据。并且杜里舒告诉我们：生物有生物的特别自主律，所以不能由空间的物理的因子来决定，应当是由一种复杂的超时间空间的不可验的动力（Agent）来决定，这个动力，就是"极素"（Entelechy）。"极素"是有机的行历，虽然我们很难说出是怎么样的一种东西，不过在生物现象之中，确似乎有这种动力，使"可能"的事象，变成"实在"的事象（参看费鸿年著《杜里舒及其学说》）。若用比喻的方法，"极素"可以说是有意欲的；"极素"的意欲，就是要机体构成。它是向于目的的，"以全体为依归"的，一切有机体的行为，如本能的发动，及复生现象，都是由于"极素"的作用。总而言之，杜里舒假定有一种'入'空间的一个动力，叫做"极素"；这实在和斯宾塞尔（Spencer, 1820–1903）所谓"不可知界"；达尔文所谓"苟无智性的原因（精神），则宇宙不能存在，但此智性原因究为如何之物，则非人智所能解"；这实在是一样地承认宇宙间有不可验的原因，不过不能深究它的性质罢了。虽然如此，我们难道终不能完美无憾地把它发现出来吗？生命论既给我们以一道新光，在知识上也只经指示其中有直觉存在；不可知不是不可知的，它是只可以直接的直觉认识的，我们只要凭藉同情而深入于生命当中（这是伟大的音乐家诗人"以神遇而不以目视"的一种方法，又如牛顿见落苹果，就悟及万有引力，也是直觉的最粗浅的解释）。我们就能活灵活现地发现生存的神了。生存的神永远地在那里创造世界一切生存的男女，我们除了赞叹它的伟大；唤它做"神"外，几乎没有别的话可说了。因此我在这一本小册里，不但承认有一个贯彻万物的宇宙大神，并且承认泛神实在就是真正源始的史源（True Original Source）。

由上所述，影响于历史哲学方面，实在再大也没有了。我现在不妨再申说一过。因为历史最注重的就在作者有没有"史心"，一说到"史心"，便就是发生的方法了。如达尔文证明人类是从动物变来的，于是我们才知道人类并不是上帝一天造成的，人类是从不能说话同不能耕田的动物进化来的。于是我们讲历史的，便不可不注意到人类以前的古生物学，而贡献一种新眼光同新解释了。但达尔文虽能告诉我们以人类为无穷尽进化的结果，却不能说明人类在自然界是怎么样地位和生命的原因为何。这一点洼来斯讲得顶好：他在《人类在宇宙中之位置》（Man's Place in Universe）中大意说：我们太阳系位于宇宙的中心，地球在宇宙中心的特别位置，和别的星不同，具备有可以发生有灵魂的人类的特殊条件。他又在生物之世界里，竭力发挥这个学说，以为现住世界就是想象的世界中的最善世界，而生物发生的法则，也就是想象法则中最好的法则。这法则的效果，便是产生人类，只有他能够解决宇宙的神秘，所以可算得最进化的了。这种新人类中心主义，我是很承认的。实在说起来，在科学化而且眼光正确的生物史里面，人类是最进化最后出的；但是如果把这进化的原因，归之于有人格的神，把神的思想感觉行为和人相等，那就是错到万分。所以这一点，洼来斯还不如赫克尔那样有贡献了。赫克尔的泛神思想，实在是说明历史原因之一切时代中最稳当最深远最真实的思想。假使不借万有神的力量，便全部历史万无解决的希望；假使不受泛神主义的辅助，说要把自然科学的宇宙观，加以妥当的说明，也是不可能的。但赫克尔虽知泛神的世界观念了，却不知人类内心机能的主宰（生机力），和宇宙造物究竟有什么关系，是不是泛神的世界，同时和自己的人类发生关系。如果神性遍布自然界，便在人类也应该到处可寻他的痕迹了。在这一点上，我敢说惟有杜里舒的新生机主义，能够看到人类基于内在的神，这就是"生活行历的自主"的学说了。并且在他的指导之下，使我知道历史是为那非机械的"极素"所支配；换句话说，就是说历史的发达（系统发生的变化），是向着一种内在底目的的，是"以全体为依归"的。这种学说，实在是大大地增加我们研究历史力量同范围，使研究历史的结果，比从古以来还要有价值。

（二）心理的方法——心理的方法，是研究人类的全体行为，和行为中最重要的动机的。它和生物学很有关系，并且可以说就是生物学方法的一支。自从生物学者推广论到动物行为的问题，这种比较的而且说明进化底道理的方法，才算成立。所以推到源始，仍不得不归功于伟大的达尔文了。麦独孤（William McDougall）在《社会心理学绪论》（*An Introduotion to Social Psychology*）里说："只有达尔文底著作把人类生理方面的进化，和动物生理方面的进化之相衔接教训了我们之后，我们才能很快地看出人类心理方面的进化，和动物心理方面的进化之相衔接；我们才能造出一个比较的而且说明进化底道理的心理学来。"诚然我们要打算明白人类的历史，必须先明白人类的行为；然要研究人类的行为，是不可单以内省他自己的心理现象为根据的。如果只以人类心理为根据，其缺点则无论如何推论，总不免有点靠不住。所以在这里，我们必须倚靠发生的方法向前进行，进化论已经告诉我们：人类的生理有许多是由动物传来这件事，正是一件历史的事实，那末我们岂不是应该去研究动物的行为，使我们对于人类的行为，做一个比较的而且系统的研究么？

原来行为的特点，是在它有历史的基础（Historical basis）。这就是研究动物心理学及行为派中人所谓先天的或遗传的本能（Instinct）了（就是郭任远先生也须承认生物的奋兴性，是行为的最初的起源，但试问这个奋兴性究竟是什么呢？见《人类的行为》）譬如鸟筑巢，蜘蛛结网，蚁地狱掘穴以陷蚁，猪生一二分钟已能爬行近母以吮乳，这都是由于它的原始而不须学习的本能。又如蚁蜂蜜蜂等它的本能的倾向，是很可惊异的；拿人类来比，恰似初生的儿童，已经有工业学校毕业的程度了。兽类中如北美产的海狸，以能够营土木工程著名，这是动物的本能中最有名的（丘浅次郎《生物学》第七章）。因为本能就是动物的一种生机力，表现出来也就是一种遗传的反射行为；所以从生理学上倒看过去，似乎本能由反射而来，反射又由刺激而来，那末所谓动物行为，岂不是完全由环境刺激的结果，还有什么叫做本能呢？不知本能之所以成为本能，即因他于刺激反应之外还有个"历史的基础"。罗曼士（Romanes，1848—1894）是很早就注意动物心理学的人，他在《动物的心理进化》（*Mental Evolution in Animal*）告诉我们说："本能的起源，有两条路，是证据确凿的。第一个，由无意识的习惯碰巧是有利益的，为天然淘汰所限定，所以不用智慧的能力，这些习惯就自然而然地变成本能。第二个，本来有意识的习惯，行之既久，自然而然地变成自动的，也就变成本能。"虽然在这话里，不免把本能看成和留声机器唱戏一般，但他至少也承认本能的历史基础，是慢慢地从动物祖先遗传下来的。如上面所举的例：鸟能筑巢而不能结网，蜘蛛能结网而不能筑巢，这都是由一世代遗传到一世代的结果，这便是个性不同的原因。魏兹曼（Weismann，1834—1914）告诉我们："一切本能都是由淘汰来的，其根源不在个体生活之常习上，而在胚种的变异上；虽然现代遗传学的进步，还不能在胚细胞（Cern Cell）里把本能的根柢发现出来，但也何至于怀疑到本能的存在呢？并且本能的存在，是可以用实验的方法来证明的。如斯波定（Spalding）的鸟飞本能实验，司谷脱（Scott）的莺歌本能实验，都是极显明的例子。我现在且引柏格森关于本能很有趣的一个例："有一种昆虫，叫做Staris，常下卵于一种土蜂所开掘的地窠口，当其幼虫由卵而出，待此种雄蜂出地道时，即飞跃于其背上，附着不动。等到雄蜂和雌蜂交合时，即由雄蜂之体移至雌蜂之体，及至雌蜂到藏蜜的地方产卵时，又跃在卵上，不数日食尽其卵，乃栖于卵壳上，作第一次的变形。此刻已憩于蜜上，吸尽蜜中之滋养质而变为蛹，继由蛹成虫。由此种种事实，此种昆虫之幼虫，于其孵化之际，似已知雄蜂必从地道而出；似已知其必与雌蜂作交尾的飞翔，而由此得以移在雌蜂之体上；似已知雌蜂必携之赴藏蜜之所，而于其变化后喂哺之；似已知变化之后必能渐食蜂之卵，而同时又能栖附于蜜上，使蜂子不致孵生；这种昆虫又似已知其幼虫必知道这种种事情。"（见《创造的进化》，赵演译文）此外如马蝇、胡蜂、玉加虫（Yuccamoth）等，有许多行为，假使不是有一种自始就完全而且不须学习的本能是很难解释的。总而言之，依观察和实验的结果，动物的行为大多数都是走本能的路，就中如猿、犬、马等，智力虽也很高，不过就动物全体来看，还是本能比智慧占更普遍的地位。

我们晓得"本能"这个名词，在从前是用来表示一种反智慧的，和不正当的行为的形式。所以许多抱人类中心主义的人，如笛卡儿（Descartes）、摆特（Bethe）都想把"智慧"和"本能"来分别人和动物。直到进化论者达尔文、斯宾塞尔提出本能在人类行为上的重要以后，才有许多学者大张旗鼓，提倡本能的学说，把本能来决定人类行为的动机了。詹姆士（William James）甚至于说人类的本能比较动物的本能还要多。不错，本能现在已经是好听的名词了！但除了杜里舒、柏格森、麦独孤几位新生机主义者外，真懂得本能的人，实在很不多。杜里舒很知道将来生物学里最重要的结果，必有些来自本能的研究，是无疑的；但他一方面又认美国的行为派中人，他们所分析的差不多只限于以经验为根据的行为。却不知本能的主要性所在，是不以经验为根据，而以"原初有目的性"为根据；换句话说，就是本能是开始便完全了的（Primary teleological）。虽然他对于本能只提出些问题，没有答案，但依照他的讲法，而后本能才成为生机主义的行为（参看《实生论大旨》《生机体之哲学》）。如从前生机主义者罗和（Roux）就是把本能这个心理的元素，看做生物发育最重要的动机的一个人了。因为本能的行为，有许多地方很可看出他是杂有警觉和努力的痕迹（这是汤姆生在《科学大纲》卷一第二编说的）。所以本能本身就是一种生机力，柏格森说他是天生而知本体的知识，真一点也没有错啊！不过柏格森要分别本能和智慧为二，这就很有疑义。他说："节足类的动物是走本能的路，脊骨类是走智慧的路；只有脊骨类中的下等，仍依靠本能，不过于本能所做不到的，把智慧替他罢了。"由这话看来，岂不是脊骨类中，有的仍然依本能为生，可见和柏格森分途进化的学说已经不合；并且即就人类来论，完善的智慧好像是突如其来，其实却是从猿马犬等发展来的，但他虽有智慧，而智慧之原始的形式，就是本能，本能仍然是人类行为的原动力。我们如果从外表学习的行为观察，可说在生物进化之极端的这一支动物之上，是智慧掌权；若从潜伏于体内的遗传的行为看起来，还不如说是本能掌权妥当些。据柏格森的意思，本能和智慧不能同时发展得完善的，所以在人智慧是极高的，本能则已失去指导人的权力了。其实事实告诉我们，何尝如此。我们只要用发生的方法，作长久细心的研究，便知婴孩在生后很早的时期，很容易看见他本能的痕迹。我们也不必举詹姆士（James）、桑大克（Thorndike）对于人类本能分类的话。且看看华德生（Watson）本能发生研究的报告：如哺乳（nursing），握的反射（grasping reflex），自卫的动作（defense movements），对于光的朝向（orientation to light），眨眼（blinking），这都是呱呱坠地的婴孩一生下来不久即发现这种能力的（见《行为主义的心理学》）。只要我们是一个公正的科学家，对于这种本能的发生研究，绝没有法子否认，并且我们正应该把这种方法推广去研究其他社会活动中本能的要素。关于发现的时期，消失的时期，及遗传的活动的进化性质，都作一个细心的研究，那末我们不但能发现人类行为的动机，也就结结实实地给历史行为以一个科学的根据了。并且在历史所要论的是动作中的人，研究历史哲学的人，所应要注意的，就是制造中的心；而这种制造中的心，实在是从社会活动中的本能发生出来的；而社会活动中的本能，又是从个人"心理的有机"相感所成的。从前的心理学家，喜欢把本能看做一成不变的东西，这种思想到了最近才改变过来，知道高等动物中有定形的本能活动很少，人类更少；因为人类的行为是永远不断地加添新材料，所以本能的反动，因此就格外容易变化。可见在本能的发达史中，人的本能乃由多年的进化造成，所以是本能最进化的一点。在于动物当中，本能只限于追求自己的目的，而在人类则有各种的本能，去组成各时期的社会组织；在动物中本能似乎固定不能变化，在人类则常能从环境中的好多刺激中，选择应用的刺激，以使有机体动作可以发展；这种选择的方针，即发自有机体内心的主宰，就是"本能"。可见本能之在人类正是生命中统治行为的一个机关，人类若没有本能，便如时钟没有发条一样，就不能活动了。再明白说罢！人类在动物界中的位置越高，这种统治行为的本能也越大，本能越发达，就受环境的限制也越少，改变环境的能力也就越大。人类因有更进化了的本能，所以能够在历史的舞台上，演成雄伟壮丽的奇观，这么一来，可见本能正是一切人类行为的动机了。并且有本能才有努力之感，有了努力之感，才发生历史，试问历史上的一切现象，哪一个不伴着努力？哪一个不是本着各种自然本能生出的？因为本能是天赋的原素，是生机活动（Vital activity）的主要机关，所以可以说本能就是历史成立的根本人类一切行为的渊源，就是所谓"历史的继续"，其实也不外乎用一种不断的方法，去发展或改变人的本能。就是将来有组织的社会，要改变人类的行为，使不适当的行为消灭，适当的行为发生，也全靠本能自身的发展或改变；自然社会的本能在世界大同主义的发展里，是格外重要的了。

因为现代的历史家，许多还在智慧主义支配之下，所以不能确实知道"本能"在历史上的意义与价值。但是倭伊铿已经告诉我们：即在宗教改革的历史上，那位鼓动风潮的，也是有精神的能力和情感的路德，而不是学者和论理学家的伊拉斯摩斯（Erasmus）。吕邦在《革命心理》里也告诉我们：法国的大革命是怎样在罗拔士批（Robespierre）、但登（Danton）这些煽动专家的指导之下。现在更是本能战胜的时代了，理知的墙垣里，已经不能发现什么真理，于是把本能来解释人类行为的，一天多似一天。如李勃（M.Rtbot）、史蒂芬（Lesle Stephen）的学说，就是好例。总而言之，人类的历史并不是支配于抽象的智慧，所以把本能认作历史的原动力，实在是很有根据的。不过在这里，我应该有几句话申明：就是人类的行为，虽都是顺自然的本能，如狂风扫荡一般做出来的；但从行为所发生下来的所有文明社会上的各种特征，如语言及文字等，全都是智慧的产物。所以智慧的形式，在人类也成了不可少的原素。并且人类所以和他种动物不同，从外表的学习行为看起来，也好似全由于人的智慧特别发达。好些学者都这样说："兽类社会没有发明和发现的能力，所以不能进步，人类有这两种能力，所以能够促进文明。"柏格森甚至于替人类下一个定义道：人不是生物中最聪明的乃生物中最会制造工具的。又给智慧下一个定义道：智慧就是制造工具和发明物品的一种能力。似此把人和智慧联在一起，我是不赞成的。因为人类实在是本能和智慧同时并进，人类似乎自夸这个奇异的智慧的能力，乃是一个完成得很迟慢的获得之力，但人类更应该自夸，我们所有的直觉，所有不受智慧限制而了解生命的力，这才是一个心理进化的最后产物。但这种进化，却是从本能发展得来，是他种动物所没有的。

由上可见仅仅智慧是不能说明全历史的，必须和本能合拢起来，而后才成功一个完全的历史哲学。所以我们无论如何，必须回复本能来解释历史；可不是动物的狭窄本能，而是从动物进化，而更加以融通自觉之性的人的本能。我们并且敢断言：全部的人类史，就是要求人的本能的扩大，本能愈自扩张，愈自深入，便愈和生命的原动力合为一体。在柏格森只认有盲目同情的本能，在我们却认本能是全体化成的动机，人类究竟是否进化，也只决于本能之是否扩大罢了。从前的历史家，奖励人们去从事于极凶恶的国家主义的战争，今后的历史家是要利导人们脚踏实地，向互相扶助的大路上走；我们理想的一个新的更好的未来，实在也不过要将人的本能扩充到极点，以完成所谓大同的世界罢了。好比性的本能，亲的本能，实在是人类本能之最切近最容易发出的，既有这种本能，便可依靠它作扩充的出发点；扩充又扩充，扩充到最高限度的历史的进化，这就是我们的责任了。并且以本能为本位的历史观，实在有几个好处：为从前历史所没有的。第一，这种历史是以生机为对象的。在智慧的方法，只有对于无生物认得清楚，一旦把生物作对象，就没有法子研究；因为这种方法，从来拿生物看做无生物，拿流转创化的行为，看做固定不变，所以不能够讲明历史的现象。换一面说，历史所拿来作对象的，是有生命的东西，是活的东西，所以我们要找有意义的历史，只有依靠本能的方法。因为本能对于一切现象总看成一个整个的、有生机的；因为本能即是一种生机力和有机作用相同，所以把它来说明历史才能给我们以一个整个的活泼泼的历史的意义,并且这么一来,那过去若继若续的历史,才打成一气,变成一个筋摇脉注的一个全体;这自然是本能方法的最大特色了。第二,从前人类的历史,是表明女性被男性束缚,没有一回完全脱出羁绊的历史。说句不好听的话:过去的人类史,只可以称为男性的人类史,这自然是轻视女性本能的结果了。但我们以本能为本位的历史观,却倒转过去,尊重女性本能的美德,恢复了女性所已经失掉了的历史价值。从前有那种野蛮的传说,把女子当做性的象征;但是现在我们对于性的观念已经改变了,我们已经如嘉本特(Carpenter)所说:相信性的本能的光荣,在一切有生物上没有不普遍透彻的了。那么我们不但要主张男女平等,并且我们从男女关系中间,已寻出来个根本差异的地方;就是女性的行为,多偏于本能的;男性的行为,多偏于智慧的;那么在本能的历史观念之下,自然女性占历史上更重要的地位了(如1815年维也纳的神圣同盟,主动的却是那位感情浓厚的男爵夫人,这就是很好的例子)。我们只须平心静气来看一看早年女性和早年农业有如何关系;在母系制女性全盛时代,是怎样有一种优越的势力;但这种事实差不多在各种历史中好像都忘记似的了。英国有一位女子威尔坚逊(Wilkinson)在《女子自由》问题(见《爱的成年》附录二)里,给我们以历史上最重要的史实,可说是从来历史家都没有注意过的:

  1789年8月,有一天,巴黎大起革命,这城中的人民饿得要死,有一班女子不怕大雨淋漓,立刻就聚集街上,讨论面包和王同后的问题。她们既然会齐众人,立刻向华西尔(Versailles)出发;到了华西尔攻击那议会,要求面包,救济巴黎的饥人。她们的热度高得很,所以又提出许多条件,要求立刻解决;等到晚间又侵入那王室居住的宫殿;明天就得了胜利,回到巴黎。她们所拿回的囚虏,恰非别人,却是法兰西的王和后。

到了1871年3月18日,巴黎革命党大起,那战胜兵士的人,不是别人,却是女子。她们看见那兵士抢了平民的炮来杀平民,就不怕什么危险,立刻敢散布街上,围了那些兵士,叫他们做弟兄,请他们不要开枪;并且冒着危险,向炮口前进,和他们握手。这些女子的勇气,比那大将的命令还要快一点,弄得那兵士立刻就由开枪的"人机器",变做"人",把那些发令叫他们杀人的军官捉去了。

由上所举的例,很可以证明女性是本能的,和这种本能的行为在历史的位置了。威尔坚逊的结论是:"女子在世界上无论哪一个时候的革命,都是主动的,不是被动的。"这句话如果把我在前面所引那句"历史上进步的事象,什九皆含革命性"来比看一下,更可见女性的本能,在历史上是有何等的价值!何等的荣耀!过去如此,将来的理想世界,更不消说是自由的男女互相扶助的社会了。这就是我主张以本能为历史本位的原因了。

(三)社会的方法——从进化的眼光看,人类历史只能当做一种生物社会进化了的形式,所谓社会学,也不过是生物学的一分支罢了。但一说到生物学,就不能不想到那讲明生物社会的两极端的学说:就是生存竞争和互助。达尔文于1838年间读了马尔萨斯(Malthus)的《人口论》(*Essay on Population*)受了极大影响;他于是想到新种的造成,就是由于生存竞争,结果为适者生存(参看《物种原始》),这就是所谓自然淘汰,或天择律了(同上)。但生存竞争这句话,并不是如后来极端论者所说的互相残杀,或弱肉强食,它是含有较广大的意义的。所以说:"我须申明我用生存竞争这个名词,是广大的,比喻的,包括彼此的互相依赖,而且包括(更为重要的)不特关于个体的生存,又在后代的成立。"他又在《人种原始》(*Descent of Man*)里告诉我们:"包含着最大多数同情心，最深的个体的社会最为繁盛，并育成很多的子孙。"由此可见达尔文的生存竞争说，本不是从狭窄的观念生出来的。罗曼士（Romanes）更明白解释道："生存竞争这名词，应该知道它的意义所指，不但是同种族中同时期的个体争生存，其实也集合一起，争他们种族的永久"；但不幸得很，达尔文的学说，以后竟引起许多的误会了。当斯宾塞尔把这个研究扩张到"哪个是最适者"（Who are the fittest?）这个问题的时候；而无数达尔文主义的信徒，已把生存竞争的观念，解释作为个人利益的残酷的斗争，以为在这互相杀戮的世界里面，斗争就是生物上的最高原则了（参照克鲁泡特金《互助论》）。这个主张最有力的代表，自然是赫胥黎（Huxley）。他在《生存竞争和他对于人类的影响》（*Struggle for Existence and Its Bearing upon Man*）一文里，竭力宣传斗争的原理道："从伦理学家底见地看，动物界是在罗马底格斗士场一样的水平面上的。各生物受十分的好待遇送去格斗，在这格斗里面，最强壮的、最敏捷的、最狡猾的生存着下次再斗。旁观的人与这些格斗士没有什么关系，所以没有动心的必要。"他又告诉我们说，原始人里面也和动物里面是一样的："最弱的及最蠢的死灭，而最顽强最狡猾，虽然在别方面不是最好的，而于它的环境奋斗是最适的东西，就接着生存下来。"（同上引）如果人类的历史，真如赫胥黎所说，只有不绝的斗争，那我们倒不如毁坏这个世界，还可以有点安慰。但是侥幸得很，赫胥黎的社会观，不能当做科学的推论看，最好只算一种臆谈罢了。因为他完全从不好的方面看，却忘记了自然里面爱、和平及调和的元素，所以有这样武断结论，其实自然界给我们的教训，不是这样的。所以克鲁泡特金在《互助论》里，说他不能为自然底公平的解释，那也自然失了科学的价值了。

在达尔文无数信徒，高唱生存竞争的时候，洼来斯已提出"自然是残忍吗"的疑问了，他在《生物之世界》第十九章说：自然界的生存竞争，好像很残忍似的，其实却促进了生物的进步；这种竞争，并不是偶然的，是要产生高等动物作它代价的。所以说："在生物进化之途中，下等生物必为高等生物所蚕食，此自然之天则也。而此自然天则之作用，所致最后效果，即为产生人类。盖人类能理解生物界之森罗万象，玩赏其美丽之观，利用其无机物产物，及化学的产物，故生物界之发达，至于人类，可谓臻于极端矣。"这种学说，自也有一面的真理，但他还没有胆量去证明生物互相扶助的事实，所以结果也不能驳倒赫胥黎一派。此外在达尔文主义中，也有一和平派，主张在进化的各级上，阶级愈高，便愈取较缓和的形式；所以蛮力的斗争，只在人类社会之早年中或属必要。这种调和派的口吻，仍然没有看到动物之间的爱和同情底存在的。但自克鲁泡特金1902年《互助论》出版之后，从此生物界便从生存竞争里救出来了。在他序里会述及动物学者凯斯勒（Kessler）讲演的"论互助的法则"，以亲子的感情和保护子孙之情，看做动物间互助底倾向底起源。又有毕毓勒（Buchner）的"动物界的恋爱及恋爱生活"，是以爱的赞美歌起始的。这两位学者研究的方法，似乎和我们思想最相合，不过他们的著作，还没有机会看它，所以只能就克鲁泡特金的《互助论》来举例了。

　　互助论是决定互助为自然底法则，及进化底一要素底学说。克鲁泡特金以为这种互助，既不是爱，也不是个人的同情，这乃是比爱或个人的同情广泛得多的感情；这乃是在极长的进化行程之间，在动物和人底社会里面慢慢地发达起来的本能。这样去解释广泛的社会性，我也是很表赞同的。因为他把这高尚的一种生机力——互助的本能——认为是在广大而必然的基础上面发达起来；于是进化的主要要素，不由于同种动物之间激烈的生存竞争，却是由于各种的互助和互相维持了。并且克鲁泡特金还用力地寻找许多事实，来反复证明：动物同种里没有自相残杀的情形，有互相维持的趋势。大概能互助的动物多繁衍强盛，容易得到食物；至于反互助的它的生活能力总不及互助的强，所以自然淘汰要不绝地灭绝它们的。体此《互助论》所得到的最后教训，就是动物有互助的倾向的，是最适于生存；这个公例同样地适用到人类社会，承认越升上进化的阶梯的，便互助的范围也越发扩大了。这种思想，不但是一种最有益社会的研究法，并且还是扶助人类的福音，即此一端，克鲁泡特金在生物学说上的功绩，已经很不少了。

我们既已知道互助在社会的方法里的重要，还要知道互助的本身，也有一段很光荣的进化史的。在蚂蚁的社会里，互助已完全代斗争而起了；然它互助的事实，毕竟很难超出洞穴或窠巢的范围之外。人类却是不然，在这一支生机活泼的动物之上，他恻怛慈爱的本能，至有推广到和天地万物一体，对于一草一木的摧残，都不禁地有无限的同情的。这就可见人类实在是互助社会里面最进化的了。并且因为一般的目的而扶助，这似乎是一切生物的通性，唯人类则能以"无所为而为"为社交的极致，要有所为便是走狭窄的路子，谁也不认有什么价值了。所以在人类的互助社会，很多都是为生机之无所为而奋发，为奋发而互相扶助，这可说都是自然而然的，却不是为着什么利益，而这样干的好比当社会发生困难的时候，人类都显出天然的社会本能，强的帮助弱的，不顾利害而一致团结，这能说为着什么利益呢？并且只为享受幸福而希望和平的和平团结，这在海狸麝香鼠及别的几种啮齿类群里早已发现了；不过在人类，则这种本能更为发达。虽在今日世界还没有达到大同，那种为一般目的才肯互助的生物通性，在进化的人类还未能免，所以就是现代的文明人，虽也知互助的重要，而在许多团体中，依然把功利作最后目标；但我们相信人类社会一天天进化，便越接近于"为社会而爱社会"，将来的社会，或者要完全由于音乐和跳舞这些美的动机而结合，那时自比现在还要进化了。总而言之，社会的生活，乃是应人类本性的永久需要，所以无论历史在什么时代，我们总可发现那种互助博爱的精神。尤其是《互助论》里所研究的蒙昧人底生活，野蛮人的生活，使我们越发相信互助的精神便是人类社会本来的美质。所有过去的社会，实在都充满着一种最广泛的情感的歌声，而一般人所想像的野蛮人，反没有实际的存在。并且我们相信：就靠着人类的互助，便能到达光辉灿烂的未来的"黄金时代"。

这么一来，历史的面目便大大地换新了。从前的历史家好似也懂得互助生活在人类生活中的重要，好似也懂得"社会"的价值，但只可惜他们所谓互助，是要在个人利害底暗斗里面去求；所以他们最注意的，不是社会所产的文化，而只是少数人所创的法律。最好的比喻，就是把这种社会看做针鼠冬季的群集一般，远些既不胜其寒，近些便感着刺触的苦处，其中间适当的距离，便即所谓法律。如果人类的社会生活，只靠这些外铄的手段，那也还有什么生机？但人类的社会生活，实并不是如此，他是完全以博爱的冲动为根据的。所以即在蒙昧人时代的蒲系满人（Bushman）、霍坦脱人（Hottentots），他们都是非常平稳地生活着，很少和邻人打仗；他们都是互相亲爱，并且抱好意的。再说到埃斯起莫人（Eskimo）、亚柳人（Aliontes）他们的富的破坏，他们把自己底生存和种族的生存，当做一个东西看，他们的为众人而劳动，实在的都是很可欣羡的。至于野蛮人底互助，有如共产村落，共同吃饭，共同劳动；和他们的正义观念，他们把帮助贫穷，和尊敬外客看做分内事；甚至于平民间以减轻或防止斗争的种种制度；这种我们以为是现代生活底一个最好底特质，谁知道他的起源，乃是在这种古代野蛮时代呢？并且在这里可发现过去历史的顶大错误，以为这个时代的人，只有战斗和压制，其实这时代民众的大多数，就是在这些少数人互相酣战的时期内，还是和平地劳动过生活。所以克鲁泡特金在《互助论》第四章很叹息地说："史诗，纪念碑，志铭，平和条件——差不多一切历史的纪录，都是这个一样的性质；他们都是论和平底破裂，不是讲和平本身的。"

现在我们要讨论到人类和平本身的历史了。我们和克鲁泡特金的思想一样，不要那些过去的纪录，因为在那里都是夸张人类社会斗争方面的。我们不要现在新闻纸、政府底布告，以及为将来的历史所预备的浩瀚的纪录，因为在那里也是陷于这个一样的偏见的。他们既然对于社会互助的生活简直一点也不注意，我们所认为互助和牺牲的无数行为，他们差不多一点痕迹也不留，所以我们不能不割爱了，不能不开始建设我们的新历史了。我们相信：无论人类生活底任何时代，战争都不是人类生存的要素，民众他们就是在暴虐的神权政治和专制政治底下面，还知道用许多方法来维持他们所认为平等互助的社会组织。所以在我们的历史里，最注意于这些事实。就说到最近代的社会主义的发达，依唯物史观看起来，是经济原因的产物；但由我们看起来，却是建立在比一个经济原因更为紧要的东西上面，就是人的社会本能。潘悌（Penty）说得好："社会主义的正式的学说，是基础在工业的永久性上，到现在已经永远地失了信用了。但它的非正式的哲理，还是安然地存在，因为在消极的方面，它是一个反对资本主义的道德革命，在积极的方面，它却是建设于互助、情义、共同生活和四海皆兄弟的原理上面，这都是社会主义最终的目的。"而在唯物史观论者方面，如柯祖基（Kautsky）、郭泰（Gorter）也都承认社会的本能，即道德心。由此看起来，就在将来的理想的社会实现也用得着社会的方法去解释它了。

由上所述，发生的、心理的、社会的三种方法，总括起来总是生物学的方法——生机主义的方法。有了这种方法，才能给人类的历史以一个确实的科学的基础。

## 哲学的文化概念

一

在未详论哲学的文化概念以前，应该对于哲学先有一个明确的看法，我很不愿意那一般哲学教授们，劈头便讲什么本体论呀，认识论呀，把那些艰深的问题，当做哲学的法宝来玩，弄得人们对于哲学竟把它看得"玄之又玄"，以为和人类的行为全无干涉，这实在大错。其实从古以来的哲学，都是社会公共行为思想的表现，从古以来的哲学家，都是社会公共行为思想的代言者，不过公共行为思想是有变动有进化的，所以在哲学方面，虽则在某一时代很适合的公共行为思想，到了时代过去，也就没有什么。哲学史上所诏示我们的，如西洋哲学的认识论，要讨究人类知识的来源，性质，有多大效用？这实在都是暗示人之理性的权威，对当时革新运动，有很大影响。但在今日认识论便渐渐不成问题了。真如洛慈（Lotze）所讥为"磨刀不割"的了。又如印度哲学里有因中为有果，为无果？因果为一呢，为异呢？这些讨论，现在没有人过问的了，而在当时这问题没有解决，便不能生活下去。总而言之，人类的行为是应付困难解决问题的，而这应付困难解决问题的综合学问，就是哲学。所以每一时代的哲学思想，都足以代表那时代社会的普遍的生机活动，这可以说，没有一个例外。就是实验主义家所认为绝对不必要的形而上学，要研究什么宇宙本体问题，察其始也是社会的产物。我们知道，希腊最古的形而上思想，是民众对于自然之惊疑而起，Socrates和那些哲人讲学各地，无论什么人都听他们；至于近世的启明时期，朝野上下都把哲学看做家常便饭一样，更不消说了。

还有Hegel的辩证法，不是著名很奥妙的吗？在俄国从前竟能影响到虚无党的运动，如巴枯宁（Bakunine）、赫尔岑（Herzen）几乎没有一个不受其影响，可见无论哪种哲学，从本质上看起来，都不能不说它是社会公共思想的表现了。德国的观念论哲学是代表德国民众的，中国的儒家是代表中国民众的，甚至于明末清初学者所指摘为空疏无用的王学学派，在当时都是民众哲学。据胡卢山所述，阳明弟子有酒徒、哑子（《明儒学案》卷22），再看心斋父子门下有樵夫、陶匠、田夫等，就更可见了。

因为哲学是即自的观念形态，所以从表面上看，似乎哲学与民众无干，甚至所谓哲学家，好像都是性情乖僻、思想疯狂的分子，实际上何尝如此。哲学家因为处处有"我"，初看似乎离叛社会之集体信仰，其实所离叛者只是集体之旧信仰，而其所提倡者却正是导源于集体之新信仰；所以哲学正是民众新信仰的宣传者。所以能够影响民众于不知不觉之间，弥漫于社会思想之任何方面；只有他才能把民众潜伏心里的思想，组成"系统化"了。这么一说，可见许多误解哲学，所抱的"单纯抽象的哲学观"，根本上是一个错误。哲学无论在哪个时代，总是必要的，总是根深蒂固地为人类心理所要求。即如中国，数年前发生所谓"科学与人生观"的论战，似乎要取消哲学；然而取消哲学，亦只不过为一种要求"科学的哲学"之表示，即实证哲学的表示。在实证主义时代，哲学有自己否定之倾向，然而细心研究一下，则孔德虽否定形而上学，何尝不是自己建立实证的哲学体系？在科学与人生观之论战中，人生观论派不消说了，就是站在拥护科学那方面的胡适之，谁也知道他是个北大的哲学教授，是一个不折不扣的方法论哲学者。现在情形又不同了。马克思派只有陈独秀和经验批判派，因为不懂辩证法，才反对哲学；其他以Plechanow、Lenin Deborin学派自命的，对于哲学兴趣的浓厚，真可谓"得未曾有"。Lenin曾责备Kautsky对于哲学问题之无关心，Deborin在Hegel著作集第一卷里川内唯彦译《辩证法——黑格尔〈论理学批判〉》竟大喊着最伟大的自然研究者,在现在不可不成立自然科学与哲学最密切的同盟,于是哲学又大出风头了。什么唯物辩证法呀！Hegel研究会呀！马克思的哲学呀！唯物论史呀！Lenint哲学著作集呀！已风靡一时之新兴哲学,可见哲学又到了一个新的阶段；而那些从来喊着打倒哲学口号的人们,竟也公然不惜宣言"科学也是自然哲学"了。说也奇怪,在时代正看重哲学的时候,我刚刚来讲哲学的文化概念,不过应该申明几句,就是我是站在"文化哲学"的体系上来讲哲学,当然和时髦的哲学观不同,我是彻首彻尾抱定应用文化分期的历史法,来讲明哲学之所以成为哲学的,所以在此应先将哲学观念的变迁线索,拿来研究一番。

二

本来我主张研究哲学,应该注意"哲学之历史研究法",固然概论哲学与哲学史性质不同,哲学史告诉我们了解时代精神与思想方法之渐次发展的路径,是完全看重历史方法。概论哲学似乎应偏重哲学之组织的研究,即对于无数之哲学问题,加以全盘的统一的说明,那么研究哲学似乎不要应用历史方法了。然而从前竟有一个时期,即当Hegel及Hartmann时,竟谓"哲学史即是哲学"；这话似难索解,实际则研究哲学也只是应用历史的进化方法来研究哲学问题,而给它以全体的综合的解释,所以研究哲学,舍却历史的研究法之外,别无他法。假使我们不研究哲学之历史的过程,便欲正当了解哲学上的问题,也是很不容易的。所以我现在在说哲学的文化概念之前,不得不将哲学这个观念,应用历史进化的方法,将它的变迁线索研究一下。依我意思,则哲学观念的变迁,可依照文化分期的原理,把它分做几个时期：

第一,宗教的哲学观念时期———欧语Philosophy我们译为哲学,这在古代希腊是用作"爱智"的意思,这句话到Socrates才真正采用。可是实际研究哲学思想的起源,则Philosophy这门学问,实在比它的名称更早发达；而哲学中所包含的思想，则比哲学更老早就已经存在了。原来所谓哲学，最初就是究明存于世界（存在的全体）根柢的根本原理，Schopenhauer很妙地告诉我们，依他所说，就"人类以外东西，没有一个对于自己存在感着什么不可思议的，他们都以自己存在为当然的事，但是人类因为意识理性发达，遂不能不顾虑到这个存在的大问题，尤其在存在之旁有所谓'死灭'者在。无论如何辛苦的事业，到头三寸息绝，便一切归于水泡，我们为什么生在这样不安的多苦多难的世间来呢？这是真正动人注意的大问题，即由此心情，由此疑念，才唤起人类特有哲学的需要（或形而上学的需要need of metaphysics）。因此古代Aristotle在所著《形而上学书》开卷即说'不问古今人都是因惊骇而开始了哲学学问的'；Plato也说惊骇为哲学的特有性质，而最使人类发生惊骇的一点，不能不归到生死问题了。所以古今的哲学家或宗教家，没有一个不提倡灵魂不灭，即说死后犹可继续生活的教义；……所以哲学在这里成为任何人也感着必要的东西，任何人也应该加以思考的东西。……真正的哲学是从古以来，已经和人们的心性相结合着的"。由上一大段的哲学起源说，依他说法，则哲学实起于惊骇，由惊骇唤起疑念；由疑念促动解释，所以Plato、Aristotle都认哲学是从惊骇而起，而世界最明白地又最不易了解的事，就是我们存在的一桩事，和死灭的一桩事，实即为哲学需要的根本原因。所以哲学思想在还没有"哲学"名称和"哲学"学问以前，已经成为"宗教的哲学观念"显现出来，这是毫不足怪的。

但是只有惊骇还不足以说明哲学思想的由来，哲学思想是因真正惊骇而进一步究明事物的真相，从个个的事实，而要探出一般的性质。人们纵不是哲学家，总尝试着从个个事实进为一般的说法，这种概括作用，在智力低的人甚至仅就一二事实来下断语，吃了饱饭，便概括说"世界是快乐的"，有一点不舒服，又呻吟着"世界太苦痛"了。这种从个个事实来下一般的结论，可以说是人类天性如此，这种天性和惊骇结合，就是最初引导人们走向哲学思索的路上去的。所以有人称"人"为形而上学的动物，这话很合事实，实在说，最初哲学便是种种"宗教的哲学"，即为惊骇之念所迫而求一般道理的哲学。即在知识稍进的民族之中，"尚有神话和俚谚"以安慰人心，其神话将宇宙现象，拟作神活动的大舞台；俚谚则将人类社会之是非善恶神圣化了；这些"民众的哲学"才是第一期真正的哲学。所以叔本华说："宗教"就是民众形而上学；"俚谚"就是民众智慧。要知道这民众的哲学，就其最深奥最沉痛又最有趣处来看，就都是和生死问题有关系的。我们试抛开那些哲学家的哲学书，来看一下古代的民众哲学吧！如所罗门传道书说："虚空的虚空，虚空的虚空，人一切的劳碌，就是日光之下的劳碌，我都以为烦恼，都是虚空，都是扑风。"假使没有烦闷，便哲学之幕，也不会掀开了。再就印度哲学，试举最浅的《维摩诘经》说：

> 诸仁者，是身无常，无强无力。速朽之法，不可信也。为苦为恼，众病所集。诸仁者如此身，明知者所不怙，是身如聚沫，不可撮摩；是身如泡，不得久立；是身如焰，从渴爱生；是身如芭蕉，中无有坚；是身如幻，从颠倒起；是身如梦，为虚妄见；是身如影，从业缘现；是身如响，属诸因缘；是身如浮云，须臾变灭；是身如电，念念不住；是身无主为如地，是身无我为如火，是身无寿为如风，是身无人为如水；是身不实，四大为家；是身为空，离我我所；是身无知，如草木瓦砾；是身无作，风力所转；是身不净，秽恶充满；是身为虚伪，虽假以澡浴衣服必摩灭；是身为灾，百一病恼；是身如丘井，为老为逼；是身无定，为要当死；是身如毒蛇，如怨贼，如空聚阴界诸入所共合成。诸仁者此可患厌，当乐佛身。（《维摩诘经》卷一）

因有这种大疑惑，才会发生许多以解脱为目的的印度哲学。许多形而上学问题，表面上什么有元论无元论，一元论二元论，似乎都和人生实际不相干的问题，实际很多都是从生死之谜起点，有的则从存在的惊疑起点。因有疑惑才发生对于实在的认识；因不承认日常见闻经验的世界，才进而探求事物之根本原因，而求根本解决；乃至因现实的无常，而结撰一恒常的本体以为归宿；因现实的复杂多端，而求出一个统一的本体，以为说明，这从最广义来说，都是宗教的哲学观念。从古代以至欧洲的中世期，更纯粹是宗教时代或神学时代，哲学在这时候只成为宗教的附属物和宗教信仰的解说。所以在第一时期，哲学和宗教的关系是很密切的，差不多哲学之形而上学观念和宗教之神学观念，简直有些分不开了。

第二，自我的哲学观念时期——从来讲"哲学概论"的，总是偏重堆积的看法，从纪元前三世纪初期——Aristotle死后不久，便风行所谓"哲学的三分法"——那三部分即是逻辑（Logic）、物理学〔Physics包括玄学（metaphysics）〕、伦理学（ethics），其为堆积的分法不消说了。就是最近顶流行的"哲学的新三分法"，将哲学分做形而上学、认识论、伦理学（近来加上价值论即美学）实在也只是代表堆积的哲学观，而非进化的哲学观。若从进化的哲学观上看，则形而上学是代表哲学第一期的观念形态，认识论是代表哲学第二期的观念形态，而广义的伦理学（在哲学概论是将政治法律经济社会问题都放在伦理学题目下面去研究的）则代表哲学第三期哲学的观念形态，若再加上美学（艺术哲学），也正好代表第四期哲学的观念形态。然而在所有哲学概论里面，竟看不出有一部应用了这种历史的分析的研究法。所以我说对于过去哲学概论有重新改造的必要。现在先就第二期哲学的观念来说，第二期是从宗教哲学（广义的形而上学）时期转到承认个人实体之根本原理"理性自我"的研究时期。这个时期是全部集中的"认识论"哲学的研究，人生哲学（人格或心性哲学，与广义伦理哲学兼读政治者不同）的研究，而承认哲学即是"认识论的哲学"，或如Fichte所说："个人的哲学，就是他人格的表现。"完全把哲学安置在观念论的人生观的基础上，这就是第二期哲学的最大特色；同时也就是哲学之所以成为哲学的最大特色。从前第一期哲学以为研究神的问题。宇宙问题，才是哲学，到此大家才回头想到自己，转而以研究其自身为起点，知道人是"理性"的一个人，便须努力提高人的"理性之光"，使其超越一切；所以这时期哲学，是理性主义，才算哲学。哲学史是什么？哲学史也只是绝对理性的实现。因为看重理性，同时即看重自由思想的批评精神，所以这时期哲学，也可以说批评主义才是哲学。总之第一期的哲学观，是"宗教的哲学"的哲学观，第二期的哲学，才是真正"哲学的哲学"之哲学观。第一时期的哲学形态，在论理上为"没自即自的"，所以是经典的，独断的，服从的；第二时期的哲学形态，在论理上为"即自的"，所以其哲学也是主观的，批评的，浪漫的，反抗的。用一句话来说尽，就是如Hegel所撰《作为哲学概论的精神论》（这是Hegel一封九张纸的信，现收入《哲学序说》）第二节所说：

> 哲学概论为使精神成功科学，则不可不视察其所经过的种种性情及活动。从自己认识这些精神之各种性情及各种活动所成一种必然关系，这就大概构成了一种科学。

由这段话，可见如果今日要请Hegel来讲"哲学概论"，一定会把"哲学"讲成"精神哲学"，"自己认识精神之认识论哲学"；如果要请Hegel来讲哲学史，一定会把哲学史讲成"自我绝对精神的发展史"；这就可见哲学的第二期，是完全代表认识论哲学的观念，和从前民众形而上学即宗教的哲学之哲学观，是根本不同的。可是认识论哲学到了Hegel已经登峰造极，所以Engels简直宣言以为哲学到了Hegel，便算到了顶点了。

　　第三，实证的或科学的唯物史观的哲学观念时期——我前面说过，哲学是跟时代的变动而变动的，只要时代有变迁，便哲学的观念也变迁；甚至对于哲学史上大思想家思想的解释，也会变迁。最显明的例，如现在时流学者，他们常常对我们说："哲学是要不得的东西，科学可以拿出证据，而哲学根本就没有证据，那么只要科学好了，哲学还要它干么？"这在数年前"科玄大战"时候，似乎听得很多很多了。但要注意的，这派既抱着一种思想，则他的思想，便是一种哲学。他不要那没有证据胡思乱想谈心说性的观念哲学，那么他是一定另有其自己哲学的。这种哲学，就是所谓"实证哲学"，或所谓"综合哲学"（这是说不要那没有科学根据的哲学，而要那从各种科学综合起来的哲学），或是"实验主义哲学"（这是说要有实际效果的哲学，或如李季所批评为"唯利是视"的哲学），甚至于像马哈Mach等所提倡的"科学批判的哲学""经验批判的哲学"；这是一派，可以拿来代表英美一流之哲学观的。但在这里，仍没有得到最近代哲学观念的全体意义，"科学"，而是将"哲学"看做"艺术"，即是"艺术的哲学"之哲学观念。哲学只有变成功艺术，才有生命，如辩证法唯物论的哲学，哪里有什么生命可言？不但如此，第三期的哲学，因为太偏于实证的科学的世界，即太偏重空间的世界，而空间天然是静多动少，堆积的时候多，进化的时候少，这就是说空间是只有物质的扩张性，而缺乏历史的绵延性，所以第三期的哲学，虽也看重历史，却只是"物质之扩张性的生产史"，换言之即是"量的历史"，而不是完全以时间为基础的"质的历史"。须知只有时间才有历史性，只有时间才有生命性，只有时间才有艺术性，所以对于第三期空间本位的物质本位的科学本位的哲学观念，我们不能不认为是已经过去了；现在不讲"哲学"一字便罢，要讲哲学，即须将哲学讲成时间本位的，生命本位的，艺术本位的哲学。而这生命的时间的艺术的哲学观念，因为是有时间便有历史，所以历史性也是第四期哲学的特色。生命主义的历史哲学、文化哲学，在这期的重要，是不消说的了。

三

以上所论为哲学观念的变迁，大约把它分做四个时期，即"宗教的哲学时期""哲学的哲学时期""科学的哲学时期"，与"艺术的哲学时期"，还没有说到哲学之所以成为"哲学的哲学"，是用了一些什么方法？乃至"哲学的哲学"之变而为"宗教的哲学""科学的哲学""艺术的哲学"，是为着用什么方法？简单说来，我以为哲学的方法，即"辩证法"，哲学时代到了完成"辩证法"之Hegel，便算登峰造极，不过辩证法也有一段长的很复杂的历史的，而辩证法之史的发展，实际即与哲学之史的发展并行，如前已经指出的：

演绎的辩证法……………………宗教的哲学时期

辩证的辩证法……………………哲学的哲学时期

归纳的辩证法……………………科学的哲学时期

直觉的辩证法……………………艺术的哲学时期

现在试就"辩证法"——即哲学方法研究一下，依我意思，则辩证法和演绎法之依于信仰而成立似的，辩证法则依于"反省"而成立。其特色在注意一切思想之变动，与对立物的统一。严格说来，只有观念论的辩证法，即辩证法的辩证法，才是辩证法之本来面目；而唯物论的辩证法，则为辩证法之第三时期，即归纳法的辩证法之一种形态。不过关于这层且让后面来说，现在且先说一下辩证法之性质。当然辩证法应以Hegel所说为正宗，依他所说，则"精神的本质为自己活动的成果；精神的活动，是直接性的超出，直接性的否定，及向着自己内部的复归"（《历史哲学概论》）。

用论理的术语表之，即"即自的""对自的""即自且对自的"之辩证法的历程，即由二度之否定，而使精神复归于最初的意识。这种精神复归于最初意识之活动形式，就是辩证法之一般的性质，所以辩证法由Hegel看来，也是"除却精神自身以外，不能有什么别的东西"；辩证法只是精神自身所具的"活动的法则"而已。固然马克思派可以说这种辩证法只是观念论的辩证法，我们试再研究一下辩证法的历史，即知辩证方法之发展，同时就是哲学思想的发展。最初辩证法的起源，一方面由Zeno之"静学的辩证法"，发展为Socrates的"产婆术"，经Plato、Aristotle形成了Thalheimer之所谓"横的辩证法"。一方面则由Heraclitus之"动学的辩证法"，以辩证法证明了运动的实在，如谁也知道的，即说"万法流转""有与非有为同一的""一切存在又不存在"的大原理；这样依于矛盾及其发展所成的实在观，实为真正哲学方法的鼻祖。或如Thalheimer叫它做"纵的辩证法"。横的辩证法与纵的辩证法在文化史之第一时代即宗教时代，均不免支配于宗教方法之下，而为宗教之一护符。不过横的辩证法总不免带很浓厚的"演绎性"，所以无论后来进步到如何地步，总带着神秘的色彩；纵的辩证法则在其"神秘的外壳之中，却发现了合理的核心"。因为纵的辩证法即真正的哲学方法；哲学方法有时可以为宗教之一护符，有时也可以拿来作科学的方法来解释，虽则摆动于两者之中，而它的本身却是不折不扣之哲学方法的。原来就在辩证法历程中，我们很容易看出辩证法是有两方面，一面即"对立的辩证法"，一面即"综合的辩证法"。如立"我"为辩证法的起点，则"我"同时有"非我"与"我"对立，这就是"我"的否定了；又如以"有"为辩证法的起点，则"有"同时有"非有"与"有"对立，这又是"有"的否定了。所以辩证法自始即应承认宇宙间有对立的法则。复次这对立的法则，结果应要归于统一，无论哪个思想一定有两相反对的部分，这两个相反的部分，义虽反对，穷其所极，却是相反相成，同时俱在的；这么一来，便一切矛盾的都是再融的了。

为什么辩证法是带有革命的性质而有所谓革命的辩证法呢？依据Russell在德国社会民主主义解释：（一）辩证法一方面承认事物的现状，一方面又承认结果归于消灭。（二）辩证法以为历史上进化的社会形式变动不居，故不特计及其过渡的性质，且计及其暂时的存在。（三）辩证法不愿有任何事物加诸其身，就它本质说，就是批评的而且革命的。这不是看出辩证法正是"破坏的工具吗"？所以黑格尔论理学将论理分三方面：（一）抽象的，或悟性的方面；（二）辩证法的或消极理性的方面；（三）思维的或积极理性的方面。这不是更证明了在论理学的全体系之中，辩证法只限于代表消极理性的方面吗？我在民国十年所著《革命哲学》中曾看出辩证法对于革命方法论的贡献有三点：（1）辩证法是能够引起反动的思想；（2）辩证法教我根本推翻；（3）辩证法是能够造成革命的信条。这些虽早年思想，直到现在，仍可证明了下面之一个事实，就是辩证法就是"革命的方法"。总而言之，辩证法它的本身和哲学一样，有时站在宗教的方法一边，有时又站在科学的方法一边，即如所称"登峰造极"的哲学家Hegel，"他最大的功绩，在提出辩证法为思想的最高形式"；而他的辩证法即同时具有保守的与革命的之两性质的。就保守的方面说，如最有名的命题：

凡是实在的都是合理的；凡是合理的，都是实在的。
（《法律哲学》）

将一切现实存在的东西，视为神圣，可说是再保守也没有了，却是依他辩证法自身，也可以转化为反对的命题，即如Engels在Feuerbach论中所指出的：

一切存在的，都是值得死灭的。

所以Feuerbach论很明显地告诉我们：

谁将重心放在Hegel的体系上，谁就会在这两个领域上——宗教与政治——成为保守主义者，谁以他的辩证的方法为主要点，谁就会在宗教上及政治上成为极端的反对者。

哲学是一种"即自的"，即主观的学问，所以依照哲学家之主观倾向，可以接近宗教；同时也可以接近科学。而就哲学的方法即辩证法来说，也是有时接近宗教之保守的方面，有时接近科学之革命的方面，故马克思派要"从这神秘的外壳，去发现合理的核心"；那么观念的辩证法，即辩证法的辩证法，亦可转化而为唯物辩证法即科学的辩证法了。所以辩证法的历史，依我研究的结果，则中世纪以后辩证法的发展，是可以分为四大阶段：

| | | |
|---|---|---|
| 第一阶段 | 宗教的辩证法 | Proklo中世纪第二世纪之辩证家的神学者如：<br>Justinus著《大辩证书》《小辩证书》<br>Lactantius著《神的法制》<br>Augustinus《上帝之城》极力辩证神的政治恒久不变 |
| 第二阶段 | 哲学的辩证法 | Rousseau<br>Kant, Fichte, Schelling<br>Hegel |
| 第三阶段 | 科学的辩证法 | Feuerbach, Marx, Engels, Plechanow, Lasslle, Dietzgen, Lenin Deborin |
| 第四阶段 | 艺术的辩证法 | Bergson, Croce, Nicolai Hartmann, Dilthev, Kroner |

其详情参看我在《黑格尔主义与孔德主义》一书中论《辩证法史》一节，现在可不详述了。但即在这里，也可看出"宗教的辩证法"所形成之"宗教的哲学"，严格来说，不是"哲学"，只是"宗教"；其所用的辩证法，亦只是宗教方法之附属品，而不是真正的辩证的辩证法，即真正的哲学方法。真正的哲学方法，只有观念论的辩证法，即辩证法的辩证法；而真正的哲学，也只有德国传统派的哲学，即从Kant、Fichte、Schelling以至Hegel的哲学。至于第三阶段所谓"科学的辩证法"，即所谓"唯物论辩证法"，实际只是哲学方法与科学方法之综合。科学时代，原有特殊之科学方法即"归纳法"，唯物辩证法一方面采取归纳的方法做底子，一方面又采取辩证法之革命的性质，而脱掉玄学的体系，所以唯物辩证法严格来说，也只是科学方法之一种，而非哲学方法的本身。到了第四阶段，Kroner在辩证法中看出"幻想的直觉"；Nicolai Hartmann看出辩证法之神秘性，艺术性；Croce要将Hegel和Bergson的直觉法结合为一；其实说来，这第四阶段的辩证法，也不是哲学的辩证法，而为艺术的辩证法；其所形成之新哲学，也不是哲学的哲学，而为艺术的哲学。所以归根及底，只有观念的辩证法，才是真正的哲学方法，也只有观念论的哲学，才是真正的哲学，而真正的哲学方法，一句话说尽，也只是"辩证法"而已。

四

由上所述，宗教的辩证法即演绎的辩证法，形成了"宗教的哲学"；哲学的辩证法即辩证的辩证法，形成了"哲学的哲学"；科学的辩证法即归纳的辩证法，形成了"科学的哲学"；艺术的辩证法即直觉的辩证法，形成了"艺术的哲学"。同样的道理，在哲学之史的发展上，便依照以上顺序，也发展为四个时期即是：

（一）宗教的哲学时期……………形而上学与宇宙哲学时期

（二）哲学的哲学时期…………………认识论与自我哲学时期

（三）科学的哲学时期…………………社会论与经验哲学时期

（四）艺术的哲学时期…………………生命论与新理想哲学时期

试以西洋哲学的历史证之，尤以中世纪时代，即史家所称为"回复原始模型（社会的与文化的）之时期"起点，则西洋哲学实可分为下列之四大阶段：

|  |  | 重要思想家 ||
| --- | --- | --- | --- |
| 第一阶段 | 宇宙哲学时期 | 新柏拉图主义（Neo-Platonism）<br>St.Augustine，Luther的宗教改革<br>Bruno的泛神论，剑桥大学的柏拉图派<br>Descartes,Spinoza,Leibnitz ||
| 第二阶段 | 自我哲学时期 | Locke,Berkeley,Hume（英）<br>Voltaire,Rousseau,Diderot（法）<br>Kant,Fichte,Schelling,Hegel（德）||
| 第三阶段 | 社会的科学的哲学时期 | Schopenhauer悲观论的哲学<br>Hartmann无意识的哲学<br>Max Stirner极端个人主义<br>Huxley生物的厌世观<br>St.Simon.Comte<br>Fourier,Louis Blanc,Proudhon<br>John Stuart Mill | Darwin<br>Spencer<br>Strauss<br>Feuerbach<br>Marx,Engels<br>Lassalle<br>Haeckel<br>Ostwald |
| 第四阶段 | 生命哲学时期 | Nietzsche<br>William James,F.C.S.Schiller,J.Dewey<br>Eucken<br>Bergson<br>Windelband,Rickert<br>Croce,Santayana ||

（说明见拙著《历史哲学》第六章）

由上西洋哲学的发展史，中世至文艺复兴为"宇宙哲学时期"，即"宗教的哲学时期"；启明时期为自我哲学时期，即"哲学的哲学时期"；19世纪为"社会的科学的哲学时期"，即"科学的哲学时期"；现代为生命哲学的时期，即"艺术的哲学时期"。固然从全体的进化看，是以第四阶段之"艺术的哲学"为最大目标，而就哲学之所以成为哲学者来说，却只有第二阶段之自我哲学时期，才是真正之哲学时代。

次再就中国哲学之史的发展证之。中国文化，原来就是哲学的文化，和印度之代表宗教的文化，西洋之代表科学的文化者，绝不相同。梁漱溟先生《东西文化及其哲学》一书，曾指出中国文化之特质，在无处不适用其玄学——形而上学，而中国之形而上学又是一套完全讲变化的——绝非静体的；这就是说中国文化是代表哲学的文化，所用的方法也是完全为辩证的方法，和印度哲学方法之接近宗教方法，西洋哲学方法之接近科学方法者尚稍为不同。话虽如此，中国虽自始即为哲学的文化，而在其哲学之发展史上看，则其第一阶段仍然和印度之宗教的文化相通，其第三阶段则和西洋之科学的文化相通，归根也是只有第二阶段，才可算得真正"哲学的哲学"。现在试以图表之（见下页）。

原来中国之民族文化，即"哲学的文化"，也是按着时代的需要，和所用哲学方法之不同，而表现为历史进化的各阶段的。如第一阶段为宇宙哲学时期，那时提倡古学复兴，和欧洲文艺复兴的情形是很相似的。他们的代表如周濂溪（敦颐）、邵康节（雍）、张横渠（载）、程明道（颢）、程伊川（颐）、朱晦庵（熹）等，到处聚徒讲学，要把生机剥尽死气沉沉的学术界，从新宇宙里复活过来。他们的学说有一个共通点，就是"新宇宙的发现"，就是一种"泛神主义"。他们都认天地万物皆自然而然，"天地之大德曰生，天地氤氲，万物化生"；这个"宇宙之生"，就是他们最重要的观念。不但如此，他们实在因着宇宙之生，而高唱"这世界"的赞美歌的。看呀！天空海阔，山峙川流，鸢飞鱼跃，充塞这个宇宙内，无非生意春气，只是"四时行焉，百物生焉"；这种生命的哲学，实在就是哲学史上第一阶段的特色了。自宋到元，是由宇宙哲学到自我哲学的过渡时间，过此便是明代，应该以陈白沙、王阳明为代表。阳明提出良知，做人生行为的标准，以后遂因认识论的不同，引起种种不同的学派，即唤起种种不同的对于人生问题的解决方法。如左派主动，右派主静，左派如王龙溪、王心斋，主张本体即是工夫，近于顿悟；右派如聂双江、罗念庵，主张由工夫达到本体，近于渐修。现在只就左派来说，依他们的意思，人生只是不停歇不呆坐着的全身全灵的"动"，生命的动；越努力越有生趣，越能体验自己本心的快活。所以他们这一派的根本哲学，就是人生——快乐的人生；这就是哲学史第二阶段的特色了。但是我们要注意的，第二期的哲学，看重个人，所以注重主观的冥想，而忽略客观的考察，对于当时社会政治的情形太隔膜了，他们的政治思想也未免太薄弱了。白沙一派大概都不以富贵为意，完全抱哲学家的态度；王阳明教人吃紧在恢复心体，即致良知，他也不愿意谈政治，以为为政只在乎一心之转。似此只是修身，不讲治国平天下，可以成功一种很好的"自我哲学"，而苦于不能致用。所以阳明以后到了明末，自然而然地起了反动，而有"东林学派"发生。这派重要人物，如顾泾阳（宪成）、高景逸（攀龙），他们一方面反对阳明学派的空谈误国，一方面用学术团体名义来实行政党式的活动，这实在就是哲学史第三阶段的开端。再到黄梨洲（宗羲）、顾亭林（炎武）、王船山（夫之）、颜习斋（元）一般明末清初的"经世学派"出来，于是近代哲学遂由自我论时期完全一转而入于社会论时期了。这一期的社会政治思想，很多是很透辟的，尤以王船山的"民族主义"，黄梨洲的"民权主义"，和颜习斋、李刚主的"民生主义"，为后来孙中山三民主义所本。但是不幸得很，在当时满清政府专制之下，要谈经世，开口便触忌讳，所以到乾嘉时代，经世学派便不得不改头换面，把那激烈的政论隐藏起来，用他们的聪明才力，去研究变相的科学，结果在文献上却得到意外的贡献。自此以后，便有今文学派；这时清代政治太腐败不堪了，于是又把"经世致用"的观念重新唤出。如刘逢禄的《春秋公羊经传何氏释例》；龚自珍的《五经大义终始论》；魏默深的《默觚》；戴望的《论语注》；他们都是应用《公羊传》的"张三世""通三统""绌周王鲁""受命改制"等说，来批评当时的专制政体。论治的宗旨，则大都倾向于大同主义，他们叫做"太平世"。谭嗣同《仁学》下卷，与康有为《大同书·礼运注》，以春秋三世之义来讲社会政治，但是康有为底子里只是个保皇党和反革命反共和的复辟党；他要分别什么大同小康，一面把大同认为孔子的理想政治，一面又甘心作伪，拿小康一段来做反动思想的根源；所以就这一点，只有孙中山的三民主义，才是真正的第三阶段的代表思想家。他不但接受了经世学派有的根本观念，如王船山的民族主义、黄梨洲的民权主义、颜李学派的民生主义，他实在还能根本推翻了二千年来腐儒所根据的小康思想，而大胆提倡由国民革命到世界大同。所以我在《历史哲学》中竟说"孙中山先生宣传三民主义影响全国，这伟大的政治系统，使他成为社会政治哲学的集大成的代表思想家了"。然而中国哲学的发展，并不是到了第三阶段就完事的："我以为现在正是中国哲学的综合时代，就是把宋代的宇宙观，明代的人生观，清代至今的政治哲学融合为一，而成全生命的哲学的时代了。"而这一个时期，似乎应以梁漱溟的《东西文化及其哲学》开始，而我的思想则完全直接孔孟，一面接受了宋明清哲学之三阶段体系，而从事集大成的工作的。

| 文化阶段 | 发展时代 | 重要思想家 | 重要著作 | 根本观念 | 集大成的人物 | 年代的标记 郑师山 刘蕺山 孙中山 |
|---|---|---|---|---|---|---|
| 第一阶段 | 宇宙哲学时期 | 宋代 | 周濂溪 邵康节 张横渠 程明道 程伊川 朱晦庵 | 《太极图说》 《观物内外篇》 《正蒙》 《易传》 《易本义》 《太极图说解》 《通书解》 《西铭解》等 | 泛神的宇宙观 | 朱晦庵 | 1017年周濂溪生至1353年郑师山殁 |
| 第二阶段 | 自我哲学时期 | 明代 | 陈白沙 王阳明 王龙溪 王心斋 王东崖 罗近溪 聂双江 罗念庵 | 《白沙子集》 《阳明集要》 《王龙溪集》 《王心斋集》 《盱坛真诠》 《聂双江集》 《罗念庵集》等 | 快乐的人生观 | 王阳明 | 1428年陈白沙生至1643年刘蕺山殁 |
| 第三阶段 | 社会的政治的哲学时期 | 清代至今 | 黄梨洲 顾亭林 王船山 颜习斋 李刚主 今文学派 谭嗣同 孙中山 | 《明夷待访录》 《日知录》《黄书》 《噩梦》《存治》 《瘳忘编》 《平书订》 《拟太平策》 《刘礼部集》 《龚定庵集》 《默觚》 《礼运注》 《仁学》 《中山丛书》等 | 民族民权民生的政治观 | 孙中山 | 1613年顾亭林生至1925年孙中山殁 |

由上研究的结果，可见哲学之史的发展，在西洋和中国两方面都发展为四个时期，中国为哲学文化的代表，当然前途更格外有重要的发展希望，至于详细讨论，当让之《文化之地理上分布》中述及中国文化之一章。

五

最后，请述哲学与宗教、科学、艺术之各文化的关系，因而讲明了哲学文化之特殊的性质。关于哲学与宗教的关系，在本书第四章《宗教的文化概念》中已讲得很详细了；关于哲学与科学的关系，我在民国十年所著《革命的哲学》第五章，已指出哲学与科学之不同：（一）科学是现实的，哲学是理想的；（二）科学以研究为本位，哲学以批评为本位；（三）科学是叙述的，哲学是解释的；（四）科学是有通则的，哲学是意志自由的；现在简单来说，即是哲学以"即自的"为观念形态，科学以"对自的"为观念形态。民国十四年张君劢先生在清华学校演讲，举出人生观与科学之五个异点，实际其所谓"人生观"，即"哲学"之异各；所举五个异点，也正是哲学与科学之五个异点。因为张君劢以人生观和哲学混为一谈，所以说"人生观不能成为科学"，即是说"哲学不能成为科学"；这当然是对的。任叔永在《人生观的科学或科学的人生观》中，则欲证明"科学自己还可以造出一种人生观"来，换言之即科学自己还可以造出一种"科学的哲学"，这当然也是对的。不过纯粹的哲学概念为"即自的"，而"科学的哲学"却为"对自即自的"罢了。因为哲学是即自的，所以为"主观的""起于良心之自动的""综合的""自由意志的""起于人格之单一性的"；又因科学是"对自的"，所以为客观的，论理的，为方法所支配的，分析的，因果律的，与"起于对象之相同现象的"；一句话来说尽，即哲学之中心点为"我"，而科学之中心点则为"非我"。因其为"我"，所以哲学家间，彼此观察点不同而意见亦不同；哲学从来没有一致的真理，和一定的成说，这正可以表明哲学之为"即自的"文化概念。反之科学则从"非我"出发，事事根据客观的观察，好似屠格涅夫（Turgenev）诗中的"大自然"一般，他对跳蚤的一条腿，同对天才创造性的苦痛，一律看待。所以科学所得结果，为抽象的概括。

而有公例可求，一种公例可推诸四海而准，一种发明同时可适用于全世界，这不是可以表明科学之为"对自的"文化概念吗？再就哲学与艺术之关系言之，哲学以"即自的"为观念形态，艺术则以"即自且对自的"为观念形态，两者均以"即自的"为内容，似乎相同；但在哲学；则"即自的"观念形态为自我之认识，而艺术之"即自且对自的"，则为自我基于声音、形色等而为目我之表现；前者为内省之辩证法，而后者则为抒情之直觉法。固然在哲学发展之第四时期，哲学是所谓"艺术的哲学"，与在艺术发展之第二时期，艺术也是所谓哲学的艺术，可见哲学和艺术，有很密切的历史上关系了；但话虽如此，哲学仍不能和艺术相同。现代哲学家为要知道事物之绝对的最普遍的原理，有时不得不依赖直觉的方法，以神游于物的内面，而亲与其绝对无比不可言状的本体融合为一；然而这种哲学的直觉，仍然和艺术的直觉不同，这不得不说就是哲学之所以为哲学的文化类型之一大特征了。

# 中国思想方法论纲

——知行问题

### 第一讲　中国思想方法体系

"文化哲学"曾举印度、中国、西洋文化相比较，以为文化之根本类型，为宗教、哲学、科学。印度代表宗教文化，西洋代表科学文化，中国则为哲学文化的适例。中国哲学的派别，有孔老墨三家，三家即接近于三种不同之文化类型：

（1）老家——宗教型——接近印度之宗教文化
（2）孔家——哲学型——形成中国之哲学文化
（3）墨家——科学型——接近西洋之科学文化

就三家的思想方法上观察，老家接近印度之宗教思想方法，墨家接近西洋之科学思想方法，就中只有孔家为哲学型，形成中国特殊之哲学思想方法。试说明之如下：（一）老家的根本方法，一个是"无知"，一个是"无名"，宗教家的思想方法，无不从"无知"立根，此即Max Scheler所谓"解脱的知识"。老家虽非宗教文化，却为"哲学型"之宗教文化——"哲学的"宗教方法，由"无知"来认识"无"的本体。老子"知不知，上不知，知病"；庄子"闻以有知知者矣，未闻以无知知者也"；大概道家一派，所有方法学上的见解，其最后归宿，总在乎言语道断，辩证路绝的本体，到此地步，自然要将知识根本消除了。又因主张"无知"，一定连带主张"无名"，尤以"名"的作用，一方面包括这个那个而

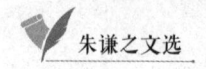

成全称的共相，使具体的事物，去做他们的牺牲；一方面分别这个那个，建立许多差别，以唤起不平等。所以道家以"名"为万恶根源，是虚伪的不是真实的，是差别的不是普遍的，因而主张废名。此外老家又主张"无"之辩证法。原来中国思想为哲学方法，是以辩证法为其特色，因之中国思想的各派别，都有辩证法的基础，老家为"哲学的宗教化"，故其辩证法为"无"之辩证法；墨家为"哲学的科学化"，故其辩证法为"有"之辩证法，孔家为"哲学的哲学化"，故其辩证法为"生"之辩证法。"无"之辩证法，本为宗教家所采用，如印度佛家之三论宗，即为好例。老家遮拨名相两是两非的态度，虽不如宗教方法之彻底，但老子之有无相生，绝圣弃智，正复为奇，实为"无"之辩证方法。《庄子·逍遥游》篇以此方法显其逍遥自得的旨趣，《齐物论》篇齐彼我，同是非，合成毁，一多少，参古今，同梦觉，这种方法所得到的结论，是"天地与我并生，万物与我为……"，这就是哲学家心中最高"解脱的知识"的境界了。

（二）墨家的思想方法接近于西洋的科学方法，故偏向"有知""有名"，偏向于Max Scheler所谓"实用的知识"。墨子对于一切事物，要问其所以然，这就是科学知识的起源；科学知识是要实际应用的，所以不能应用的便不是真知识。别墨对于知识论更有许多发挥，他们看重感官印象的知识，《墨经》中就有四条告诉我们以求知识的真确方法，又将知识分为闻知、说知、亲知三种，可以说是接近科学的知识论了。又因主张"有知"，当然看重"有名"，墨子说"言有三表"，为中国第一个给理则学开辟境界的人，别墨发挥最详，要"以名举实，以辞抒意，以说出故"。因主张"有名"当然看重辩论，墨经上说"辩争彼也，辩胜当也"，这是认天下有真是非的，不但和主张"不辩"之老家不同，且和名家的"诡辩"不同，如公孙龙言"白马非马"，别墨言"乘白马乘马也"；公孙龙言"狗非犬"，别墨言"狗犬也"；公孙龙言"坚白石二", 别墨言"坚白不相外也"; 此种"离同异""合坚白"之墨家方法, 就是所谓"有"之辩证法。

(三) 孔家的思想方法为中国哲学正统的思想方法, 老家的"无知论"接近于"解脱的知识", 其流弊为"不格物的致知"; 墨家的"有知论"接近于"实用的知识", 其流弊为"不致知的格物"; 只有孔家的格物致知论, 兼知行, 合内外, 既不同于虚空寂照的"解脱的知识", 也不同于唯物的"实用的知识", 乃为Max Scheler所谓"本质的知识"。无知论不从体物而来, 结果知内而不知外, 有知论不能超出感觉经验, 结果知外而不知内。王充《论衡》所讥墨家之学"以外效立事是非, 信闻见于外, 不诠订于内, 是用耳目论不以意议也"。孔家"本质的知识"则"不徒耳目, 必开心意", 其高深处, 穷究到"宇宙本质的知识", 几同老家; 其浅近处, 注意到"社会本质的知识", 又和墨家接近; 不过最着力教人的, 还在于"人生本质的知识"罢了。而此种宇宙, 人生, 社会之本质的知识论, 实以《大学》一书为代表, 此外经典以《易经》近于宇宙本质的知识, 为宋儒思想方法所本; 《中庸》近于人生本质的知识, 为明儒思想方法所本; 《礼》《春秋》近于社会本质的知识, 为清儒迄今思想方法所本。就《大学》而论, 朱子《大学补传》"凡天下之物, 莫不因其已知之理而益穷之, 以求至其极, 至于用力之久, 而一旦豁然贯通焉, 则众物之表里精粗无不到, 而吾心之全体大用无不明矣, 此谓物格, 此谓知之至也"; 由此可见格物功深力到, 便豁然贯通, 这时物即我, 我即物, 滚作一片, 都无分别。陈白沙所谓"往古来今四方上下, 都——齐穿纽——齐收拾", 此即所谓"宇宙本质的知识"。然而"性与天道, 不可得而闻", 孔家仍以人生、社会本质的知识, 为为学次序。《大学》"物格、知至、意诚、心正、身修、家齐、国治、天下平", 此即从"人生本质的知识"说起, 又"古之欲明明德于天下者", 以"治国——齐家——修身——正心——诚意——致知——格物",此即从"社会本质的知识"说起。孙中山先生称之为"我们政治哲学的知识中独有的宝贝"。孔家主张"格物致知"便须靠"正名"的帮助。《系辞》说"名"的起源是"衰世之意",论语以无可名为合于至德,似和老家"无名论"同,又《系辞》"当名辨物"似与墨家"以名举实"之"有名"论同。然"正名论"实为"无名论""有名论"之综合,"无名论"主实不主名,重个体而轻社会;"有名论"主名以举实,重社会而轻个体;"正名论"则名实并重,重社会亦重个体。墨家"以名举实",旨在事实的真实,故接近科学的方法论;孔家"当名辨物",旨在意义的真实,乃为哲学的方法论。因为孔家正名,以"名"包含深意大义,故"杀身成仁"就是"杀身成人",无父无君便是禽兽,这当然和墨家只注重名实之相合,如"狗犬也"那样形式逻辑不相同了。

孔家又主张"生"之辩证法。"生"之辩证法即为"无"之辩证法与"有"之辩证法的综合,其逻辑形式,即"有,无也"的公式,和墨家"有,有也"的公式不同,也和老家"无之又无"的公式不同,他是主张"有无合论"之生命辩证法的。生命辩证法现见得天地万物的本体——生命——是永远在那里变化,好像不绝的流水一般,浩浩无穷,而在发用流行中,一动一静,才静便动,永无休歇,所以《复卦》,言反又言复,终便有始,循环无穷,而根本只足"生"之一动。《系辞》"生生之谓易",生命之流无独必有对,天下间更有何事,原只是个自然感应之理,一感一应而已,一感一应,一主动一被动,以互相关系于无穷,这便是"生"之辩证法。若以术语表之即"一阴一阳之谓道",即由"正"而"反"复为"合"也。"无"之辩证法未免着空,"有"之辩证法未免着有,只有"生"之辩证法,不着空有,充满着生命、绵延、情感、谐和的节奏,只有这种思想方法,才可以充分代表中国哲学思想伟大综合的精神。

总结起来,中国哲学思想方法之三大派别,老家和印度思想方法可相调和，但非中国思想方法的代表。墨家和西洋思想方法可相调和，但亦非中国思想方法的代表。而真正充分表出中国思想方法的，只有孔家的"本质的知识"。孔家的思想方法，一为"格物致知论"，为"无知论"与"有知论"之综合。一为"正名论"，为"无名论"与"有名论"之综合，一为"生"之辩证法，为"无"之辩证法与"有"之辩证法的综合。所以无论从何方面观察，很明白地只有孔家的哲学方法真正代表中国文化，只有孔家的哲学方法，乃为中国思想方法的基本原型。

## 第二讲　中国思想方法发展史

中国思想方法以孔家为代表，孔家的思想方法则以《大学》的格物致知说为代表。《大学》本孔门方法论的哲学，在《礼记》四十九篇中原列第四十二篇，自唐韩愈始见引用，李翱《复性书》中才有新的解释，宋程朱才把他特别表彰出来，于是此一千七百五十个字的小书，因"格物"二字不同的解释，发生许多不同的学派。而在争论中，有一先决问题，就是本子问题，自程朱改本出世，以致后儒纷纷效尤，《王草堂二经汇刻》已有十余种改本之多。王阳明恢复古本，王船山《大学衍》，以主张朱子改定本，李刚主《大学辨业》又极力排斥改定本而用古本，此种本子之争，实依照辩证的法则而发展，如下式：

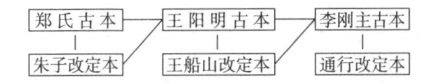

| 郑氏古本 | 王阳明古本 | 李刚主古本 |
|---|---|---|
| 朱子改定本 | 王船山改定本 | 通行改定本 |

孙中山先生"知难行易说"，似不涉本子问题，而实为李刚主古本主行，与通行改定本主知之综合形态。清陈乾初《大学辩》"书有之知之非艰行之维艰，《大学》之意若曰行之非艰，知之维艰"，可见国父学说原出《大学》，但陈氏疑《大学》有古本有改本，有石经，恐非圣经，不知《大学》一书方法明白，条理清楚，其为孟荀以前之书确无疑义，古本改本之争，正可见此书在方法论

史上之位置，而《大学精义》——知难行易说——直到现代才为国父所发明，这也可见它的真价值了。

中国思想方法的发展，实际即是《大学》"格物说"的发展，此格物说的发展，又实依照文化哲学的历史阶段法则而发展。试列表如下：

| 格物说的三阶段 | 第一时期 | 第二时期 | 第三时期 |
| --- | --- | --- | --- |
|  | 宇宙观的格物说 | 人生观的格物说 | 社会观的格物说 |
| 代表思想家 | 程子<br>朱子<br>蔡元定 | 陆象山　王阳明<br>王龙溪　钱绪山<br>王心斋　高攀龙 | 黄梨洲　顾炎武<br>吕留良　王船山<br>颜习斋　戴东原<br>程易畴　凌廷堪 |
| 《大学》本子 | 改定本 | 古本 | 改定本　古本 |
| 根本概念 | 格物即穷理说 | 格物即致良知说 | 格物即亲手学习<br>格物即习礼说 |
| 末流之转变 | 读书——穷理 | 玄想——致<br>知——格物 | 重行不重知——<br>格物 |
| 时代之区分 | 宋代 | 明代 | 清代 |

（一）宇宙观的格物说　《大学》的根本方法是"致知在格物"五个大字，而将此五个大字特别提出讨论的，却不能不说是宋儒的最大贡献。他们把"穷理"和"格物"看做一个东西，他们以为宇宙间事事物物都有许多道理，我们只要就上见得道理破，这就是格物。所以格物须大着心胸，即物而穷理，这种格物，我特别称之为"宇宙观的格物说"，是代表格物说之第一时期的。此时期的代表思想家为程朱，程子说"凡有一物必有一理，穷而至之，所谓格物者也"。这种格物方法，在宇宙观方面便成功了形而上学，如说"物必有理，皆所当穷，若天地之所以高深，鬼神之所以幽显是也"。因为宇宙没有一物而不是穷理的地方，所以说："一草一木，亦皆有理，不可不察。"朱子讲格物，范围很大，他说：

"若其用力之方,则或考之事为之著,或察之念虑之微,或索之讲论之际,使于身心性情之德,人伦日用之常,以至天地鬼神之变,鸟兽草木之宜,自其一物之中,莫不有以见其所当然而不容已,与其所以然而不可易者也。"又说:"上而无极太极,下而至于一草一木一昆虫之微,亦皆有理,一书不格则缺了一书道理,一事不格则缺了一事道理,一物不格则缺了一物道理,须著逐一件与他理会过。"这种格物方法,实在谈何容易,所以在小程子时,早已把"物"字缩到穷经、应事、尚论古人三事。朱子一生格物,也只格了一些书本子的"物",所以格物的结果,不外读书,又只限于五经四书。到了明代程朱学派的代表薛瑄,竟说"自考亭以还,斯道已大明,无须著作,直须躬行耳",差不多把格物缩到只依着朱子的话就是了,穷理学派至此安得不给王阳明推翻呢?但朱子的格物说,在他当时却有极伟大的贡献。他在《或问》里面批评各家的格物说,对于援佛入儒的中古思想方法的残余,正是对症下药。如驳司马光的扞御外物说,以为"物"和"理"不能分离;驳吕蓝田的一本说,以为穷理求同又须求异;驳谢上蔡、杨龟山说,以为穷理不止于主观,由这点可见朱子实在可算宇宙观格物说的功臣了。朱子以后门人得其师传者,多以"格物致知"和"穷理居敬"并为一谈,如黄勉斋(干)、陈北溪(淳)即为好例。虽如蔡西山(元定)、九峰(沈)父子,以性与天道为先,自本而支,自源而流,可谓宇宙观格物说的嫡传,而此时风气已变,朱门弟子多以居敬为先,不分知行先后,居敬即是修己以敬,不分知行即是主行,于是宇宙观的格物说,也渐渐为人生的格物说所代替了。

(二)人生观的格物说 宇宙观的格物说,当其把格物方法缩小到经学上面时,那同时的陆象山,已经挖苦他们是"易简工夫终久大,支离事业竟浮沉"了。朱子的格物,要人读书,象山却要问"尧舜之前,所读何书?"他解释"格物"二字:"格物者格此者也,伏羲仰象俯法,亦先于此尽力焉耳。不然,所谓格物,末而已矣。"所以说"学苟知本，则六经皆我注脚"。明代王阳明对人生观的格物说，发挥得更透彻，他说："心外无事，心外无知，故心外无学。"他攻击朱子方法，认为玩物丧志，他的最大贡献，则在格物之功只在身心上做。"所谓致知格物者，致吾心之良知于事事物物也；吾心之良知，即所谓天理也；致吾心良知之天理于事事物物，则事事物物皆得其理矣。致吾心之良知者，致知也；事事物物皆得其理者，格物也，是合心与理而为一者也。"他把"物"字，限定于吾心意念所在的事物。"如意在于事亲，即事亲便是一物；意在于事君，即事君便是一物；意在于仁民爱物，即仁民爱物便是一物；意在于视听言动，即视听言动，便是一物。"只要随意念所在的事物，而实实落落依着良知做去，好的便存，坏的便去，这就是阳明格物的真诀了。阳明又倡知行合一之说，此亦可见其与宇宙观的格物说不同。宇宙观的格物说分知分行，所重在知；人生观的格物说知行合……所重在行；前者为主知主义，后者则为主行主义。王门弟子的格物说，无不以"行"为第一义，即无不以"格物"为个人的修养方法。无论左派如钱绪山（德洪）、王龙溪（畿）、欧阳南野（德）、王心斋（良）、王一庵（栋）；右派如聂双江（豹）、罗念庵（洪先），均以格物二字，解作致知的"致"字，格物即是致良知。而致知存乎心悟，欲力行至精微处，便须先有"致虚"与"归寂"一段工夫。左派的观点：吾人不昧此虚寂本体便是致知，随事随物不昧此虚寂本体，便是格物。右派的观点，良知本虚寂，感于物而后有知，故必归寂以通天下之感，归寂即是致知，通天下之感便是格物，于是主行主义的格物说，其末流不得不变而为主知主义的格物说，把"无声无臭独知时"认为本体，这分明作弄精神，分明禅学。而且阳明一派的主行主义，只知修身诚意，不重齐治平。宇宙观的主知主义在讲无极、太极、讲理气；人生观的主知主义在讲危微精一，讲良知；而究之均无补于国，无益于家。王心斋的淮南格物"以天地万物依于己，不以己依于天地万物",何等气象！然而刘蕺山尚批评他安身之说,"无乃开一临难苟免之隙乎"。阳明一派"行"的范围只限于一身,不及家、国、天下,而良知之学,使"后之学者,测度想像求见本体,只在知识上立家当,以为良知";其末流又不得不坠于主知主义而不能自拔了。于此便自然起一反动,而有"东林学派"发生。此派反对王学之空谈误国,用学术团体名义,来实行政党式的活动,但就此派格物说来看,如高攀龙、顾泾阳一本程朱,而与程朱不同;排斥阳明而如陆稼书所批评"于本原之地,仍不能出其范围";可见东林学派虽为程朱陆王两派方法的大综合,而根本上却仍为注重个人的思想方法罢了。

（三）社会观的格物说 个人主义的思想方法,对于人生本质的知识,虽有深切的认识,而对于社会本质的认识,则完全隔膜。顾炎武责备他们:"……举夫子论学论政之大端,一切不问,而曰一贯,曰无言,以明心见性之空谈,代修己治人之实学,神州荡覆,宗社丘墟。"所以亡明以后,便有经世学派起来,纠正阳明,而提倡行为主义的格物说。黄梨洲说:"致良知于事物？致字即是行字,以救空空穷理,在知上讨个分晓之非。"吕晚村说:"阳明格竹,正朱子所斥摘者。"顾亭林把格物的"物"字解作"君臣父子国人之交,以至于礼仪三百威仪三千,是之谓物",却又与朱子不同。"以格物为多识于鸟兽草木之名则末矣,知者无不知也,当务之为急。"王船山《尚书引义》说:"且夫知者固以行为功者也,行也者不以知为功者也,行焉可以得知之效也,知焉未可得行之效也,将为格物穷理之学,抑必孜孜而后择之精,语之详,且知必以行为功也……行可兼知,而知不可兼行……君子之学未尝离行以为知也。"这是何等明白的主行主义。颜习斋更别创新说,以为格物之物,即三物之物,格即手格猛兽之格,手杀之格。"手格其物,而后知至。"李刚主《大学辨业》说:"《尔雅》格举也,又到字极字皆同格,盖到其域而通之搏之举之以至于极,皆格义也。语云一处不到一处黑，是切致知在格物之义。"由上可见明清之交经世学派，实以经世致用为其格物方法，换言之，即主行主义。但不幸生专制政治之下要谈经世，开口便触忌讳，故行为的格物方法，在乾嘉时代却又一变，把他们的聪明才力去研究变相的科学——所谓"汉学"。经世学派重行不重知为主行主义，乾嘉学派重知不重行为主知主义。如戴东原说："凡异说重行不先重知，圣贤之学，由博学审问慎思明辨而后笃行，则行者行用其人伦日用之不蔽也。"最为明显。又程易畴以致知为贯通物理，凌廷堪谓格物之物指礼而言，格物即是习礼，可见乾嘉学派本有主知的倾向。

孙中山先生知难行易说与清代格物说之关系，即统承经世学派之主行主义与乾嘉学派之主知主义，而为一大综合，这就是大学格物致知说授受的真传，亦即代表中国思想方法新的倾向。

### 第三讲　中国思想方法的新倾向

中国思想方法之辩证法的发展，现在已经走上新综合的路子，宋儒的格物说是"正"，明儒的格物说是"反"，清儒的格物说是"合"。在清儒的格物说中，经世学派主行主义是"正"，乾嘉学派主知主义是"反"，孙中山先生"知难行易说"主知主行是"合"。所以从中国思想方法论史看来，孙先生实为中国思想方法的集大成者。他所著《孙文学说》一书，述他学说成立的经过，从相信（一）知之非艰行之维艰说，进至相信（二）王阳明知行合一说，再进至主张（三）行之非艰知之维艰说，以饮食、用钱、作文、建筑、造船、筑城、开河、电学、化学、进化等十事为证。此书不但建立革命哲学的基础，实可代表中国思想方法的新阶级。他从根本推翻《尚书·说命篇》傅说对武丁说"知之非艰，行之维艰"[①]说，与王阳明之知行合一说，以为"科学愈明，则一人之知行

---

[①]《尚书》原文是"非知之艰，行之惟艰"，《孙文学说》引用稍有出入。

相去愈远，不独知者不必自行，行者不必自知，即同为一知一行，而以经济学分工专职之理施之，亦有分知分行者也"。可见知难行易说，原来就是"知行分任主义"。分析起来：

知难——知非易——主知主义
行易——行非难——主行主义

这里又包括两层意思：

能知必能行——主知主义
不知亦能行——主行主义

知难行易说教我们以知非易而行非难，"不知固行之，而知之更乐行之"；这种一面主知，一面主行的"知行分任主义"，实为中国现代思想方法的最大贡献，同时也就是中国思想方法之现代的大综合。

然而这种学说，在综合了中国近代思想方法以外，实盖上了历史哲学方法的印记，为中国思想方法史上所没有的。孙文学说里面，无处不应用历史现代性的眼光去观察、批评，换言之，它实为一种科学时代的知识论，而这种科学时代的知识论，实有其"知识历史学"与"知识社会学"的基础。

知识历史学人类进化乃是知识的进化。"夫以今人之眼光，以考世界人类之进化，当分为三时期。第一由蒙昧进文明，为不知而行的时期；第二由文明再进文明，为行而知后之时期；第三自科学发明而后，为知而后行之时期。"在这里不知而行的时期，就是宗教阶段；行而后知的时期，就是哲学阶段；知而后行的时期，就是科学阶段；而人类进化之确定的时期，却在于大同世界——艺术阶段。所以说："人类进化之目的为何，即孔子所谓大道之行也，天下为公。"

知识社会学"夫人群之进化也,以时分之,则分为三时期……而以人分之,则有三系焉。其一先知先觉者,为创造发明;其二后知后觉者,为仿效推行;其三不知不觉者,为竭力乐成;有此三系人相需为用,则大禹之九河可疏,秦皇之长城能筑也"。又"先知先觉者即发明也;后知后觉者即鼓吹家也;不知不觉者即实行家也"。欲使建设事家业成功,便不可不使社会通力合作,先知先觉者经营计划,后知后觉者仿效推行,不知不觉者便只要实行起来便得。

总之知难行易说是一种主知哲学,也是一种主行哲学。如以"知易行难说"为不知而行时期的思想方法,"知行合一说"为行而后知时期的思想方法,则"知难行易说"实为知而后行时期的思想方法。换言之,即科学时代的知识论。但话虽如此,孙文学说并不限于科学时代。第一点他不但有到知识要素为历史原因,且看到"所得知识皆从冒险猛进而来",这就是促进知识进化的生元动力,才是人类历史的真因。所以从这一点来看,孙中山先生实为一个彻底的生命主义者。第二点他所主张,"生"之知识论,从"行"的方面提倡起来,就是生命本位的"行的哲学"。即因此种学说是站在第三时期科学时代而倾向于第四时期的大同世界——艺术时代,所以他的思想方法包含很浓厚的第四时期生命主义行为主义的色彩。而生命主义行为主义的思想方法,即为国父学说发展出来的中国思想的新倾向,也就是中国一脉相传的思想方法之现代的新倾向。

## 第四讲　结论

最后,依于研究中国思想方法论史的结果,对于知行问题,试作一个根本的解决,依照知识社会学与知识历史学的原理,我们可以发明以下数点:

第一,世界知识有三大系,印度为宗教文化,代表"解脱的知识"；西洋为科学文化，代表"实用的知识"；中国为哲学文化，代表"本质的知识"，对于知行问题的关系则凡主张"解脱的知识"者，近于"不知不行"；主张"实用的知识"者，近于主"知"，主张"本质的知识"者。近于主"行"。中国文化的特质为"人生"，为"本质的知识"，故中国实为"力行哲学"的适例，凡是正统学派，无不注重力行，以行为知之功，未有离行以求知，或言知而不言行者。宋儒宇宙观的格物，虽所重在知，而知之未有不行，所谓"欲明此理而力行之耳"（朱子）。但先知后行，其结果高座空谈，捕捉风影。因为宇宙观的"行的哲学"，主行尚不彻底，于是乃有明儒人生观的格物说：主行知合一，合知行于一人之身，然而明心见性，曰一贯，曰无言，仍是偏于主知。因为人生观的"行的哲学"，主行只限于一身，不及家国天下，于是乃有清初经世学派，以"手格其物"为教，说"圣人只要人习行，天下人尽习行，是道之明于天下也"（颜习斋）；可算彻底主行了。不幸而"知之非艰，行之维艰"一语，深入人心，遂使奋勉之气，不胜畏难之心，于是孙中山先生登高一呼，提倡"知难行易说"，以明知非易而行非难，知非易为"主知主义"，行非难为"主行主义"，分知分行，教人注重难的"知"便要注重易的"行"。注重"知"故能创造，注重"行"故能实践，这可以说就是社会观的"行的哲学"。然而"知难行易说"最精之义，乃在承认"一切知识皆从冒险猛进而来"，此种生命观的格物说，同时即从生命主义上建立"力行"的新信仰，以振作人心，而推进革命。

第二，中国思想方法为"本质的知识"，即格物致知论，又可细分为三类：一为宇宙本质的知识，宋儒主之；二为人生本质的知识，明儒主之；三为社会本质的知识，清儒迄今主之。此三种本质的知识，形成三种不同的知识类型，同时又为中国文化发展之继承的知识三阶段。例如宇宙本质的知识之探求，造成宋代的"宇宙哲学时期"；人生本质的知识之探求，造成明代的"人生哲学时期"；社会本质的知识之探求，造成清代迄今之"社会政治的哲学时期"；而现代为综合时代，即为此宇宙的、人生的、社会的各本质知识之综合的表演，即"生命本质的知识"时代。从生命的本质知识上来看，则宇宙的、人生的、社会的各本质知识，均有其历史的价值与其本质的存在。换言之，即是宋儒宇宙观的格物，明儒人生观的格物，与清儒迄今社会观的格物，均有其历史的价值与其本质的存在，而综合此各时期的思想方法，使中国知识文化的总成绩，得以万古不坠，这正是我们生命论者的知识上最大综合。

第三，中国思想方法论史的研究目的，在于明了现代中国的思想方法，而现代中国的思想方法，就是孙中山先生的"知难行易"说。知难行易说实原本于《大学》。陈乾初《大学辨》"书有之知之非难，行之维艰；《大学》之意，若曰行之非艰，知之维艰"；可见《大学》的精义——知难行易说——直到现代，才为孙中山先生所发明。他称道《大学》一书，以为"孔家最有系统的政治哲学，在外国的大政治家还没有说到见到还没有那样清楚的，就是《大学》中所说的格物致知诚意正心修身齐家治国平天下那一段话，把一个人从内发扬到外，由一个人的内部做起，推到平天下止"。这是何等明白地告诉我们，他的政治哲学方法论——知难行易说——和《大学》的关系。孙中山常对人讲《大学》之道，《大学》即是思想方法论，乃我国古圣先贤递相传习之民族遗教；所以现在不谈中国思想方法则已，要谈现代的中国思想方法，实应以孙中山所著《孙文学说》为代表。

# 中国古典哲学对于日本的影响

（一）

中国古典哲学对于日本的影响，主要的是朱子学派，朱子学的反对派，有以复古为名之古学派，实际乃提倡一种新学，即以复古名义而从朱子学里解放出来。朱子学代表封建地主阶级，是统治阶级的正统思想；古学派则代表不当权派作为封建社会里民间学者的异端思想。这一派盛于德川中期，无论崛河学派的伊藤仁斋，抑或萱园学派的荻生徂徕，在世界观上均主张素朴唯物主义的气一元论，反对朱熹的理气二元论，在宽政异学之禁时（1780），曾受朱子派的极大的压迫——古学思想产生的意义，是对于日本朱子派唯心主义的哲学革命。朱子学派也有倾向唯物主义的，是受宋张载和明罗整庵的影响，古学派创始者伊藤仁斋则除了朱舜水以外还受了明吴苏原的影响——吴苏，原名廷翰，字崧伯，无为人，明正德年间进士（《江南通志》卷一六七），所著《吉斋漫录》二卷《椟记》二卷，《瓮记》一卷，其书久佚，惟日本内阁现藏《苏原集》，其"漫录"等三书有翻刻，就中"漫录"即曾给仁斋以绝大影响，如云"何谓道，一阴一阳之谓道。何谓气？一阴一阳之谓气。然则阴阳何物乎？曰气。然则何以谓之道？曰气即道，道即气，天地之初一气而已矣"。又"道者以此气之为天地人物所由以出而言也，非有二者也。然又以其变易则谓之易，生生之谓易是也"。又"理者气得其理之名，非气之外别有理也"。——太宰春台《圣学问答》卷下，多田义俊《秋斋间语》卷一，那波鲁堂《学问源流》，尾藤二洲《正学指掌》，三浦卫兴淳夫《瓶山先生原学篇》，大田锦城《九经谈》卷一均确证仁斋之学出于吴苏原，或读吴书而开悟——仁斋《语孟字义》开头"盖天地之间一元气而已"语与《吉斋漫录》同，又其门人中江岷山所作《理气辩论》绍述师说亦引吴苏原，唯仁斋虽受苏原影响而其学所成就乃在苏原之上，苏原尚持主静无欲之说，仁斋则否——古学派之另一学者荻生徂徕，虽自立门户，号古文辞学，其古文辞受明李于麟、王元美的影响，学问则实受仁斋的影响，太宰春台比较二人，谓"若识则仁斋实为之嚆矢，徂徕虽超乘而上，所谓青出于蓝者也"。盖徂徕之学本出仁斋，而只因其好奇之故，有意与当时学界泰斗作对，《萱园随笔》痛击仁斋，仍不能不承认"仁斋之学，其骨髓谓天地一大活物，此所以逾其时流万万"——仁斋之学近吴苏原，徂徕之学近颜习斋，二者相同之处在同主张气质之性，同反对宋儒分别本然，气质之性二元论。但也有不同，即仁斋以仁义为道，徂徕以礼乐为道，仁斋非功利，徂徕主功利，但就其反对正统的朱子学成功地捍卫唯物主义而言，均可说是唯物主义对唯心主义的思想斗争，是在日本哲学史里有承前启后，奠定了马克思主义以前唯物主义思想基础的进步作用。

伊藤仁斋（1627—1705），名维桢，字源佐，初名维贞，号古义堂，十一岁始读大学治国平天下章，欢喜道"今世亦有知之者耶？"年十九作汉诗已吐属不凡，又读《延平问答》诋为破烂，自是奉宋儒性理之学，著《心学原论》《太极论》《性善论》等，均收入《古学先生文集》中，及年三十七乃疑宋学和孔孟之旨不同，考索多年，略得头绪，因谓大学之书非孔氏遗书，及明镜止水、冲漠无朕、体用一源等说，皆佛老之言，非圣人之意，于是开门授徒，始草定《论孟古义》及《中庸发挥》等书，又设同志会讲学。"仁斋家故赤贫，岁暮不能买糯餐，亦旷然不以为意。"（《先哲丛谈》卷四）1673年京师火延及书堂，仁斋手携"古义"一部而逃，侨居京极大恩寺，短褐穿身，并日而食，年五十七八尚如此，而好学不倦，且爱与人民一起劳动，教授门徒四十余年，诸州之人几无国不至，真是一个大教育家——仁斋虽基本上反对后儒的道统图，但他的复古儒学，还是从儒学之道统观念出发，以学统代替道统，道之传不在人而在书，孔孟学统寄托在所可付嘱之语，即论孟二书，仁斋之所以教人，也不出二书之外——"问先生学问之家法，曰吾无家法，就《论语》《孟子》正文理会，是吾家法耳。"（《童子问》卷下）"学者不可于圣人言语上增一字，又不可减一字。若论孟二书实包括天下古今道理尽矣，所谓彻上彻下者也。"（《仁斋日札》）——就中《论语》"若五谷之常食"，而孟子则为《论语》之义疏，而发明孔子之旨，至于中庸宋儒以为孔门传授心法，仁斋以为"孔门未闻以中传授心法也"，至于大学，则出于汉儒附会之手，"直以为孔子之言而曾子传之，可谓害道之尤"。总之孔子血脉尽于论孟二书，而论语是"最上至极宇宙第一书"——仁斋所以特别提出论孟二书，是有其思想内容的，《论语古义》总论，说明《论语》一书为"万世之规矩准则"，是因为此书发挥道德学问，"使万世学者，知专由仁义而行，而种种鬼神巫筮之说，皆得以理断之，不与道德相混，故谓学问自夫子始崭新开辟可也"……把论孟二书看做好像一幅布，有表里而无精粗，可互相发明，实际即以孟子解释论语，论语言教而道在其中，孟子言道而教在其中，此外还有"性"之一字，"夫性道教三者实学问之纲领，凡圣人千言万语，虽不堪其多，然莫不总括于此"——仁斋的哲学思想即依于性道教三者而全面展开，中庸以性道教为顺序，仁斋则以道为上，教为次，以性为尽道受教的地方。道是世界观，教是教育哲学，性包括人生观和社会哲学，仁斋由此出发坚决和宋儒的理学、心学、性学对立，而建立其所谓千古不传之所谓圣学"——仁斋的唯物主义和无神论的世界观，见所著《语孟字义》和《童子问》中，《语孟字义》劈头即标出天地之间只是物质本原气的第一性，他反对宋儒有理而后有气之说，以为天地间一元气浩浩无穷，很明白反对理一元论和所有天地的创造说。固然仁斋一元气说以天地为一大活物，近于活力说，作为唯物主义看，极不彻底，但就其和宋儒的寂静主义相对立，仍具有进步的意义——仁斋信汉儒以太极为一元气，而不信宋儒以理为天地之本原，这可说是复古儒学的特色。依仁斋以理为万物本原，此乃老氏之学，反之以气为万物本原，即是以道为万物之本原。理死而道活，理静而道动；宇宙是有动而无静，有生而无死，虽有静，静还是动的，虽有死，死还是活的，因此他提出了独创的生之辩证法——生之辩证法原理，根据于流行与对待的区别，而对待乃自在于流行之中。天地间对待都是相对的，而一元气的流行才是绝对的，至于老的虚无与宋儒冲漠无朕之说，都只是于无物之上求物，都是对于流行的生之辩证法的否定。所谓如明镜止水，都是死物，不知天地之化，所以"舍父母，绝妻子"，以清净无欲为务。相反地圣人之道，以流水为喻，是活物，"虽源泉之水，然进而不已则可以放乎四海"。仁斋的世界观，基本上揭露了宋儒唯心主义把观念的本质变成世界的创造者的企图。——世界观就造化根源上讲道，而道的普通含义只是"通乎天下达乎万世而不可须臾离"，这即是人道。"凡圣人所谓道者，皆就人道而言之"，人道即人伦日用当行之道，就是人之所以为人之道，为人而不知所以为人即等于虚生。所以"人外无道，道外无人"；实际仁斋所谓人之道，只是把封建社会的道德绝对化了——宋儒讲心性之学，仁斋认为这只是以一人之所有者见道，而非从天下所同然者见道，所以结果离开了人伦日用，反之仁斋根据论孟二书道不远人之旨提倡封建社会的道德教育。封建道德有仁义礼智信，仁斋则以为"圣门第一字是仁，义以为配，礼以为辅，忠信以为之地"；仁义乃家常便饭。人道之有仁义犹之有阴阳，仁之包义犹阳之统阴，所以孔门以仁之宗，仁义为学问宗旨——仁即是爱，仁的教育，即爱的教育，《论语》专讲为仁之方，譬如种花，仁就是花，为仁之方就是灌溉培养的方法，凡弟子所问孔子所答都是爱的教育。有教无类"言天下唯有教之可贵，而无阶级差别可言，所以孔门之学仁而已矣，仁爱而已矣"。……仁斋的教育哲学，只说人伦日用，不言无声无臭之理，自胜过宋儒，但其所云爱的教育，以为仁学止于爱，尚未免一偏之见。他的儿子东涯曾发疑问，以为"圣贤之学固以爱言仁者多，而间或似不与爱相干者，学者苟会此诀，则应其不失仁之义乎"。这是对仁斋的教育说的补充——仁斋的社会哲学以人性为基础，以扩充为方法，以王道主义为归宿，基本上是属于唯心主义思想体系。依他意思，人性是就人人所有而言，有人则有性，无人则无性，人性本善，然不受教育则不知扩充而自暴自弃；即令有很好教育，如人性不善，则亦无从有其受教之地，因此性和教是互相影响，既不能说教贵于性，也不能说性贵于教，性与教，两者犹车之有两轮，相须而不可相无，然性本相近，而教之功为大矣。——仁斋以性为人在万物之中最灵而异于万物之性，是活物不是死物，所以尽性要有一段扩充存养的功夫。他批评宋儒的人性论有几点：（一）宋儒实未知性，故说人性上不可添一物，名为性学实与禅宗之名为性宗无异。（二）宋儒以性为理，其所谓性善，毕竟落无善无不善之说。（三）宋儒的复性复初之说，出于庄子。相反地，仁斋讲性乃气质之性。孟子性善之说，即专就气质而言。——把孟子人性本善的学说，更加以扩大化，便成为到达他的理想社会的方法论。孟子说四端，言扩充，把人性扩充到极点，使人人皆可为尧舜，因而实现了封建社会的理想国，所谓"王道"。——圣学即王道，王道即仁义。仁斋重视孟子一书，以为"仁义"二字乃王道之本要，朱子派日本不革命的理论——仁斋思想毕竟受了封建社会的限制，虽具有素朴唯物主义，而一面对现实，只能向后看，陷于复古儒学的圈套。导人。

伊藤仁斋卒后继承他的学统的，"其徒半从东涯，半从天民"；天民即并河亮（1679—1718），东涯（1670—1736）则为仁斋长子，名长胤，又号憪憪斋，私谥绍述。东涯在家讲学终身不仕，所著书五十三种，关于哲学有《辨疑录》四卷，《古学指要》二卷，《学问关键》一卷，《天命或问》一卷，《复性辨》一卷，《古今学变》三卷，余如《东涯漫笔》二卷，《绍述先生诗文集》三十卷，均可见其思想——东涯的贡献，在继承家学与校订遗书，且进一步发展了唯物主义哲学，例如仁斋虽不言道统，却以学统代替道统，并拘泥于以论孟为传授心法，东涯则较彻底地反对道统论——东涯所谓"道"是以事实为根据，道是人事，不是什么心性之名；是千万人同所履行，所以不能单指具于己心之理以为道。往古来今天地间自有一个正当不易道理，天下万世之人不由此以行则不可以为人，这所谓道，当然和自己一人之所独行之所谓心法不同。——他分别"心法"与"道法"，"古之学问求法于道，后之学问求法于心"。所谓"心"乃就思虑发动上言，无所谓心之本体，亦不问心之本体为善为恶抑非善非恶，总之本心虽善而易陷于恶，所以书言"以礼制心"，孟子言"以礼存心"，所重在"道法"非"心法"。——宋儒说人心道心，是认有二心，东涯以为人非有二心，道心自在人心之中，即只有人心，并无所谓道心。古圣贤教人多就言行事实提出方法，很少言心，其言心，亦必就已发而言。心是具体的不是抽象的，才涉思虑，已属已发，亦即普通心理学所指有情感能思虑能分别的人心。——人心决不能离开物质而存在，不能离开肉体而有所谓精神的存在，由于东涯坚决捍卫唯物主义，所以对于心与身的关系，也提出了唯物主义的新观点。《闲居笔录》云"心与肉相待而生，有血肉而后有心，非有心而后有血肉也"。承认物质是第一性的现象，而意识是第二性的现象，是派生的现象，这可说是具初步的唯物主义的世界观。——东涯继承仁斋主张性善乃就气质而言，其所谓性，正是宋儒所斥之为气为欲为所谓人心。东涯从唯物主义观点，认为气外无理，欲外无善，人心之外无道心。他认为孟子之言性善，即专就气质而言，人和犬牛的气质不同，故言人性善。——《古学指要》有《性善就气而言说》，《经史博论》卷四有《性善论》，皆确定孟子乃就气以见性，而非本理以为性。圣人与我同类者，所以举同类之相似，亦可以喻性之善，《尧舜与人同论》认人性可能做到人人皆尧舜的地步，这虽只是封建社会的乌托邦，底子却包含着人类平等的观念。——东涯提倡因情知性说，因情之可为善，以证性之善。既然尧舜与我同其类，则尧舜亦当与我同其情，因亦与我同为善。东涯从事实出发，认为人性之所以善，是因情而实可验，这当然和宋儒主张复性反情之说不同。——东涯本于孟子因情以见性，故重扩充，宋儒本佛老以反其初为说，反其初即灭情，故主张复性反情，东涯《复性论》三篇即痛斥唯心主义的说教。——宋儒的复性是要人一念不动，一尘不染，如枯木死灰，东涯的因情见性，乃就人之四端而扩而充之；积小至大，充微至显，如滚雪球越滚越大。东涯在这里扩大了家学之外，更着着实实给唯物主义世界观添上了一些新的内容。——仁斋不信鬼神，又斥卜筮之说，详见《语孟字义》卷下，但他虽不认有鬼神，在实践方面却抱调和折衷的态度。东涯否认鬼神，但也只能做到敬而远之。《经史博论》卷四有《鬼神论》二篇，上篇认礼仪上有天地祖宗之灵，但否认宋儒所云万物之鬼神，即鬼神之客观的存在。鬼神只有象征性的存在，在"智"上是"不必有"，在"仁"上是"不必无"，其结论"故不穷鬼神之有无，此善穷鬼神者也"；这等于没有说，但从东涯的哲学全体来看，既然他的哲学体系是从事实出发，自应该"凡自非耳目之实接，举皆斥之以为无"。而所云"故寓吾不得已之至情于牲牢拜跪之间"，倒是他的自供。《鬼神论上》末一句"岂名其道以为鬼神哉？"，这就是根本否认有鬼神。又《训幼字义》卷八曾引梁范缜《神灭论》形骸灭时则神亦灭，又引宋张载形溃反原之说，以为古今神鬼之说大略如此。可见东涯，虽非彻底的无神论者，而在所谓神国日本看已经是渎神到了万分，谓为思想界崭新开辟之一革命思潮，亦非过言。

（二）

　　古学派之另一派别，称萱园学派。又以所重在古文辞，称古文辞派，此派不但给日本唯物主义哲学作了准备，又宣扬汉文学，对考证学派影响很大。其创始人荻生徂徕（1666—1728）即物茂卿，名双松，号徂徕，又号萱园，江户人，他和伊藤仁斋一样都是穷困人家出身，《先哲丛谈》卷六"初入居于芝街，时贫居如洗，舌耕殆不给衣食"云。——徂徕幼年曾与朱子学派撰述接触，其初教书所讲亦程朱学。四十九岁与仁斋古学决裂，作《萱园随笔》三卷，大驳仁斋，也尚标榜朱学。大概他在五十岁以前所著多为兵书及汉文的研究，五十岁以后，因读李于麟（攀龙）与王元美（世贞）之书，有所感发，尽废弃旧学而治古文辞，思想乃大改变，不但攻击仁斋，也攻击宋儒。自后声名籍其弟子大进，所著如《辨道》《辨名》《论语征》《大学解》《中庸解》等皆自成一家之学。——宇佐美佩水称"徂徕先生有独得之见，卓绝古今，每一言发，惊人耳目，胆破心服"。所著书乃至如关于音乐、军旅、法律、制度、诸子百家之学，无所不有。服部南郭作《物夫子书目记》所列三十六部之外，尚有关于政治经济之《政谈》等书。《萱园随笔》驳仁斋无所不至，虽因程朱辩护；实已可见其后来思想的端倪。且后亦颇自悔，"不佞始学习程朱之学时作《萱园随笔》，是不佞之学未成者也"、"不一时恶伊氏务张皇门庭所著，当其时实未闻道，以今观之，笔辩伤德。尟（鲜）识害道云云"——徂徕之学从学古文辞着手，"今言非古言，今文非古文"，必须"求诸秦汉以前书以识其名，名与物不舛，而后圣人之道可得而言"（《辨名》）。宋儒因不通古文辞，故其所谓道，非古先圣王之道，妄以其自创性理之说强解古书，结果便是以理杀人。又有穷理格物与一旦贯通之说，此亦为圣人之道所无。宋儒以道为人性所自有，不知道是先王所造的东西。即就人性而言，宋儒分本然之性与气质之性为二，不知并无本然之性，独有气质之性。他又反对变化气质之说，谓气质不可变，圣人不可至。——徂徕不但攻击宋儒，且进而指摘仁斋，亦不通古文辞，与宋儒同。徂徕与仁斋虽同反宋儒，而与仁斋不同有三点：（一）仁斋重孟子轻六经，徂徕轻孟子重荀子，重六经。（二）仁斋以仁义为道，徂徕则以礼乐为道。前者以内的生活为主，故重德性；后者以外的生活为主，故重功利。（三）仁斋以圣人为可学，徂徕以圣人为不可学而至；"圣人王者之德也，人人而王，岂有是理哉，亦无此事矣"。这完全尊古卑今的奴性逻辑，亦可见复古派思想的局限性。——徂徕哲学首先是他关于道的认识，他不谈天道，以为天道不可知，道即孔子之道；而孔子之道又即先王之道，先王之道乃先王所造，故又称圣人之道。——先王所造之道，实际即礼乐刑政，也就是术；所以先王之道称道术。道术之中最重要的是礼乐，道即礼乐，也是仁术，因此先王之道主仁。孔子之道即先王治天下之道，故论仁也从治天下讲起，一言一动一事一物皆欲与先王安民之德相应，故先王之道归结即安民之道。——徂徕看不起道学家们平日只以讲学为事，以为圣人之道止此。他指出"夫道者所以平治天下也，所以陶冶天下也"，把道的地位提高到为仁者安民之道，同时又指出"君子以安民为己任"，这当然有其实际的意义。——既然先王之道归于安民，然则学者所学若或不同于先王之道，或不归于安民，则不足以为道，也不足以为学；所以孔门教育宗旨，首先要学者立志学先王之道，徂徕教人亦以信圣人之言为先。他迷信圣人，以为圣人之教存于诗书礼乐，学先王之道即是学此。——就中尤以"诗书义之府"（《左传·僖公二十七年》），"书"为古圣贤大训所在，是学政治者必读书，学先王之道即是学尧舜文武以至孔子历数千载众圣人所积的智慧。诗书以外还有礼乐，"礼乐德之则"，这所谓德，即学礼乐以成其德，礼乐是就各人所学的道艺而言。"礼乐者道艺也，道艺在外，学而成德于我，故曰得于身。古书之言，一字不可易者如此。"——礼乐可称为文,学礼乐又称"学文"。孔门以文为教,即以诗书礼乐为教,至于学习的方法,他所重不在智力,而在默识的直觉方法。由于他以古文辞与事为学问主体,提倡了独特的所谓"唯物","夫古今殊矣,何以见其殊,唯其物。物以世殊,世以物殊。故君子必论世,亦唯物"。这所谓"物"不是我们之所谓物质,但也具其一种客观存在的意义——徂徕的唯物,是把自己束缚于先王之礼之物之下,一口气也不许出,结果便是极端的自卑感。《复安澹泊书》:"不佞则以为道之大,岂庸劣之所能知乎!圣人之心,唯圣人而后知之,亦非今人所能知也,故其可得而推者事与辞耳。事与辞虽卑卑焉儒者之业,惟守章句传诸后世,陈力就列,惟是其分,若其道则以俟后圣人,是不佞之志也。"——徂徕的政治经济思想,见所著《太平策》《徂徕先生答问书》及《政谈》三书。《太平策》说政治的要诀"在安民在知人",安民是仁,是人君的大德,人君之道即圣人之道,虽有众美而归本于仁,然圣人之所以为圣人,便有过人的地方,即他是作者,是当制作之时而负制作之任,然而制作是革命事情,非人人所可为。——徂徕提倡哲人政治,以为"圣人者道之所出",圣人可前知,把圣人看得有绝地通天的本领,是不可学而至,只有孔子虽非作者,却是未得位的圣人,得位即能制作,徂徕虽未说破,而似即以此自命。——哲人政治是一种复古政治思想,因也不会有什么新的内容,在这政治组织里面,有圣人也有群众,只要群众各尽所能,不必使其人人皆为圣人,这种思想还是正确的,不过更进一步,谓在这组织里,群众要绝对服从圣人,结果只有倾向于定命主义。——徂徕还提出一个"天"字,作为先王之道的大前提,这虽则假托孔子,而实反映日本的神政思想,即他自称为"神道设教"之一面,拿来和仁斋的哲学比较,仁斋学派明显是无神论,徂徕则极端偏于有神论,如《论鬼神》批判仁斋。他的唯心主义思想,更适合于给封建统治阶级服务,而距离唯物主义的真理则更远。——徂徕的政治思想也有特点,如论王霸,谓孔子未尝以霸为非;又在《政谈》中讲经济,尽管站在武士本位讲霸道主义,他的经济思想仍然是德川时代经济学者中少数大家中之一人。——徂徕思想与颜元相近,是当时的进步学者,却不是所有思想都是唯物主义,他的思想的限制性是很明显,然如攻击他的称其"诋诽先儒,以成立私议,臆说武断,大乖圣教,以害人",则完全属于诬蔑之辞,当做别论。——徂徕学的影响;以《辨道》《辨名》《论语证》三书最著,尤其《论语证》为五十三岁所作,从新学立场解论语,颇有见地。清刘宝楠《论语正义》亦加引用,在日本影响更大,赞成此书并为作注释的有宇佐美侗水、同龙洲,及太宰春台等。反对他的有朱子学派的五井兰洲、中井竹山;有折衷学派的片山兼山、山本北山、大田锦城等,徂徕学成为江户时代争论的焦点。又徂徕学传入朝鲜,朝鲜为朱子学的根据地,然如李德懋、柳得恭等均赞美徂徕;丁若镛、金迈淳等则加以痛击,因亦给李朝学界注入了一派的生气。在中国则《辨道》《辨名》于道光十六年经钱泳编次附以自序与《日本国徂徕先生小传》作为海外新书出版,藤泽东畡首得此书为开贺宴,述其颠末名《荣观录》。此为中日文化交流中之一插话。

萱园学派的成就,在诗文学方面有服部南郭,经学方面有太宰春台,却是山县周南之传其学于防长二州,并及朝鲜,是应特别加以叙述,山县周南名孝孺,字次公(康熙二十六年—乾隆十七年,1687—1752)。他所以成为"徕门第一的人物"(龟井昭阳评语),乃在学术方面贡献了唯物主义的哲学思想。所著《为学初问》二卷,《日本论理汇编》第六册本)《日本文库》第四编所改,此书与《萱园谈余》内容相同,往往被人认为徂徕著作,实则周南为初学者而作。此书持论稳健,却是徂徕学中唯物主义代表作。如云"圣贤无心法之教,形有长短则心随之长短,形病则心亦病,形尽则心亦尽;离气血无所谓人心,心者血气之精灵也"。——周南完全肯定物质是意识的来源,意识是物质的反映,物质不依赖于意识而存在，而意识依赖于物质而存在。这是以唯物主义哲学和唯心主义的教义对抗的。又《为学初问》中以礼仪为人与禽兽所不同的原因，人与禽兽同具欲望，然而人有礼仪能控制欲望，而禽兽不能，这一点，周南是认人与禽兽本质上相同，只因礼仪而有所不同，礼仪由人看来是最重要的东西，这种思想可以说是徂徕学之进一步的发展。

太宰春台（延宝八年—延享四年，康熙十九年—乾隆十二年，1680—1743），名纯，又号紫芝园，信浓人，生平事迹见服部南郭所作《太宰先生墓碑》与《先哲丛谈》卷六。春台为人方正狷介，以礼自持乃所以捍卫处士的尊严，然亦因此不能取得统治阶级的宠遇，而以处士终其身。《与南郭书》论刺徂徕赠宇士朗序，一面反映儒者生活的苦处，一方面也可见他对于"舌耕笔耕"的脑力劳动者的重视。春台于三十二岁时加入萱园社，对于徂徕之古文辞学复古学，虽有不同的见解，最后还是为师说作保卫战，且以孔门之子路自负。——春台博闻强记。著书数十种，如《六经略说》《辨道书》《圣学问答》等书皆阐明徂徕学的根本观念。"圣人之道在六经，六经者先圣王治天下之道也"；这重视六经与以道为先圣王治天下之道，均可认为徂徕学的继承。又作《论语古训》十卷亦以补徂徕之缺；"此区区所以忠仲尼而佐先师也"。徂徕尝引赵衰语"诗书者义之府也"，春台乃撰成《诗书古传》二十四卷以发挥其说。此外如《孔传古文孝经音注》其书传入中国，先刊于《知不足斋丛书》中，后刻于《今古文孝经汇刻》中，有乾隆四十一年卢文弨等序。徂徕有《孝经识》之作；春台注古文孝经，亦本出徂徕。但春台虽传徂徕之学，而往往不随其步趋，以春台与徂徕比较，春台更倾向于功利主义，尤以关于伦理方面最为突出——春台的世界观，继承徂徕"神道设教"的思想，认天为有意志的，天不是理是神："获罪于天，无所祷也。天者天也，天动物也，其心至神至妙，非人心常理之所能测也。圣人畏天。朱子谓天即理也，理死物也,如朱子可谓不知天也,理学之害大矣哉!"——春台反对日本的神道,以为近来人们所夸为"我国故有高妙之道"的"神道",实全部为后世所作无根据的邪说,而真正的神道则出于中国,他只在儒者之道即圣人之道里面承认有神,他不否认神的尊严,却反对如卜部兼具剽窃佛说所造出的神道,依他意思,神道是不可思议,非人智所能测知,只信它本来就好了。春台教学者以三字要诀,一信二断三勤,他全部学说即从信仰出发,信神,信二帝三王之道,信孔子之言,但却不信宋儒性理之说。——"宋儒不识道,以二帝三王之道合诸浮屠欺天下,惑后世,六百年来天下之人不复闻古之道。"又宋儒以性理为教,重言说,春台以礼乐为教,故不重言说。学是学先王所制的礼乐,道不是凭空想象,是要人脚落实地跟着先王之道走。——春台极端提倡功利主义,并且拿他来和宋儒主张心性之说对立,他继承徂徕的仁说,以为仁不能离开事功而言;既然仁在事功,则不必问其心术如何。"夫仁在安民,苟其德足以安民,即可以为仁,尚何暇问其果无私心否。"——因为心是活动的,故不能使之不动,而治心之说实为欺人。《圣学答问》中明言道德在于礼貌,不在内心。"凡圣人之道,决不论人心底之善恶。圣人之教自外而入之术,立身行先王之礼处事用先王之义,外而具君子之容仪者斯为君子,不问其人之内心之如何。又作《内外教辨》;极端主张伦理学上的效果说。——徂徕有气质不变之说,春台更推到极端,坚持性三品说,以与孟子性善之说对立。又因其所谓性;实即本能,故特表扬告子。他的性三品说底子里即以食色为人性,故主张"以礼制心",要依靠外面的力量来抑制人的本性,而这就是他所赞赏的先王所以导民之道。——春台的政治经济思想见所著《经济录》十卷,自序云"今余草野之民也,何敢效贾生所为,唯不胜积愤,聊吐胸中之蕴耳"。其所云经济之术,即本中国孔子之道。"孔子之道者,先王之道,治天下之道也。先王之道在六经,读六经学先王之道,而不达经济之术者,譬如医者学经方而不能治人之病，虽博闻强记多才之人，无益于天下国家为也。"此书关于经济上的意见，如主张富国强兵，主张贵谷贱货，大要与徂徕学说相近，更参之以熊泽了介的意见。此书作于享保十四年（1729），即亚当·斯密生后六年，可算日本最早以经济为名的书。更使我注意的是第十卷标榜"无为"之道，此可与其所作《老子特解》中的政治思想相参证。——萱园儒学的后劲春台，以讲先圣王治天下之道开始，而以老庄的无为主义终局，力排宋儒心性之说，而究之不能脱却老庄思想的范围，这是复古派思想的制限性之另一表现。春台在伦理学方面，重效果不重动机，可称机械唯物主义者，而一味盲从古人，提倡信仰主义，则又完全成为唯心主义的俘虏，而不可救药了。

（三）日本的阳明学

1

日本阳明学派，也是朱子学的反对派，为在日本封建社会的瓦解过程中代表民间的异端思想，此派自中江藤树创始以后，即倾向于王学左派方面发展，其代表人物如大盐中斋、吉田松阴，皆以改造世界为己任的事功派，站在市民和农民立场树立起义或革新的旗帜，此派思想体系虽限于唯心主义，但在方法论中却具有辩证法的特征；为马克思主义传播以前日本辩证法思想之一准备。——日本阳明学所以生气勃勃，我以为应该归其原因于阶级根源和它们所用的思想方法，即辩证法。阳明学的辩证法，如四句教"无善无恶心之体，有善有恶意之动，知善知恶是良知，为善去恶是格物"，在这实际生活中便包含否定之否定的精义，无善无恶是"无"，有善有恶是"有"；知善知恶与为善去恶是经过"有"与"无"的把握，而终于达到"成"的阶段。这辩证法是应用在道德学上面的无——有——成之辩证法。辩证法的根本原则为变化的范畴，黑格尔《大论理学》以"有""无""成"之三个范畴，揭穿了存在之谜，这是从"有"开始的"有"之辩证法；四句诀从"无"开始，是"无"之辩证法，这是近于佛教辩证法，而为辩证法之两个来源之一。恩格斯在《自然辩证法》中说"辩证法的思维，只有人类在比较高度的发展阶段（佛教徒及希腊人）中，才开始有这种可能，而这种思维是一直到很晚的最近才由近代哲学把它发展完成的"。（三联版）这希腊人如Parmanldes之"有"之辩证法；近代哲学指黑格尔，恩格斯虽只举佛教辩证法；而阳明学的四句诀正是佛教辩证法的继承。希腊人辩证法的公式是有——无——成，佛教徒辩证法的公式是无——有——成，希腊人的辩证法是"有"中有"无"，所有变化不出于"有"；佛教徒辩证法是"无"中有"有"，所有变化不出于"无"，"有"的辩证法其特质在主动在发展，"无"之辩证法其特质在主静在复归，东方哲学如老子之"有出于无"，周敦颐之"无极而太极"，朱熹答袁枢诗之"若识无中含有象，许君亲见庖牺来"，乃至阳明学之四句诀，均为"无"之辩证法的适例。然而阳明学的辩证法，在右派如聂双江"归寂以通天下之感"，"极静时恍然觉悟此心中虚无物，旁通无穷"；这"复归无"的辩证法，与佛教徒无二，而在左派，尤其日本的阳明学左派，则虽亦应用"无"之辩证法，然活而不死，尤其如大盐中斋《儒门空虚聚语》说明这"无"之辩证法是从无中生芽生干生枝叶，所谓孝弟忠信、喜怒哀乐、齐家治国平天下之事尽从此出，所以活而不死。例如一粒麦，埋在适宜的土上，自会生长，开花，结实，最后又产生原来的麦粒，可是并不只一粒，而是加了无数倍，这就是所谓"仁"，当然孔门和佛教徒之顽空不同。而这大盐中斋的辩证法，事实上即为日本阳明学所通用的思想方法，是和活动主义相结合的辩证法，是包涵在神秘的外壳里面之革命的逻辑。日本阳明学即因其持此自发的辩证法思想，因而成为马克思主义传播以前辩证法思想准备之一哲学流派，其中代表人物均以阳明学之四句诀相号召，在不断改善良知的基础上进行自我改造与世界改造。虽然它们的思想停滞在复古思想和唯心主义，但就其实践方面所采取的斗争思想方法，应该承认其的哲学史里具有准备一种辩证法思想之特殊的历史意义。

日本阳明学的开山中江藤树（1608—1642），初亦专奉朱子学，动以礼法自居，宽永十七年"冬获王龙溪语录读之，心病其多用禅语，后及见阳明全集乃释然曰圣人一贯之学，以太虚为体，异端外道皆在吾范围中，吾安忌言语相同哉"（《行状》）。他的学问先躬行，后文词；一生从事教育活动，不愧为日本封建社会的大教育家。——藤树传其学于熊泽番山。番山（1619—1691）名继，字了介，其根本思想为天人合一、理气合用、体用一源的良知说，已开辩证法思想的端倪。其反佛教与破灭塔寺，详见古贺精里之子侗庵《泣血录稿》中，给当时宗教迷信以一个晴天霹雳。但阳明学辩证法思想开展，尚不在于以经国济民为儒者本领的番山，而在于终其身讲学不倦、天下人目为泰山北斗的佐藤坦（1772—1859）。现在即从他开始。——佐藤一斋，名坦，字大道，称舍藏，号一斋，又号爱日楼，江户人。天资高迈，精力绝人，从事教育七十年，为儒官十九年，虽一生为封建统治阶级服务，但其感化所及，则及于统治阶级的反对派，造就明治维新的许多人物——一斋的贡献在朱子学派教团的包围之下发展了阳明学，所著《言志四录》与《栏外书》，尤以《栏外书》宣扬阳明学。他是以阳明学者而盘居朱子学的大本营昌平，导致有许多抱道统观念的人反对他，甚至如伊势龟山的儒宫某作《续辨奸论》，斥一斋为奸物。一斋虽亦极力粉饰自己，也忍不住表现其归向王学，尤以《答大盐中斋赠洗心洞札记书》，极明显道出其深信阳明学之苦心孤诣。——一斋虽本阳明，实自成一家之言，其学与邵康节陈白沙相近，精彩处乃在关于周易所著书，发挥其气一元论的主张。又《爱日楼文卷三》有《原气》《原理》二篇，主理气合一。又《言志录》谓人和物皆气所结，颇接近于素朴唯物主义，因为充塞天地间只此一气，因此主张天地万物一体观。又人物皆地，而人则为地气之精华，不能离地，此亦与唯心主义者谓人可离地升天相反，是具有现实意义。——一斋的气一元论的制限性，即他在气之一元中又分为心与物之二元，躯壳属地而精神属天，躯壳有善恶而精神则无不善。尽管如此，还不和他的气一元论的思想冲突，因地是气，天也是气；躯壳是气，精神也是气。"人心之灵主于气，气体之充也。"同是一气，心是气之灵者，性虽善而无躯壳则不能行善，这就是精神的善仍不能离躯壳而有；躯壳是恶的根源，也是善的所在地。——一斋学说的矛盾，在他的唯心主义思想体系与机械主义唯物思想的矛盾。他主张有不可捉摸的心，但不是学说的重点；学说的重点乃是《言志录》第一条机械主义的定命论，承认有傀儡似的命运，他叫做天数，又叫气数。因为"天地与我同一气，而数理则前定矣"；所以达观者知道天道人事都有必然的趋势，不但人无力，鬼神亦无力，因此最好是安分知足，知生死有命则不当畏死，"前乎我者千古万古，后乎我者千世万世，假令我保寿百年亦一呼吸间耳。今幸而为人，庶几成为人而终斯已矣，本领在此"。——一斋的机械主义世界观，否认人的意志自由，教人俯首听命于剥削阶级的重重压迫，是为封建统治社会服务，这种思想根源，一面和他出身剥削社会有关，一面也由于所用观念论辩证法思想的结果。——一斋的辩证法本于周易，认宇宙只是一个气，而气必有一隆一替。"宇宙间一气斡旋，开先者必有结后；持久者必有转化；抑者必扬，滞者必通，一隆一替必相倚伏，恰是一篇好文章。""天地间事物必有对，相待而固；不问嘉耦怨耦，相为资益，此理须商思"，"天地间事物，必有配合之理，有极阳者出，必有极阴者来配，人之与物皆然"，看得天地间对立物"能变故无变，常定故无定，天地间都是活道理"。因认充塞天地间都有对立物统一的法则，这是辩证法的思想。问题乃在这对立物统一的法则里，一斋不但不肯承认对立斗争的绝对性，甚至否认对立物斗争的必然性。他强调均衡而抹煞差别，强调统一而排除斗争，由于这观念论辩证法所得的结论，是教人乐天知命，安分守己，是以死生为一条而求所谓不生不死之神秘的境界，这当然和唯物辩证法毫无共同之处。——他所举辩证法的例：（一）阴阳。"人一身以上下分阴阳，又以前后分阴阳。"（二）动静。"静何曾不动，动何曾不静。"（三）显晦。"处晦者能见显，据显者不见晦。"（四）虚实。"山以实为体，而其用虚也，水以虚为体，而其用实也。"（五）有无。"无不生于无，而生于有，死不死于死，而死于生。"（六）内外。"自内而出，必验诸外；自外而入，当原自内。"（七）同异。"同异虽如相背而其相资者，必在于其相背者，假如水火，水生物，火灭物。水不生物，则火亦不能灭之；火不灭物，则水亦不能生之。"（八）顺逆。"大而世运之盛衰，小而人事之荣辱，古往今来皆旋转而移，犹五星之行，有顺有逆，以与太阳相会，天运人事，数无同异。"遭逆境者宜以顺境处之；居顺境者宜不忘逆境。（九）荣枯。"寒暑荣枯，天地之呼吸也；苦乐荣辱，人生之呼吸也，即世界之所以为活物。"（十）祸福。"不必干福，以无祸为福，不必希荣，以无辱为荣；不必祈寿，以不夭为寿，不必求富，以不馁为富。"（十一）满复。"凡物满则复，天道也。"（十二）进退。"进步中不忘退步，故不蹶。"（十三）宠辱。"太宠是太辱之霰，奇福是奇祸之饵。"（十四）毁誉。"毁誉，一套也，誉是毁之始，毁是誉之终。"（十五）劳佚。"劳佚形也，死生逆也。知劳之为佚，可以言人，知死之为生，可以言天。"（十六）甘苦。"药物，甘自苦中生者多有效，人亦阅历艰苦，则思虑自浓，恰好济事，与此相似。"（十七）贫富。"勿羡富人，渠今之富，安知其不招后之贫；勿侮贫人，渠今之贫，安知其不胎后之富。"（十八）老少。"我身一也，而有老少焉，知老少之为一身，则知九族之为我身；知九族之为我身，则知古往今来之为一体，万物一体是横说，古今一体是竖说，须善忘形骸而得之。"——由上辩证法无一而非对立的统一，无一而非对立之相反相成，而其要则在心不在物，是十足的头脚倒置的观念论辩证法，是反动，即因此，一斋虽提供了辩证法思想的先例，但其唯心主义的思想体系是反动的。

2

把阳明学辩证法作为革命的逻辑者是大盐中斋（乾隆五十八年—道光十六年，1784—1837）名后素，字士起，通称平八郎，其所居书屋，名洗心洞，因又号洗心洞主人。宽政五年生于阿波美马郡，幼丧母，去故乡为大阪之盐田喜左卫门子，后又转为天满町之"与力"的养子，其间备尝艰苦，造成其激烈的性格，十四岁时祖父退隐，中斋承为东"町奉行所"见习"与力"，周旋于狱吏囚徒之间，始感有学问的必要，于是适江户，入林述斋家塾。讲究儒学，刻苦励精，颇为述斋所属望，中斋亦自云"祭酒林公亦爱仆人也"。学问余暇，用力武艺，其枪术后称关西第一。文政元年（1818）以养祖父病重去世，乃返家复任"与力"，在职期间，洁身自好。文政三年（1820）富并山城守实德，从伊势山田奉行转任大阪东町奉行，频鉴识中斋的气力才能，擢为吟味役（考察人），中斋时年二十七，虽地位不离，而以与山城守相得之故，敢于和当时大阪吏人之不法无状作殊死的斗争，尤其取缔肥前的浪人所传的天主教，纠办贪赃枉法的某同僚，以及逮捕横行大阪的破戒僧寺，使其名声震动远近。斋藤拙堂《书简》云"从三都以达诸州，皆刮目圆视。吐舌骇惊，或闻风而起者有之，名声隐然动天下矣"。赖山阳亦作文称颂其治绩，"当此时子起能名震三都间，至呼其名以相怵"云，不幸文政十三年（1830）七月山城守以年老称病辞，中斋亦先期请致任，时年三十七，作辞职的诗并序，致仕后专讲学著书，以阳明之学，教授生徒。天保二年（1831）应有志者的需要，屡出讲学，三年六月《古本大学刮目》七卷脱稿，此为彼最初的著作，名之为"捆外不出之书"。又访藤树书院，深有所感，归路遭飓风，自云更体认良知之旨。以后中斋数次往小川村谒藤树书院，并集合村民讲学。天保四年于是年脱稿付印，又将札记奉献于神宫之丰宫崎、林崎两文库，又抄录《札记》中七五条托人送佐藤一斋，后又以刊本相送，请其批评。天保五年著成《增补孝经汇注》，并前作三种称为"洗心洞四部书"。中斋虽辞职专事讲学，而继高井山城守以后诸奉行均服中斋的资历，关于施政上的对题，常就咨询，就中矢部骏河守尤与中斋相善。天保七年（1836）矢部骏河守转任为江户勘定奉行，继任者迹部山城守其人器宇平庸，无知人之明，中斋甚不满。适是年夏季饥荒开始，范围遍全国，尤其大阪米市在商人操纵和粮源阻塞的情形之下，涨风大炽，饥民流为乞丐或饿死，中斋不忍坐视，乃因养子格之助见迹部山城守，请开仓库赈济，山城守阳诺而不实行，再请亦无效，中斋无可如何，乃改变方法，于天保八年一月向大阪十二家富豪建议，每家借黄金五千两，共集资六万两，买米放赈，富豪中有唆使迹部出面制止者，事乃不成。于是中斋大怒，自筹救济方法，卖却所有藏书计一千二百部，价值六百五十两，制成一万枚商品券，尽施与近郊穷民，山城守以此举为中斋沽名钓誉收买穷民，大加谴责，中斋在这一再遭拒绝和斥责之下，愤怒到了极点。这封建社会里贪官污吏与人民，富豪与穷民之间的矛盾就成为中斋爆发起义的直接原因。——大盐起义的经过及其失败原因详细的说明有历史记载，起义的影响，直到大正七年（1918），"米骚动"时，大盐平八郎尚成为日本农民起义的旗帜。他所宣传的人类平等观念，也给日本人民以福音，这次起义实际洗心洞的塾生以外，尚有总数约六十人的农民和四十多的工人，虽三四百人乌合队伍却是有计划的暴动，这只要注意到中斋所作招致近郊农民参加起义的《檄文》便知。起义原定二月十九日举行，但在二月十七日半夜因中斋的弟子二人叛变告密，乃提前于十九日晨即刻起义，队伍分三队出发，先焚毁为富不仁的豪商们的家屋，破坏仓库，散给农民。既而与山城守之兵合战不利，午后四时起义者或被逮或自杀，中斋在潜伏数日之后，终于在二月二十八日捕吏包围之中引火自焚死，时年四十五。——尽管大盐起义本身有许多缺点，究竟提出了一个符合农民要求的初步纲领，不过这个纲领乃建筑在"欲中兴神武天皇之政道，待民一以宽仁为本"；这是给封建社会服务的革命纲领，是复古不是改变社会制度，但在《檄文》中也明显表现了人类平等的思想，正如井上清所云："大盐起义时所宣传的人类平等观念，即克服人类社会的身分的分裂，和克服地域的分散一样，又是一个形成近代'国民'的最重要的基础。这两者根本都是因为反封建剥削而生，可以说是反封建剥削的外延与内包的关系。"——大盐决心发动起义，这和他所崇奉的阳明之学有关，《洗心洞札记》云："夫人之嘉言善行。即吾心中之善，而人之丑言恶行亦吾心中之恶也，是故吾不能外视之也。"他愤于贪官污吏与为富不仁，把致良知之学，从理论提到实践上面。因此我们在评价1837年的大盐起义之时，须先注意作为他的主导思想之阳明学左派的思想体系——中斋的思想可分三部分，即一为虚无主义的世界观，二为良知说，三为孝本论，而三者又相互关系，太虚即良知，良知即孝，孝即万善的归宿。《增补孝经汇注》自叙"焉知孝即万善，良知即孝，太虚即良知，而一贯之义乎哉"？又《儒门空虚聚语》附录"嗟夫不肖如予者，而非讲孝则必良知，非语良知则必太虚，思欲返支离于一贯，舍众善于一性也？"这就是说孔门一贯之道乃是以太虚统良知，以良知统孝，这种思想体系基本上乃从虚无主义的世界观出发，是无元哲学。——中斋的虚无主义是从王阳明的致良知说来，却亦多少受了张载《正蒙》的影响，王阳明说"仙家说到虚，圣人岂能虚上加得一毫实，佛氏说到无，圣人岂能无上加得一毫有"，可见与佛老只是程度之差。中斋则在这一基础上，更添上了《正蒙》，所以说

"非积阳明先生所训，致良知之实功，则不可至于横渠所谓太虚之地位"，"吾太虚之说自致良知来，然不能逃于正蒙"。——太虚之说虽本佛教辩证法，而在中斋却必须肯定这是儒家的学说，是圣人之道，实际谓为从儒家的经典出发，不如谓从其主观唯心主义出发，经典不过一种掩护，一个解释，他的主观唯心主义最突出的一点，即认"身在心内"，既然身在心内，则心既至虚，而身亦虚空无物了。把心认为第一性的，身是从心而来，这么一来，便一切皆虚，所以太虚与心为一，有诗为证："口吐太虚容世界，太虚入口也为心。心与太虚原一物，人能尽道岂惟今。"——中斋给太虚下定义，认为身外所见皆虚，此虚大而大虚，小而我方寸，彼此相通，本无分别。太虚即存于我方寸之中。我方寸即包太虚，因而悟得天人本通一，身外之虚即吾心之本体，无其虚即无其身，身可灭而太虚万古不灭，太虚乃一切活动的根本原因，是宇宙本体，同时就是宇宙，而理气皆在其中，所以说道即太虚，太虚就是理气合一。即因他所谓太虚是有理有气，所以活而不死，而和佛老的枯寂撕灭不同，中斋的太虚是有利济，是齐家治国平天下之事。《儒家空虚聚语》自序中他辨别太虚与佛老之虚怎样不同，斥佛老为"搞寂其空"，而自己则为"空虚之实学"。——中斋以为良知即太虚，"良知者天之太虚灵明焉耳"。认良知之本为无极之真，与谓心之本体为太虚，涵义相同。心元以太虚为体，在方寸之内而有方寸之虚，"心即五脏之心，而不别有心者也，其五脏之心仅方一寸而蕴蓄天理焉"。心归太虚所以能包，万物皆备于我，然而人心归太虚亦须有一段慎独克己工夫，在常人则必须先变化气质。变化气质则自与天齐一，自大公无私，自不忧不惧。心为太虚而后有真良知，才能不为外物所动，而入于无对之善，便是真乐。——然而无对之善，实亦无善无恶，而称为至善。他认为人心固有良知，故主张性善，但有善则有恶，善无穷，恶亦无穷。因善恶为相对，故必超越善恶而求无对的境界，即无善无恶的境界。无善无恶是太虚，因此认王阳明四名诀是简易明白，无可非议。——中斋即在这里，受了张载的影响，把虚无主义世界观和变化气质之说，结合为一。因此他的归太虚说，在主观唯心主义的思想体系之中，却保存着一些相反的思想因素。他常引张载"虚生仁"之语，主张虚无为宇宙间一切现象的本源，但亦不忘却现实世界中不断的自我斗争与自我改造的原理。——中斋的虚无主义伦理观归本于太虚，故由他看来，仁义礼智都不过太虚之德之用，但同时他又倡仁义不出孝行之说，即认孝行可以统括仁义。仁义礼智本出心之太虚，而人心之太虚却以孝为本。此即孝兼万善之说。——孝本论开始于王阳明在龙场的生活体验，中江藤树继承其说，倡全孝心法，中斋更加以发挥，以为这"真是孔孟之血脉，而尧舜之嫡传"，中斋曾极表同情于太宰春台之尊孝经，以为有益圣学，而与其师徂徕谓先王之道仁自仁孝弟自孝弟之说相违。《儒门空虚聚语》引经据典，大发挥其说，因为孝为德本，推到极端，竟以为"无物非孝"，"无时非孝"，四书六经所说虽多端，而归本于孝，只有孝才是真孔孟学。——中斋的孔孟学乃对于幕府朱子学的抗议，朱子学提倡忠孝二者，忠重于孝，以为封建最高统治阶级服务，反之民间儒者如藤井懒斋、贝原益轩、中井惕斋则莫不重孝，以孝为仁之本。阳明学派从中江藤树持此说，至中斋而更旗帜显明，尽管孝本说根本是封建社会的意识形态，只能给当时仍然处于封建社会的人民服务，然而此民间儒者所发出的真挚呼声，在前安藤昌益就把"孝"的涵义更推进一步。昌益提出"人乃天地之正体，稼谷之子孙也"，认农民为"养我之父"（"自然真营道"），就早把传统的"孝"字扩大化，而成为更深刻的社会关系了。——中斋的哲学虽还停滞于反动的反古，他的实践活动即1837年的发动起义，也只能代表属于武士下层所领导的农民暴动的性质，基本上是从封建社会的武士阶级的利益出发。尽管如此在他唯心主义的思想体系中，仍然存在着一些合理的内核，即其所用辩证法的思想方法，虽然观念论辩证法有许多缺点，佐藤一斋如此，中斋亦如此，不过中斋究有不同，即一斋旨在对立物的统一，教人忘形骸通彼我，教人如何各安其分，中斋则以辩证法讲明事物变化，以阐明虚无的原理。——例如：（一）顺逆。"天地之道一顺一逆而已矣。如顺境则虽不心归乎虚者，亦善应焉，而至逆境，则非心归乎虚者，不足应之也。"（二）安危。"当平生至安之时，不可无危难之念，而当仓卒危难之时，不可无至安之乐也。"（三）聚散。"昨阴而今晴，余偶与弟子步园地，忽仰天曰：今即阴而昨乃晴也哉。弟子骇曰：先生岂狂矣乎？今晴而反谓之阴，昨阴而反谓之晴，何也？曰此尔辈所知也。天今之晴，特散焉耳；昨之阴只聚焉耳，今虽散也，其所以聚者，亦充塞乎太虚中矣，昨虽聚也，其所以散，亦偏布乎太虚中矣，是故虽聚必散矣，故曰今阴。"（四）醒睡。"吾以为常人熟睡时反生，而明觉时反死矣，何哉？熟睡时身虽如死，然心无一念，则心德全矣，吾故以为反生，而明觉时，身固生活，而心起杂念矣，心起杂念而心德恶矣，故吾以为反死。"（五）生灭。"无求生以害仁。夫生有灭，仁太虚之德而万古不灭者也，舍万古不灭者而守有灭者惑也，故志士仁人舍彼取此，诚有理哉，非常人所知也。"——中斋的辩证法告诉我们宇宙的道理都是由比较而成，而辩证法对于任何事物总要看到他的反面，从正面想到负面，从负面想到正面，这种反的作用，在骨子里暗示革命家以反的心理，对于人以为美的善的而发见其非美非善的地方。如今晴而反谓之阴；今阴而反谓之晴，睡时反生，觉时反死，这种方法的暗示，在行为上无论自觉与不自觉，都把辩证法成为革命的逻辑。

3

19世纪中叶日本封建制度逐渐崩溃，同时接连而来的是外国资本主义列强的压力，使当时进步思想家与人民，团结在"尊王"与"攘夷"的口号之下，与德川幕府对立。他们本质上还是封建制度与武士阶层的拥护者，因之他们的思想也还不脱封建社会意识形态的范围，不过他们的活动和大盐中斋只号召农民而不大提出市民要求的不同，他们时代已渐具备了走向资产阶级革命的客观条件，因此他们所主张的阳明学乃更倾向于行动方面。他们的代表人物有西乡南洲与吉田松阴等。

西乡南洲（1826—1877）为近代日本政治舞台第一幕的第一场人物，是维新的三元勋之一。名隆盛，号南洲，生平崇信佐藤一斋之学，曾从《言志四录》中抄录其中最神契之一百一条作为金科玉律。南洲固非学者，然就其所心得处言，如其于死生无所着念，则分明是阳明学。《祭戊辰战死者文》开首一句"夫生者之有死，自然之理岂得逃乎"！又狱中诗："洛阳知己皆为鬼，南屿俘囚独窃生，生死何疑天附与，愿留魂魄护皇城。"这可见其从唯心主义观点出发所见生死观之辩证法。

吉田松阴（1830—1859）名矩方，通称寅次郎。又号二十一回猛士，生于天保元年，以提倡尊王攘夷，于安政六年就义，年三十。安政三年松阴有《七生说》之作，倡心不灭而理亦不灭。"斯心已与楠公诸人同，斯理岂得随气体而腐烂溃败哉！"又在谋刺间部分诠要前所作《诀别书》，亦有"近日正三位源公以七生灭贼四字见赐"之语，然此不过其早期之生死观。安政五年再入狱时，因与李卓吾的思想接触，乃更接近于王学左派，松阴二十一岁时曾有五十日间从学于佐藤一斋门人叶山佐内，晚年《与入江杉藏书》云："吾曾读王阳明《传习录》，颇觉有味，顷得李氏《焚书》亦阳明派，言言当心。向借日孜以洗心洞札记，大盐亦阳明派，取观为可。然吾非事阳明学，但其学真往往与吾真会耳。"——松阴著书甚多，中有《李氏焚书抄》《李氏续藏书抄》二种，又与友人书亦多涉李贤。读焚书极精细，随读随抄并作短评，所涉问题甚广，尤其关于生死问题，交友问题，文字问题及关于伟人豪杰与佛教事迹。安政六年二月《与子远书》："人生欻忽，百年梦幻也。惟人参天地，与动植物，去不朽更无别法。寄示手抄李卓吾之文，反复披玩，足下颇有道气，必能发悟。"又同年七月《与高杉晋作书》："贵问曰大丈夫所可死如何？仆去冬以来，死之一字大有发明，李氏《焚书》之功为多，其说甚长，约而言之，死非可好，亦非可恶，道尽心安，便是死所。世有身死而心死者，有身亡而魂存者，心死生无益也，魂存亡无损也。"——由于历史的限制，阳明学对于生死之辩证法的理解，是站在唯心主义观点，故讲七生，讲灵魂不灭，幕末志士如西乡南洲，如吉田松阴，均如此。相反地马克思主义站在唯物主义观点，认为："生命的否定是当做本质的东西在生命中包含着的。因此，生是常常和他的必然结果，即死一死是经常在萌芽形态上存在生命中的——关联着去考察的。生命之辩证法的理解，正是这样。了解这个道理以后，关于灵魂不灭的一切瞎说就一扫而光了。死是有机体的分解，有机体的死亡后，所残留下来的只是形成那有机体的实体的化学成分罢了。若说死后会留下永生的灵魂，那就不单人留有灵魂，一切有机体都留灵魂了。这种在辩证法立场上对于生死性质的简单的说明，是很足以破除自古以来的迷信的。生就是死。"（恩格斯：《自然辩证法》，三联版）

# 日本思想的三时期

## 一　小引

日本思想的发达，是从神学阶段到形而上学阶段，从形而上学阶段到科学阶段，科学阶段中虽有唯物史观与社会史观两派，但均不彻底，尤其是神学阶段的封建思想与形而上学阶段的军国主义思想，至今尚为有力的反动阶级之势力，如最近日本帝国主义者以旧式之军事征掠手段，强占东省，便是好例。不过这么一来，日本思想必然会有大变迁，即因此引起社会革命，也是意料中事。本篇为去年旧作，应纠正之处，当然很多，因现正从事《日本经济思想与资本帝国主义的没落》一文的写作，本篇且保留于此，以作研究日本之一参考。

## （一）

我们研究日本思想，是应该客观地从它固有的思想信仰说起，但日本很早时代已开始和大陆半岛交通，那么究竟能说有日本固有的思想信仰么？有的，这就是那有名的神道经典《古事记》和《万叶集》。在那里不谈什么义理教训，而只是自然成功天真烂漫的民话和诗歌的总集。原来所谓日本古代思想，都是不重理论而看重情意的，所以与其说是哲学，毋宁说是文学的。所以有像《古事记》那样的传说，《万叶集》那样的诗集，《源氏物语》那样的小说，《枕草子》那样的随笔；就是谈武士道的书，如《源平盛衰记》或《太平记》，也都不过是战争小说罢了。因为日本古代是以叙情诗人或叙景诗人，为这国民思想的表现，所以连代表哲学的名词——道——这个字，都是从中国输入来的。德川时代有一位儒者太宰春台，他说得有趣：

> 日本元来没有"道"字。近来讲神道的俨然将本国的道，说得如何高妙，但这不过是后世的虚谈妄说而已。日本没有所谓"道"，只看仁义礼乐孝悌，这些字没有和训，便可明白。所有日本元来有的东西，一定都有和训，而没有和训的，就是日本元来没有的东西了。因为没有礼义这句话，所以从神代以至人皇四十代止，亲子可为兄弟，叔侄可为夫妇。直到与外国交通，将中华圣人之道行于此土以后，天下万事皆学中华，于是此国人民才知道礼义，觉悟有人伦之道，而不为禽兽之行。现在甚至至贱的人，都把背弃礼义的视如禽兽，这是圣人教化所及如此。（《辨道书》）

因为德川时代正是日本文艺复兴运动的时代，所以许多神道学者如贺茂真渊等，出来提倡古学，而排斥从外国传来的儒佛。在儒家方面，不消说也要提出反对运动，如上面所举太宰春台《辨道书》一段，就是好例。实际则太宰春台所说，正是事实。日本文化大部分都是移植自中国文化，与来自印度而经过中国的佛家的；甚至文字的创造——假名——都是从汉学渡来以后才有的（参看田口卯吉《日本开化史》，改造文库本）。那时候日本派遣中国的留学生，不但学中国文学，考察中国的政体，还且完全浸染了中国的风俗习惯。归国以后，仍然戴着唐风的帽子，穿着唐风的衣服，吟唐诗，谈唐话，意气扬扬地，百事慕恋着中国（同上）。不但如此，政府对于这一批留学生，无论是博士，是僧侣，都异常地奖励他；治汉学的，赐他劝学田，重用他；学佛学的，给他庙产而厚赏僧侣。这时只要是"唐"的，就是好的，由留学生提倡的结果，把朝廷制度都改造了。一切模仿唐制，设官分职；因唐风衣服，来定官服，定官阶，定服色，这么一来，自然威风凛凛，政府的威严，也渐渐巩固起来了。所以就这一点来说，中国给日本文化的影响，是很大的。可是物极必反，因为模仿中国而设立盛大的政府，用费浩繁，官吏多而事务少，结果便渐渐趋于游惰的习气。又因佛法渡来，满口都是什么无常苦空，把古代武勇之气，积渐消磨，而人心流于懦弱（同上），所以结果自然生起一种反对运动。第二，日本国体拥戴万世一系的天皇，以为神圣不可征犯，是由于血族关系成立的；儒家思想主张君统相承，应以道德为主，如"汤武革命应天顺人"，和"闻诛一夫纣矣，未闻弑君也"；这种革命思想，当然和日本国体不合。所以明谢肇淛《五杂俎》（明板，和板删去此节）有一段话，说："倭奴重儒书，中国经书皆以重价购之，独无《孟子》，云有携其书往者，舟辄覆溺，此亦一奇事也。"因为孟子有那主张君臣革命的学说，不能相容于君臣关系俨然不可动的日本，所以才有这个传说。（泷本诚一《日本经济思想史》引此，但又云：德川时代《孟子》在私塾中，仍为必修的教科书。）而后来日本思想家攻击儒家，也自然集矢于此。第三，儒家思想和日本的国民性，有些不尽吻合。井筒节三著《日本思想论》有一段话：

> 在日本人的心里，缺乏人情，即是缺乏义理；所以照人情之自然，便自至于重义理。本来在日本没有"忠""孝"这些特别名词，"忠""孝""仁""义"都不过一本真心罢了。日本人的忠义心之异常浓厚，决不由于圣贤的教训，而只不过对于人情之自然，能够忠实罢了。（《世界大思想集》五十四《日本思想篇》）

他还举许多的例，证明日本思想和那道学的不自然的儒家思想不同。例如中国人印度人或西洋人，对于狎妓戏谑，在儒佛或基督教虽为说不一，却都不认为好事；但在日本则勤王志士可以和妓女一块生活，妓女们也可参加来谈谈王事（同上）。由上种种，可见儒家思想终竟和日本思想不能相容。我们现在一谈到日本哲学，好似就只儒佛的思想盛行，这完全由于我们自尊的心理，结果把日本思想的真相淹没，对于研究的对象，反为把捉不着了。实在说来，在德川时代所谓儒教，虽代替了佛教的地位，但到日本古学复兴，便儒教也渐渐自告衰微；当时的国体论和神道论，都是始而主张神儒合一，后便变成纯粹神道的思想了。

元来佛教思想是偏于出世的，非国家的宗教，所以德川时代便有儒教出来，提倡治国平天下的大道理，来代替他。如藤原惺窝、林罗山这些出佛入儒的，就是受这种影响。并且当时儒者如熊泽蕃生、荻生徂徕、太宰春台、佐藤信渊等，一般都喜欢谈经济问题，并且除徂徕和春台一派外，一般都是带着重皇室尊神祇的倾向。不过不说神道比儒教好，只在国体论或神道论里，带着神儒合一的论潮，以儒教说明日本罢了。这个典型的代表者，就是德川幕府的官学鼻祖林罗山。他著有《本朝神社考》一书，反对佛教，但他所谓神道，却是神儒合一。这种思想到了他的弟子山鹿素行著《中朝事实》，一方面虽不过以儒教思想说明日本国体，一方面则突出旧例，把日本自称为"中朝""中华""中国"。从崇拜儒教本土的迷梦唤醒起来，这实在是日本文艺复兴运动的起点。过此便入于日本思想的第一期——神学思想的时期了。

（二）

我们试读会泽正宗著《新论》的一段话，便可明了日本思想的根本精神，是从一种王朝传统的神国论出发的：

谨按，神州者，太阳之所出，元气之所始，天日之嗣，世御宸极，终古不易，固天地之元首，而万国之纲纪也。诚宜照临宇内，皇化所暨，无有远迩矣。而今西荒蛮夷，以胫足之贱，奔走四海，睬躏诸国，眇视跛履，敢欲凌驾上国，何其骄也。地之在天中，浑然无端，宜如无方隅也；然凡物莫不有自然之形体存焉，而神州居其首；故幅员不甚广大，而其所以君临万方者，未尝一易姓革位也。西洋诸蕃者当其股胫，放奔走舸，莫远而不至也。

这种日本就是神国，日本天子就是神孙的神话思想，实在离奇怪诞极了，却也有一种政治的背景。就是那时日本已开始受欧洲各国强迫通商，已经不能再保守它的锁国主义了。在这时代，唯一的慰藉，就在恢复他们的自信力，从思想上面，确立日本精神和尊皇的思想。我们不信，请看田口卯吉所著《日本开化小史》第十三章，论到德川治世时代，勤王风气怎样发达的事，而指出它第一个的原因，就是由于神道隆兴，与共和学之渐次发达。这神道就是那时复兴本国思想保护本国精神的一个大计划。固然那时也有儒者如赖山阳等，和神道主义不同，而更极力尊崇王室，可是从大体来看日本的文艺复兴，是一种国家的自觉运动的起点，他们那时讲勤王，讲复古，都是以神学复兴为运动中心的。《日本开化史》讲神道思想的发达，最为明了，试译一段如下：

盖神祇之说，起于王室衰微，镰仓政府兴立之顷。后鸟羽院时（一千九百年代中顷），卜部兼直著《神道大意》，其后度会家行著《类聚神祇本源》；南北朝战争时，北亲房著《元元集》及《神皇正统记》，于是神道之说，稍稍具有规模。其后从足利氏至战国，神道全衰，无书可读。及德川氏平定海内，儒之留心古事者，兼研究及之；林道春、山崎闇斋、新井白石皆有著书，闇斋尤心折之。而和学者真渊、宣长笃胤等诸子，又热心主张，使人人皆知我国为神国，神之子孙，世世登于天位，世界无比。因神道之推行，尊皇统之风大盛，而何关于热心宗门者之理论耶？信我皇祖先为神，勤王之风又从发生，此风酝酿人心，至于高山彦九郎、蒲生君平辈，叹主室之凌夷，游说诸侯，鼓舞士民，而显其不顾身命之热心。

由上可见日本思想从客观的见地看来，确是由于第一期复古神道发展出来的。所以在井筬节三《日本思想史》也说："自真渊、宣长，成立了复古神道，而后古来思想，由这些人们，才始成为纯正哲学。"（《世界大思想集·日本思想篇》）现在我即本此事实，将这些学者们的思想，大概说述一下：

（一）**贺茂真渊** 他是日本哲学的开山祖师。文艺复兴最有名的中心人物如本居宣长，就是出自他的门下。从他以后才把古代为中国、印度思想遮住本来面目的日本思想，恢复起来。他著书七十余部中，很多都是关于日本古代思想的研究。最重要著述为《万叶集》二十卷，最具体地说出他哲学的是《国意考》一卷。这书卷数虽少，但就他向当时儒教思想，作大胆的批评这一点来看，可以算做划时代的著述。他的中心思想，即所谓"万叶主义"；依据《万叶集》一书，而发挥国学的精神，论古日本的国民性、古文明等。他把《万叶集》之文学的诗的境界，理想化为那简易、自然、朴实、雄伟的古文明；因而应用到道德、政治等方面，而提倡复古。他以为上古的文明，都是一任人情自然，是不离人类的大道的。像中国的儒教，印度的佛教，都不过是"大道废，有仁义"，有多大价值？他在儒教全盛时，大胆地提出日本思想的神髓，这实在是很可惊异的一桩事。尤其是当时尊重儒教的中国，已为蒙古人种征服，那些儒者对于异族的征服者，还是低首称臣，不敢反抗；这在真渊看来，好像很不服气似的；故为拥护他本国传说的文明起见，不免提出反对的意见。即根据于这反对意见之国家的自觉，因而提倡神道，提倡王政复古，高唱尊王的精神，这是不待说了。

（二）**本居宣长** 他是日本文艺复兴运动的中心人物。最初游学掘景山之门，治儒业，同时读契冲著书，发见了古学的兴味。32岁时，遇加茂真渊来游，为其门人，越发注全力研究日本古学。前后发表著书，合计58种，182卷，声名隆隆，游于门下者，有140余国，其数480人。后来平田笃胤批评他，如孟子赞美孔子一样，说"此翁学问博大，实生民以来所未有"，因而推之为日本第一大思想家，可见影响是很大的。他著书中最可看出思想系统的，为《直昆灵》一卷，《葛花》二卷，《玉胜间》十四卷，《入学问答》一卷，都是提倡国粹论，尊重日本古来传说，成功了振兴日本国学的大势力。他最大的著书，为《古事记传》，《直昆灵》一书，本即《古事记传》，第一卷的一部分。原来他的根本学问，在从文献学方面，研究上古人的宗教意识；他在那保存传说真髓的古典中，最看重《古事记》，以为把这书除去从来儒佛派的解释，便可完全看出古代人之素朴的神观、世界观、人生观。他的意思，以为人的知识有限，经验以外是不可知的，这不可知界，即是神的世界。神之灵妙活动，所谓产灵的活动，形成宇宙万有；同样地由此活动而成的天照大神——日神且为国家的祖神——受神敕，从神代以来，支配日本皇室，这便是神的化身。所以现在皇室本国，能够国土丰饶，国民正直忠厚，这都是受着神的恩赐；而国民所应遵守的大道理，不消说也就是敬神与忠君了。对神而绝对的信赖，绝对的感激，不但善神可以希望幸福，即怒神亦当使之平和失怒，以免祸。同理对君主也和神一样，应绝对忠顺他；就是不听君主，做臣子的也应尽忠力谏，不听即以死继之，但决不可背君（见《光波招学大辞典》）。这种思想，自然和儒教思想冲突。所以由他看来，中国叫做圣人之国，但所谓圣人，是怎样的人物呢？如在中国，尧、舜、禹、汤、文、武、周公等所谓圣人名流，哪一个不是夺人之国，擅自称王？不但如此，要防备那不能夺国的反叛者，立下许多仁义礼让孝悌忠信这些德目，去教训他，拘束他，这教训即此谓

"道"。可是教训上说"道",和事实上的道,是不可混同的;所谓圣人那是能说而不能行,结果安得不流于伪善?所谓"大道废,有仁义";仁义之道,恰好是大道废后的教训罢了。然则所谓真正无上大道,是什么?宣长说:大道不要名目,只是人情之自然;在君臣父子之间,看重血族关系,而守着相互的情义,这便是人伦的大根本。他的思想似乎很受老庄"道法自然"思想的影响;但在看重人伦方面,又大不相同了(《日本思想史》)。

(三)**平田笃胤** 他幼时学汉籍、医术,20岁后在江户备尝艰苦,或为消防夫,或为商家的炊夫,是从苦学出身的。享和元年,读本居宣长著书,起研究日本古学之志,愿为宣长的门人。不及受教,而宣长死,于是一意著述,反对从来盛行的儒佛二教,大大提倡日本固有的神道,阐扬日本的尊严,以此为终身目的。书约80种,数百部,关于古学方面的,有《古史成文》《古史征》《古史传》《玉襷》《灵能真柱》及其他讲演笔记,如《古道大意》《伊吹于吕志》《悟道辨》等,可谓以古学睥睨一世的大师;门弟子多至数千人,可见影响是很大了。他一生批评儒佛,批评从来的神道,甚至触幕府忌讳,把他监禁起来。评儒教的书,有《西籍概论》四卷;痛骂佛教的,有《出定笑话》三卷,而最便利于研究他神道哲学的,却是前面所举讲演性质的《古道大意》及《入学问答》二种,思想比本居宣长更富于宗派的热情;因那更急迫的时势,使他不能像宣长似的单靠绝对的他力信仰了,他更要向文献学的研究努力,使之发达成神学的宗教系统。所以日本神道到他手里,才算完全建立。他的开辟说,和主张灵魂不灭,似很受耶稣教开辟说及究竟观的影响。把这种思想和他宣传的皇国主义、忠君主义联合起来,结果就是超越死生之精神的表现了。至于"平田派神道",以后发生派别很多,现在已无暇多举,只好表过不提。

(四)**佐藤信渊** 他和笃胤同时,可算笃胤的门人。他受了先生影响,主张"据天地开辟之说,则其余的国都是荒唐的;只有皇国的古传，才征实可靠"。因此著《天柱记》及《熔造化育论》。他的经济思想，见于《复古法》《垂统秘录》诸书的，很和宗教的社会主义相近。不过那是绍述《礼记·王制》思想，实用起来，才借用神道设教罢了。

总之，以上所述宣长、笃胤哲学，虽荒谬达于极点，却正是明治维新思想的原动力。在明治二年，尚有"宣扬惟神之大道"的诏语，并置宣教师，大大鼓吹神道，至今不失为有力的反动势力。然而神道的精神，实在到佐藤信渊，便没有什么发展了。如把德川时代的神道思想，比成西洋思想史上的文艺复兴，则明治维新实好像"启明运动"似的。所以明治时代，神道思想便只剩得糟粕，没有人去注意它。于是神学时期一转而为形而上学时期；西洋文明输入，那宣长、笃胤的遗业，和尊王攘夷的滥调，都已成废话了。虽则日本至今神社制度还未消灭，但从思想发达的阶段上看，明治时代的维新精神，已完全根据于个人的和国家的自觉运动，较德川时代只以宗教为中心的神国观念、保皇观念，当然是要进步多了。

（三）

三宅雪岭著《明治思想小史》（《大正文库》之内，丙午出版社刊）说及明治思想界，当时儒者大师死了一个，又死一个，同时儒者渐渐消灭，只剩得儒学和汉文学，还保存着。所谓和学呢？大概只以解释古代的言语文学为事，在世间也没有什么特别活动。当时一般思想，以为最适合于治国平天下，如法律制度、治国方法等，与其模仿汉唐，不如从欧美去得到知识；至于学术技艺，更非采自当时所谓"洋学"不可。最重要的，是"尊王攘夷的思想，几经变迁；尊王变为立宪政治，攘夷经二大战役，把帝国进于强国的位置"。所以我们如果说明治的思想界，实际应该以西洋思想做它背景，即由于西洋文明输入，同时发生了新系统的哲学思想，即受刺戟于西洋思想，而促成日本种种的新思想；其结果便发生与传说思想绝不相同之哲学思想的潮流。关于这一个年代，我们最好参照井上哲次郎的《明治哲学的回想录》（《哲学讲座》）、土田杏村的《日本中国现代思想研究》二书，和桑木岩翼《日本哲学界的倾向》一文，兹请就此略为叙述：

原来日本自明治维新（庆应三年，政治的大改革）以来，即极力模仿西洋文明，尤其在明治开始的二十年间，这种努力是最明显最活泼地表现着。当时主潮，是将外国的物质文明输入日本的一种努力，其精神则为一种浪漫主义；所以土田杏村把这运动潮流，叫做"国民的浪漫主义"，是很对的。那时派遣留学生到海外很多，在各学校教育，须学外国语的，才算正式学生，只学日本语的，反算做变式学生。把一切古代传统，看做"腐化"，要根本废弃它，推翻它，而讴歌着新时代所谓"开化文明"。甚至有人主张改良日本人种，须取入优越的西洋人的血液；有的主张取消日本语，采用英语为国语的；可见"欧化"思想，在这时代是怎样发达。更可注意的，即那时和外国学者的关系，前后聘请美国的Fenollasa、英国的Cooker、德国的Busse及其后任者Koeber（井上），这些教师对明治哲学的兴隆，是很出过力的。不过就明治初年输入日本的外国思想略述起来，实含有三大潮流：第一，英美功利主义的自由思想；第二，法国的社会自由主义；第三，德国的国家主义。这等思想潮流虽各不相同，但其一贯的根本要求，却都在形成"国民的浪漫主义"。现在试略说一下；

（一）英美功利主义的自由思想与进化论。——明治初期哲学的一般状况，在极力介绍19世纪初叶的英国哲学者边沁（Bentham）、密尔·约翰（J.S.Mill）、斯宾塞（Spencer）和巴克儿（Buckle）等学说。至其影响于实际社会，和民间学者之间，在这里我们不可不特举日本新文化的先驱者福泽谕吉了。他的功绩，第一，在打破当时轻实业不尚功利的风气，并且创立了大学"庆应义塾"；至今在这学校，还出不少有力的实业家。第二，他著《西洋事情》《福翁百话》等书，用平易浅显的语体文，介绍西洋一切事情，使国民知注意文学革命。第三，他大胆地说"天在人上，不能造人；在人下的，也不能造人"，因而主张国民平等的权利，大大提倡德谟克拉西精神，独立自尊的精神，这是很可注意的。次之他方面官立大学中，如帝国大学的职员们，因受美国动物学者Morse劝诱，人人热心于研究斯宾塞和达尔文，这些属于19世纪后期的英国思想家，不消说边沁、密尔·约翰也是认为很重要的。再在进化论者之间，可分为两个学派，一为斯宾塞派，以外山正一教授为代表；一为赫克尔（Haeckel）或德国的进化论派，以加藤弘之为代表。此外我们也不要忘却了丘浅次郎，他对于日本动物学和进化论方面，有很多贡献的。不过他和加藤一派立足于国家主义者，全然不同，是完全倾向于德谟克拉西精神的。他著书有《进化与人生》《烦闷与自由》《进化论讲话》等，我国均有译本。无政府主义者大杉荣，他独特的思想，也常常感着兴趣，这就可见他的价值了。

（二）法国的社会自由主义——法国思想，在日本得到势力，是在英美自由思想流行以后，即当明治十五年前后。原来维新革命的潮流所及，使一般民众自然倾向于急进的德谟克拉西精神，对于这种批评的破坏的空气，最适宜的，不消说是要欢迎法国的自由思想了。这时代表思想家可举出的，如中江笃介（即中江兆民），他是主张劝大家读法国书，学法国语，把法国哲学思想介绍到日本来的。他是卢梭的崇拜者，首先把卢梭的《民约论》翻译过来，自著书有《一年有半》《续一年有半》（一名《无神无灵魂》），曾受人非常欢迎。此外如孟德斯鸠（Montesquieu）、福禄特尔（Voltaire）等思想，也有人介绍。当时从法回来，现为日本元老政治家的西园寺公望，在那时也是个自由主义者，虽然时间很短，但他发行的《东洋自由新闻》，使人人知道口唱"自由！自由！"，这和日本政党的发达，是很有关系的。而这根据于法国自由民权思想成立的政党，就是板垣退助组织的自由党。这一党主张自由民权,要主权在民,及肯定国权的扩张,他们的行动,拿来和根据于英美自由思想成立的立宪改进党比较一下,不消说是泼剌有生气多了。

(三)德国的国家主义思想——德国思想,比英美法的思想输入的时间稍后,可是它势力延长的时间最长。因为这种思想倾向君权主义,和日本国情较为合适;且在法国自由民权思想发达之后,自然物极必反,要向那反对的方向进行。当时如黑格尔(Hegel)、尔脱曼(Hartmann)、谢林(Schelling)、洛慈(Loze)、赫尔巴(Herbart)等哲学,都有人介绍,并且渐脱离政治哲学的倾向,而开始注意于纯粹人生观的哲学。如井上哲次郎,就是主张德国观念论哲学最有力的。恰好当时首相伊藤博文,采用俾斯麦式高压政策,压制民间的民权自由思想,结果一般官僚政治家,不消说更要乘风掌舵,来欢迎德国君权主义的哲学了。直到现在,德国思想的正统派,仍然做成巩固那反动的日本官僚主义的基础,这是很值得研究的。

在明治初期,能独标一帜,把主观的个人主义倾向推到极端的,我不能不首数高山樗牛(林次郎)了。我是非常钦佩他的。以为只有他那种情热的感伤的怀疑的精神,才真可代表日本的启明运动。在那短生活中,他以无比天才的文笔,纵横议论;他的思想,不但掀动一时,至今读他文章的,还是感动不少。并且他最早介绍尼采思想给日本人,而他自身,他不失为一个"日本的尼采"。

(四)

上面讲过日本哲学的发达,是从西洋输入,而归结于德国的正统派哲学的。英美法的哲学思想,在日本没有多大影响,就是代表这种倾向的,除少数批评家如田中王堂(喜一)以外,几乎没有。所以我们讲到日本思想的第二期,为方便起见,可完全用德国的正统派哲学代表它。这派哲学起于明治中期,以至大正十三年地震为止,势力很大,至今尚为大学里研究的中心。依我意思,这理想主义哲学的发达，又可分三小时期。不过在没说到形成官学的正统哲学以前，我们应该注意那提倡生命哲学如叔本华（Schopenhauer）、尼采（Nietzsche）、柏格森（Bergson）、詹姆士（James）的著作，在日本也不是绝对没有，也不是没有翻译，并且影响文学批评，势力也就不少。只是据实来讲，这些都不能算日本近代哲学正宗，而只好说是别流，且除介绍翻译以外，我们也几乎不易举出那可代表这派哲学家的名字。反一面来看德国派的观念论哲学，则成就之大，却出人意外，且已渐渐和东洋思想融化，而成一新的哲学系统，如西田几多郎就是好例。现在试把日本讲坛哲学分作三小段来讲：

（A）形而上学派　在这里我没有意思去举那标榜"南无绝对无限尊"，在中国还有名的井上圆了，因为他的思想和同善社一流江湖哲学一样，无讨论的价值。我现在试举几位比较对于西洋哲学研究很深的学者，即从井上次郎说起：

其一，井上哲次郎　他是日本哲学界的元老，著《日本朱子学派哲学》《日本阳明学派哲学》《日本古学派哲学》《哲学辞汇》《哲学丛书》等等，在早年实在是有力的思想家。明治二十五年他著《教育与宗教的冲突》一书，一面反对基督教，一面批评唯物论。他说：基督教不认国家的差别，且教理看重未来，轻视现世，和教育勅语的宗旨不合，尤其和日本国体不能相容。自他著作发表以后，基督教徒起非常恐慌，遂唤起明治思想史上罕有的论战。不但如此，他又站在理想主义的立场，不绝地和唯物主义、功利主义、机械主义的主张者如加藤弘之、元良勇次郎等论战，而归宿于观念论的哲学的。他在《明治哲学的回想录》结论里，说自己屡在《哲学杂志》提倡"现象即实在论"。关于本体的实在，大体是要经三阶段的，第一阶段为素朴的实在论，即一元的表面的实在论；把现象照样地看做实在，这是最低级的看法。其次是二元的实在论，即分别实在和现象，以为实在是在现象里面；好似舞台和后台一样，现象若是舞台，则实在便是后台。但这种思想也是很误谬的，因此便提出他自己对于实在论的见解，就是"融合的实在论"，此谓"现实即实在论"。这就是说，现象不能和实在分开，现象即实在，实在即现象；换句话说，就是超越现象和实在的对立，而达到真实的一元观，这就是所谓圆融无碍的境界了。

其二，西田几多郎　他是创立日本最高哲学系统的一大哲学家。差不多日本学界，一讲哲学便要联想到他。土田杏村评他说："对外面的社会问题，没有多大兴味，而且他的眼光，只管向内寻求。他的思索，虽具严格的论理，可是表现方法，则全如诗人的独白。就他看，好似什么地方，有东洋的清僧之感似的。"（《现代思想研究》）他的哲学体系，据《思索与体验》自序所说，则一方面从柏格森纯粹持续的哲学说里，得着"同感"，即体验方法；一方面又从新康德派黎卡特（Rickert）的纯论理主义中，得着"反省"，即思索方法。他的思想中心，即是把思索体验着，又把体验思索的一种综合系统。以后著书，如《自觉里的直观与反省》，还是这种意思。他说："直觉就是主客未分，能知和所知合一，当下不断进行的意识。所谓反省，是站在进行之外，翻转过来看的意识。"于此而有一物，判明此等，二者之内面的关系，这就是所谓"自觉"。在自觉里自己以自己作用为对象，而反省他；同时反省者，直接即是自己发展的作用，因而进于无限的动的统一。这种思想，在大正十四年发表《动的东西》（昭和二年刊入《由动的东西到看的东西》一书之内）格外显出他独创的哲学体系。依他意思，时间不只是动的，时间的背后，非有不动的不可；非有永远的现在不可。在动的东西之中，有不绝地映镜般映着动的那个"知"，直观的根底，非有这映其自身的知不可。而知动的，却正是动的极致，所以又说："从物的概念，而至于动的概念；从动的概念，可想到无动的概念，这是因自己之中，映着自己，遂到达纯作用的观念。"所以"成为艺术的直观的创造意志的统一，不可为无的统一"。去年一月发表《一般者的自觉体系》，因有"绝对无的自觉"之说，谓"看的和被看的都没有，色即是空，空即是色"；可见西田哲学，归宿仍在融会贯通，以建立东洋哲学的新系统。

其三，西晋一郎　他的哲学，是建立于黑格尔哲学的形而上学上面，因而主张发挥民族国家的个性的。他的主著《伦理学之根本问题》（大正十二年），依他意思，实在就是意识，只要有意识，即是有实在；而意识有种种阶段，意识根本，即所谓"自意识"。自意识是自己认识自己，已达到主观客观合一的境界；认识和实在合一的纯粹意识界；于此境界，便艺术和宗教、道德，合一相通。他的思想带很浓厚的东洋色彩，以为最大的积极，只建立于消极的否定之上，唯无为才能大有为；这一点不能不说是东洋思想的一大表现了。

其四，纪平正美　他的哲学，元本于菲希特（Fichte）和黑格尔，而参合东洋思想，是彻首彻尾为一个形而上学体系的。主著有《行的哲学》（大正十二年），他所谓"行"，和西田的"自觉"，西晋一郎之"自意识"说法相当。用一个比喻说明：当一个画家描画时，尽管画家生活外面的条件如何变迁，画家本身只要向着画布，便可不顾一切报酬，在他画布上，一点一画地画，以至于画之完成。他虽不是完全忽略外面的因果法则，可是他自己却含有把自己规定着的作用，这种作用，即所谓"纯粹行"。这种行的哲学，由他说，就是新意味的哲学概论，并且同时即是伦理学。伦理学的真对象为国民道德，所以行的哲学，又可算国民道德的序论。他的思想，实在带东洋的色彩最多，甚至使用术语，都要取自东洋，以为外语是不能表现自己哲学的；这就可以充分证明他的倾向了。

（B）认识论派　上面几位哲学家，都是想组织一个形而上学的。对此在同属讲坛哲学当中，却有与以上诸家全不相同，而严守着认识论的立场一派。

其一，左右田喜一郎著《经济法则之论理的性质》《经济哲学问题》《文化价值与极限概念》等书,他的立足点,在发展黎卡特的哲学,要把经济学方法论和康德哲学联合起来。一方面根据于经验论,一方面又不陷于形而上学,严密地保持论理主义的立场。

其二,波多野精一著《宗教哲学的本质及其根本问题》,和左右田的哲学同样地站在严密的批判哲学的立场上。

其三,这时候,山内得立译黎卡特《认识的对象》(大正五年),佐竹哲雄译《文化哲学与自然哲学》(大正十一年),田边重三译《历史哲学》(大正十一年),松原宽将温特尔班(Windelband)的《哲学之根本问题》(大正十五年)译出。在历史哲学方面,元以社会学家著名的米田庄太郎,也将Mehlis的历史哲学,为详细介绍,刊行《新理想主义的历史哲学》(大正九年),又出《黎卡特的历史哲学》(大正十一年)一书。板垣鹰穗发表《新康德派的历史哲学》(大正十一年),其他重要论文散见各杂志的还很多,可以见当时对于新康德派研究的新倾向。

(C)现象学派　在形而上学派和认识论派二大系统之外,最近青年哲学者中,不少既不满意温特尔班、黎卡特等严密的认识论的立场,又不欲突入于真正意味的形而上学,于是自然而然倾向于所谓"现象学"(Phanomnologic)了。这一派原来在德国发生,最有名的即胡塞尔(Husserl)、海德格(Heidegger)、雪雷(Max Scher)等。他们反对心理主义,主张论理主义,和日本一向哲学的倾向吻合;他们提倡"本质的直观",和一般"体验"之说亦不冲突。故自近年山内得立出版《现象学叙说》(昭和四年)以后,影响便很不少;《理想杂志》曾为海德格、雪雷发行专号(昭和六年五月第二十三号);京都帝国大学则为山内得立特设一讲座,这就可见日本讲坛哲学的最近倾向了。

(五)

日本讲坛哲学是代表思想发达第二期的倾向的,因此他们在政治上面，差不多没有例外的对于历史主义的究极，高唱着国家主义。并且以为国家在哲学的意义上说，是绝对不可侵犯的；这种思想到现在，当然是不能成立了。所以土田杏村论到讲坛哲学，有如下严格的批评，这是正当的。他说：

讲坛哲学者所以误解社会问题或国家本质的根本理由，是由于他们从来缺乏这些社会科学的知识，所以今后的讲坛哲学，非十分保持这种知识不可。

直到现在，讲坛哲学者还没有正当承认当代的新社会思想，例如他们之中，一个也没有像Karlvorliinder一样，自己标榜自己是社会主义的。对于新兴的劳动运动，至今还在冷眼相看，即当批评时候，如纪平那样，分明地否定着它；不然也是抱着否定的倾向。他们无论何时，总以为这些新社会运动，是发生于物质的要求，没有什么意义。并且这些问题，不过是与人格的内面性，全没交涉之外的东西；在这点，把他们（讲坛哲学）个人主义的倾向，最露骨地显现出来了。

实际，他们何尝不想注意到社会问题，即如桑木岩翼所著《哲学改造与社会问题》一书，把社会现象当做一个文化现象来看；左右田喜一郎曾编辑《新康德派的社会主义观》（大正十四年）一书，不过他们的社会思想，因带着很浓厚的讲坛哲学臭味，终不可和第三期的社会思潮一例并看罢了。我记得大前年早稻田大学教授永井亨著《日本思想论》，副题为"从国家思想到社会思想"，这是一点不差的。日本思想从大正十三年大地震以后，便是一个大转期，他已经不是第二时期的国家思想，而进入于第三时期的社会思想。许多杂志中，有"……学之转型期"，这"转型期"三字，实足以说明由大正后期以至昭和现在的新倾向。

在第二时期转到第三时期之过渡期间，出了不少所谓文明批评家。一方面对于专门哲学，烦琐的、观念的哲学，或讲坛哲学表示不满；而倾向于机能的、动的，于社会生活积极关心的态度。由此批评社会，乃至批评文明，他们在这一点，可算站在三时期前哨线上的思想家。最重要有名望的，如田中正堂（喜一郎）、杉森孝次郎、长谷川如是闲（万次郎）、金子筑水（马治）、北吟吉、室伏高信、阿部次郎这许多人。有的从积极方面，提倡行动主义的，如长谷川如是闲；有的从消极方面，力说文明之没落的，如室伏高信；有的从哲学出发，如金子马治、北吟吉；有的从文艺出发，如阿部次郎；有的倾向彻底个人主义，标榜象征主义文明的，如旧中王堂。然而最能唤起我们注意的，却是杉森孝次郎对于社会问题的批评态度。他痛驳现代哲学，以为"他们说'经验'也罢，'实在'也罢，在一切所谓现代哲学上，简直只是一套空话；所谓价值，所谓当为、规范、理想和真美善，都只是不聪明的幻境；在某意味上，简直可以说是不聪明及不正直的混合。这么一来，在哲学以外虽可得到一切，单在哲学，却的确什么也没有了"。"例如在现实，为着家庭问题，绞却许多脑汁；但在哲学连家庭这个字都不提及，这正是现代哲学一般的方式。那末如此哲学，除却滥用文字，或言语之浪费以外，还能够得到什么呢？"他这一段批评，真是把讲坛哲学攻击得体无完肤，站不住脚了。至于福田德三、大山郁夫，一个是历史学派的经济学家，一个是彻底的马克思主义者，他们那种煽动的批评，有体系的学说，当然比批评家还要接近实际社会多了。现在我为方便起见，对于第三期的代表思想家，先提出几派研究；

（A）无政府主义派　自幸德秋水于明治四十四年为大逆事件，死于苛政以后，日本无政府主义即以大杉荣、荒畑寒村、石川三四郎等为代表。大杉荣死于大正十二年关东大震灾时，他的性格像巴枯宁，学说像克鲁泡特金，实在可算日本有数的无政府主义的指导者。著译有《相互扶助论》《求正义的心》《脱出日本记》等，据他自己告白，很显著的是个理想主义者。他以为"劳动运动是劳动者的自己获得运动，是自由自治的生活获得运动，是人类运动中的人格运动"。他很反对俄国的布尔什维克革命，这是很当然的。震灾以后，日本对于强权的共产主义而主张自由联合主义乃至无政府主义的，尚有不少的团体、刊物，如"黑色青年联盟""农村运动联盟""自由新闻社"等。石川三四郎曾著《西洋社会运动史》等书，关于无政府主义的小册子，也很不少，但他是属于和平派的。尚有安派刊物，如高群逸枝的《反抗强权》、加藤一夫所编《大地》等，在实际运动上，仍有一部分潜势力。

（B）社会主义派　高岛素之以译马克思《资本论》著名，但他却是一个国家社会主义者。他如堺利彦、山川均、安部矶雄，他们早年都是社会主义运动的主将，对于介绍马克思派学说，很卖过气力的。尤其堺利彦是日本社会主义运动的先驱者，首创卖文社，著译有《社会主义研究》《乐天囚人》《唯物史观的立场》等书。山川均在大正十年发表《方向转换论》，主张无产阶级运动的大众化，这在日本社会主义运动史上，是篇划时代的论文，尚著《资本主义的机巧》《无产阶级的政治运动》《左翼斗争》《资本主义以前经济史》等。他努力于介绍狄慈根（Dietzgen）哲学，我们知道狄慈根是主张自然一元论的，思想很和费尔巴哈（Fenerbach）接近，因此山川均的思想和纯马克思派的河上肇等，不能相合。至于安部矶雄曾著《社会问题概论》，自选举失败以后，在日本思想界，似已忘却他了。现在日本思想界最有影响的，却是那介绍辩证法的唯物论同情于布尔札维克革命的几位思想家，如福本和夫、佐野学、大山郁夫等。他们前前后后一面从事实际的政党活动，一面专心著译。如佐野学著《无神论》，大山郁夫著《政治之社会的基础》《现代日本的政治过程》，都是很有名的。但在这里，我且举出三位代表辩证法、唯物论的学者来说，且加以批评。

其一，福本和夫　他著《社会的构成及其变革过程》《理论斗争》《方向转换》等书，最可注意的，是他所著《唯物史观与中间派史观》，一面批评高田保马的第三史观，即社会学史观；一面批评河上肇的唯物史观，为经验批判主义，而均称之为中间派史观。他是注意唯物辩证法的，所以唯物辩证法的介绍，经他后，便有多量的译作出世。虽然现在福本主义已经没有大影响了，但对于他批评的批评，如土田杏村在《马克思主义批评》一书第三章，就有专篇论他。高田保马在去年九月号《思想》第一百号，也发表《从第三史观立场上——对福本氏之反批评》，这是很可注意的。

其二，河上肇　他因为为许多汉译介绍，在我们中国思想界里，知道他的已经不少了。可是据实来说，他本是大学教授，前后发表的著作虽多，但照土田杏村的评语，他"虽信奉唯物史观，可是性格上实带着哲学的理想主义的倾向"。他在明治三十八年，曾译塞利格曼（Seligman）的《经济史观》，题为"历史之经济的说明——新史观"（《千驮本丛书》第二编），这本书早已绝版，不大有人知道他。从此后接着发表《唯物史观研究》《唯物史观与因果关系》（《社会问题研究》第55册）、《关于唯物史观的自己清算》（同上，第77册至88册），又前后发表《贫乏谈》《社会组织与社会革命》及许多关于经济的名作，最近将研究所得，更著成《马克思主义经济学之基础理论》一书，上篇论马克思主义的哲学基础，可算日文中关于历史唯物论的最好参考书了。但是河上氏因他始终带着理想主义的倾向（堺利彦也这样说他），其所谓唯物史观，究竟是否和马克思、燕格尔的唯物史观完全一致，很是问题。如他从前所说，"人类社会之前史告终，则同时唯物史观亦告终"；"唯物史观是自觉看自己的相对性，同时向着现代，主张他的绝对性"。这种把唯物史观看做有限的论法，和他早年所译塞利格曼说的"他（唯物史观）在已往完全是实在的，在以后就要不十分实在了"，不是一鼻孔出气的吗？他虽受福本和夫的严重批评，而转向辩证法方面去用功；但所谓辩证法，是否真是唯物辩证法？这在读过土田杏村《马克思主义批评》一书第七章至第九章，关于他批评的话，已经不能没有疑义。再读《帝国大学新闻》刊登三木清——他做过河上肇个人的哲学教师——对于河上肇辩证法的指摘，越发明了在我国思想界所认为日本数一数二的马克思主义者，他的辩证法的唯物论，也是不可靠极了。

其三，三木清　他近年发表论唯物史观及哲学方面的著作很不少，如《唯物史观与现代意识》《社会科学的预备观念》《史的观念论诸问题》及在《新兴科学旗下》《思想》各杂志，发表关于马克思主义论文，影响于青年哲学界，是再大没有了。但通读他全部理论，实际始终站在人类本位的存在论上，以为唯物史观就是"一个立于一独立的有特色的人类学上的世界观"；这当然只好说是费尔巴哈哲学的基本原理，那里是马克思派所谓辩证法的唯物论？这一点，请看土田杏村在《马克思主义批评》一书第十章《人类学的唯物论及其批评》，这篇是专为三木清的批评做的。

我们再转眼看看最近哲学界的一般趋势，很奇怪的，就是在这第三时期，已不大有人讲什么康德，或新康德派的哲学了。帝国大学的教授们，不是埋头于现象学派，就是努力研究古典哲学，如柏拉图、亚里士多德等。而在一般思想界，则从康德主义没落以后，便继之以所谓"黑格尔主义"的研究。三枝博音首先顺应这个潮流，成立研究会，又继续发刊他们的《黑格尔及辩证法研究》杂志，已经二年多了。不消说这是偏于唯物论的解释的。而在另一方面，则如《理想》及《思想》杂志，也为"黑格尔研究""辩证法研究""黑格尔复兴"出了不少专号。本年5月为黑格尔百年祭纪念发行的《黑格尔与黑格尔主义》，是作为国际黑格尔联盟日本报刊的，执笔者如西田几多郎、田边元、三本清等，皆日本当代第一流的哲学者。就中田边元先在《哲学研究》（第132、134、136、146、152号所载）著《辩证法的论理》为很公平的批评，结果引起了三枝博音对土方成美等第一次关于辩证法的论战,见《社会科学》第五卷第二号。不但如此,因为介绍辩证法的结果,便有许多马克思派新进学者,追随燕格儿《自然辩证法》和德波林(Deborin)《辩证法与自然科学》等书之后,想把辩证法完全应用到自然科学,因此又惹起田边元二度提出抗议,又发生第二次对于自然辩证法的论战,这是顶可注意的。总而言之,日本现在思想,正在第三时期社会科学思想极发达的时候;也是马克思主义列宁主义最出风头的时候;然而同时日本学术阵营里,竟出了不少很有力的批评家,如前面所举田边元、土田杏村,及最近《理想》第18至19号(去年9、10月号)大江精志郎(清一)对于唯物史观的批评,唯物辩证法乃至自然辩证法的批评,都曾引起思想界的注意,经此一度反对批评以后,我很相信日本思想界在最近的将来,应该有个新的发展,只要日本思想不是"开倒车",便只有更彻底地倾向于实践与理论合一之真正唯物辩证法的革命思想了。

现在日本思想界的另一倾向,由我直接观察的结果,似乎有积极走向法国的新实证主义的趋势,如最近法兰西学会出版《法兰西科学》《法兰西的社会科学》等书,都是张大旗鼓,要摆脱从来德国派官僚的强权主义的哲学,而别开一条生路的。《法兰西的社会科学》著者如田边寿利、高濑庄太郎、风早八十三、间崎万里等,都是一时社会学、经济学、法律学、历史学等界的权威学者,卷首有一篇同人序文,很沉痛地说:

> 我们各种社会科学,不可思议的现象,就是模仿德国科学,或者单不过为德国科学的延长似的,那样强有力的受支配于德国的思维形式。
> ……
> 但是德国的社会科学,不幸的好像做了哲学的婢仆;再由概念的论理,来说明事实的论理;这样现在德国社会

科学的倾向，如实地证明了这句话……

这已用不着再说什么了。总之日本对于德国哲学已根深蒂固似的，无论在官学，在民间社会，试问除了粉饰着晦涩的文句，与观念辩证法的滥用以外，哪派的哲学，是从生物学出发？哪一个哲学家，是从心理学出发？真是一个也没有。为救这种死沉沉的霉气，当然日本学者会有重新呼吸新实证的空气的要求，这或者也是给过渡的政治革命论者以一个理论的基础罢！

（六）

最后由上面所举事实的证明，便知日本思想的发展，是由（一）宗教的哲学时期；到——（二）自我的哲学时期；又到——（三）社会科学时期；而最近将来的——（四）新生命哲学时期，则正在创造的进化中。如由于新黑格尔主义与青年黑格尔派的运动，重新发现黑格尔哲学的生命性、艺术性（如大江清一、松原宽、岩崎勉等），这便是好例。前途茫茫，我不敢预说什么，然而由上种种的事实，对于我前著《历史哲学》之分期原理，却已无意之中，更得了一个旁证了。

## 景教碑中之景教思想

（一）景教碑中之"景"字及其意义——碑文中之基督教思想成分——与天主教的合致——特点之点——与基督新教的一致点

景教流行中国碑出土330余年，至今尚为世界研究景教之第一文献，尤其传入中国的景教思想，借此碑而传。景教既为基督教中的异端，则分析研究此异端的中国景教思想，实有其新的意义。首先教碑上屡见"景"字，教称景教（"真常之道，妙而难名，功用昭彰，强称景教"；又"明明景教，言归我唐"）；教会称景门（"天姿泛彩，英朗景门"；又"更效景门"）；教堂称景寺（"于诸州各置景寺"；又"重立景寺"）；教主曰景尊（"景尊弥施诃"），又曰景日（"悬景日以破暗府"，潘绅注："景日喻救主"）；教规曰景法（"法非景不行"）；其传播曰景风（"景风东扇"）；其作用曰景力（"我景力能事之功用也"），曰景福（"家殷景福"），曰景命（"阐九畴以惟新景命"）；教徒曰景众（"颁御馔以光景众"；又"时法主僧宁恕知东方之景众也"）；教士曰景士（"白衣景士"）；僧之命名者有景净、景福、景通等。这一个"景"字，据阳玛诺《碑颂正诠》的解释，谓"景净士将述圣教，首立可名曰圣教景教也。识景之义，圣教之妙明矣。景者光明广大之义"。但近人研究，即此景教名称已经表示其对于其他宗教有协调的倾向。原来中国基督教是于635年从波斯传来，当时叫做波斯教或波斯经教，次则称"弥施诃教"或"迷师诃教"，最初其寺院称波斯寺，其僧侣称波斯僧，后天宝四年（745年）始改称其寺院为大秦寺，其僧侣改称大秦僧，同时波斯经教亦定名呼为景教（Mingana：*The Early Spread of Christianity in Central*

*Asia and the Ear East*，Manchester and London，1925，第12页）。这自命为景教的理由，据佐伯好郎所举四点：①当时弥施诃教徒说弥施诃是世之光，景字第一字义即光明之义。②景字通京，为日与京二字合成，而"京"有"大"字之意。"鲸"之"京"意味着大鱼，"京都"之"京"亦为大都，故景有大光明之义。③对于佛教的政策，当时长安颇有属于佛教密宗特征的"大日教"的势力，景教为扶植势力故加以利用，"大日教"或"日大教"民众看来是易于接受。④对于道教，道教的主要经典有《黄帝内外景经》，这《景经》与景教相似，可以给予暗示（参照 *The Nestorian Monument in China*，Introduction，第127—130页；《景教之研究》，第552—553、984—990页）。照以上所说则①②两点，是与当时流行中国的祆教、摩尼教相混，以两教均崇拜太阳；③④两点对中国原有宗教之佛道二教亦有混水摸鱼之感。所以即就景教名称，已经看出传入中国的最初基督教所取"机会主义"的传教方法，和后来明清之间来华耶稣会士所取的"机会主义"传教方法没有两样，而且是为其先驱的。尽管如此，景教在适应和吸收东方封建伦理的道德观念之外，究竟保留了其为基督教的特点。虽然景教是基督教的变种，而据景教碑上的教理分析来看，所宣扬的基本上和天主教还是一致。樊国梁的《燕京开教略》（上篇，第13—16页）曾力主景教即天主教之说，谓"景教碑乃罗玛圣而公会之传教士所立"，举出四证，虽均不足为据，但景教与天主教之关系仍有蛛丝马迹可寻，则无疑义，如据徐宗泽的《中国天主教传教史概论》（第88—90页并注）所举如下：

论天主三位一体——

粤若常然真寂，真言天主之本体，寂言天主之本性；先先而无元，言天主无始无终；窗然灵虚，宵阮也，虚纯无杂也，言天主之灵靡所弗知，自彻厥体；后后而妙有，总玄枢而造化，妙众圣以元尊者，其唯我三一妙身，三位一体；无元真主阿罗诃欤，阿罗诃即希伯来文Elohim，古经上称天主之名，叙利亚文则曰Alana，或Aloho。佛教有阿罗汉名，不可相混。

论天主造物及原祖性体之完美——

　　判十字以定四方，鼓元风而生二气，暗空易而天地开，日月动而昼夜作，匠成万物，然立初人，别赐良和，令镇化海，浑天之性，虚而不盈，素荡之心，本无希嗜。

论原罪及其害处——

　　洎乎娑殚，魔鬼也Satan（今译撒旦），施妄钿饰纯精，闲平大于此是之中，剿冥同于彼非之内。是以三百六十五种，言异教之众，肩随结辙，竞织法罗；或指物以托宗，或空有以论二，或祷祀以邀福，或伐善以矫人，智虑营营，恩情役役，茫然无得，煎迫转烧，积昧忘途，久迷休复。

论天主降生——

　　我三一分身，景尊弥施诃，Messia默西亚也又，书弥尸诃或弥失诃，戢隐真威，同人出代。神天宣庆，室女诞生于大秦，景宿告祥，波斯睹耀以来贡。
　　按此处分身二字，研究景教者之解释不一，有谓此即聂斯托尔之异端，分身解说耶稣有二性而二位；有谓分身在中文书中并不解说性及位，是混言天主降显于世，隐其无穷之尊贵而为人也。

论救赎——

圆周全也二十四圣先知圣人有说之旧法，古经也，理家国于大猷，设三一净风无言之新教，陶良用于正信。制八境真福八端之度，炼尘成真；启三常信望爱三超性德也之门，开生灭死。悬景日光大之日即天主受难之日以破暗府，古圣所也，尘网于是乎悉摧，棹慈航以登明宫，真福所天堂也，含灵于是乎既济。能事既毕，亭午升真。经留二十七部，新经，张元化以发灵关，正道之要枢。

论圣洗瞻礼祈祷等——

法浴水风，言圣洗之礼，涤浮华而洁虚白，印持十字，融四焑以合无拘。击木震仁惠之音，东礼趣生荣之路。存须所以有外行，削顶所以无内情。不畜臧获，均贵贱于人，不聚货财，示罄遗于我。斋以伏识而成，戒以静慎为固。七时礼赞，大庇存亡，七日一荐，洗心反素。

实则景教之与天主教合致，李之藻《读景教碑书后》早已论及，如云"景宿告祥，异星见也；睹耀来贡，三君朝也；神天宣庆，无神降也；亭午升真，则救世传教功行完而日中上升也。至于法浴之水，十字之待，七时礼赞，七日一荐，悉与利氏西来传来规程吻合。而今云陡斯，碑云阿罗诃；今云大傲魔魁，碑云娑殚"。即由景教碑文所述教理，可以见景教教义原来即是基督教义，虽与天主教有小异，而毕竟大同。从大同处看，两教同拜天主，同尊耶稣，同讲天主创造天地和人，同说三位一体，同信耶稣降生救世神

237

话。景教作为宗教，是基督教的一种，当然不出此例，我们如果只强调其与天主教之异而不见共同，便要犯了错误，其实许多只是名词不同，乃至译音不同，景教碑以外其他景教经典如《三威蒙度赞》《尊经》中均可参证。而且据钱念劬《归潜记》说，碑额两旁有基路冰（即cherubim，有翼的天使），正中有十字纹，这就是基督教的特征。至于碑文中所载之教仪与教规，如七日一荐即七日礼拜，行洗礼，敬十字无不相同。即就每日所诵经来说，德礼贤《中国天主教传教史》（第11页）即称"《三威蒙度赞》这是一篇对于天主圣三的颂赞，和东叙利亚式的《荣福经》一般无二，这是一篇经文，天主教的司铎们在举祭时候，差不多天天要念着的，便是现在，也还念着"。可见景教虽为天主教所斥为异端，而毕竟同出于一源，是有其一脉相通之处的。

然而景教也有其特异之点，和天主教不同，据佐伯好郎（Saeki：*The Nestorian Monument in China*，第112—115页，参照张星烺：《中西交通史料汇篇》第四册，第116—120页译文）所述聂斯托尔派与罗马加特力教分离以后，其特殊之点可略举如下：

1.不拜玛利（Mary）不承认玛利亚为天主之母（Mother of God），此点最与希腊（即东罗马所奉，今俄国亦奉之）及罗马天主教相异，欧洲信徒攻击聂派为邪说者，亦即以此。

2.不用偶像保留十字架，此亦与希腊、罗马两派殊异，然据景教碑文阿罗本入唐时，似又持经像同来也。

3.不承认罗马派之死后涤罪说（doctrine of purgatory），然自其圣徒名簿观之，聂派似容许奉祀祖先也。景教碑有"七时礼赞，大庇存亡"之语。

4.反对化体说（theory of transubstantiation），然承认圣餐（Eucharist）时，耶稣基督实来光临也。

5.行监督制，教士共分八级：

Ⅰ. 监督（episcopate） ｛ （1）教务大总管（catholicos or patriarch）
（2）总主教（metropolitan）
（3）主教（bishop） ｝

Ⅱ. 司祭（presbyterate） ｛ （4）司祭（presbyter）
（5）高僧正（arhdacon） ｝

Ⅲ. 执事（diaconate） ｛ （6）助祭（deacon）
（7）佐祭员（sub-deacon）
（8）读经师（reader） ｝

6.司祭以下五级皆可娶妻，最初即大总管、总主教、主教等亦皆可娶妻，此制或受波斯袄教僧制之影响也。其在中国之主教及僧人皆娶妻，可于景教碑上之叙利亚文见之。例如"助祭亚当（Adam）为总主教叶嗣布锡德（Yesbuzid）之子，而总主教叶嗣布锡德乃僧人米理斯（Milis）之子也"（以上为叙利亚文之译语），既有子则必有妻也。其人远从万里外来中国传教，古代陆道交通尤为艰苦，不便携带妻女，必与中国妇女通婚姻也。两国教堂之出家主义（monasticism）袭自东方人，独身不娶不嫁主义发源于埃及，故亚历山大港之锡利耳派（Celibacy）之独身不娶不嫁主义必受之埃及人也。印度佛教之悲观主义，甚早即传至美索不达米亚，基督教不无受其影响，然波斯之袄教徒视独身主义为不可思议之事，聂斯托尔派既抵波斯，受波斯主之保护，必又受袄教之影响，而允许僧人牧师娶妻也。

7.聂斯托尔派斋戒时期，多而严谨，景教碑所谓"斋以伏识而成，戒以静慎之固"也。其戒斋时期如下：

甲　四旬斋（lent）复活祭前四十日间。

乙　圣徒斋（the fast of the Apostle）自圣灵降临节后

239

第一月曜日至立夏后第一星期日。

丙　圣母迁徙斋（the fast of the migration of the Virgin）在八月间。

丁　也里牙斋（the fast of Elijah）

戊　通告节斋（the fast of the annunciation）在三月二十五日天使Gabriel通告圣母玛利亚以耶稣降生，行纪念祭也。

己　尼尼微斋（the fas t of the Ninevites）

庚　圣母斋（the fast of the Virgin）

8.茹素教务大总管不食肉，其下不禁。

9.教务大总管，由管长三人之互相选举而决定。

10.多半宗教书籍皆用叙利亚文，然希腊文、拉丁文以及各地土语皆不禁止。拉丁教会专用拉丁文，希腊教会专用希腊文，而在中国之聂斯托尔派则用汉文以举行礼拜，可于1908年（光绪三十四年）法国伯希和教授（Prof.Pelliot）在敦煌石室发现之《景教三威蒙度赞》见之也。

由上所述景教特异之点，又可见景教与罗马天主教及基督教新教有其同也有其异，因其同故亦称为基督教，被认为基督教传入中国之始；因其异所以天主教徒斥之为异端道理，谓"此异端寄生于中国，不即消灭，为圣教之传扬不特是一阻碍，且为信德之一致，是一扰乱"（徐宗泽《中国天主教传教史概论》第108—109页）。然此被排斥之异端景教，其不拜圣母马利亚之说与基督教新教同。又无论新教、旧教乃至景教，他们无不遵奉1600余年前罗马帝国官方教条（The Offical Dogmas）所规定之尼西恩信条（The Nicene Creed）与使徒信经（The Apostles' Creed）与阿塔内西恩信条（The Athanasian Creed），但关于此等信经或信条的字句的解释及其解释权问题，新教主张可以基督教信者各自主观之灵的经验来解释，因而强调福音无拘束主义、信仰自由主义,而反对天主教之罗马教皇绝对至上主义与教皇无误论（infallibility）。又天主教规定信徒必须服从教皇（pope）、司教（bishop）、司祭（priest）的指导,新教则否认此罗马教皇之绝对的权威,乃至否认其解释圣书的传说即圣传的权威,即因新教在耶稣基督之外,不认有介在神与人之间的仲保者,因而亦认圣母玛利亚的介在无其必要,这反对圣母玛利亚崇拜主义,基督教新教很明显是受了景教的影响。话虽如此,景教与基督教新教虽同为从天主教之绝对权威中分离独立出来,而后者不过作为一个分派,而景教则被判为异端,究竟分派和异端不同。欲知异端之所以成为异端,更须注意景教在东渐之时,所受当时流行于波斯和中国各异教之重大影响。

（二）景教与波斯各种宗教思想的混合——摩尼教的特点——景教与摩尼教相同之点——火祆教的影响

景教是从波斯传入中国的,其在波斯时曾受摩尼教与火祆教二教的影响。

摩尼教创自波斯人摩尼（Mani, Manes,生于215年或216年）,与祆教不乏相类之点。1269年宋代僧人志磐所撰《佛祖统纪》卷三十九及卷五十四中述波斯之苏鲁支云"初波斯国之苏鲁支立末尼火祆教";案苏鲁支即Zoroastra,盖此混火祆与摩尼二教为一。摩尼教之来中国,据蒋斧说当在周隋之际,盖依敦煌《摩尼经残卷》（北京图书馆藏）及《长安志》光明寺后改大云经寺之记载。沙畹及伯希和于1911—1913年撰《摩尼教入中国考》不采其说,谓摩尼教以694年始入中国,最初记载摩尼教之书为唐玄奘之《西域记》,其记波剌斯国（即波斯）云:"天祠甚多,提那跋外道之徒为所宗也";此提那跋即摩尼教之Dênvâīarî。玄奘所记630年至640年间之波斯摩尼教,不久即入中国,据《佛祖统纪》卷二十九云:"延载元年（694）波斯国人拂多诞持《二宗经》伪教来朝。"然则摩尼教与景教输入中国的时期实相差不远。其教乃公元第3世纪波斯国内的一新宗教，本集合祆教、佛教及基督教而成。据岑仲勉综合所得资料，其教义是：

> 严行制欲主义（《统纪》三五云："男女不嫁娶，互持不语。"）
>
> 不祭祖（陆游《渭南文集》五，称摩尼教"以祭祖考为引鬼，永绝血食"。）
>
> 不茹荤（《国史补》云："其法日晚乃食，敬水不茹荤，不饮乳酪。宋绍兴四年王居正言两浙有吃菜事魔之俗。"）
>
> 不饮酒（《释门正统》三九："其法不茹荤饮酒。"）
>
> 白衣白冠（见《统纪》四一及五四，元代禁令亦有"白衣善友"之名称。）
>
> 死则裸葬（同前《统纪》："病不服药，死则裸葬。"）

但他认摩尼教"盖波斯型之基督教而又兼犹太及佛教色彩者"（《隋唐史》），则不知何所见而云然。摩尼经在波斯本土曾受祆教正统派的峻烈的迫害，一度传播西方，又受基督教正统派的压迫，传至东方，又蒙唐末会昌的禁压。但其汉文经典，据《夷坚志》称如《二宗经》《三际经》曾收入《道藏》中，又现敦煌发现之摩尼教经典尚有《摩尼光佛教法仪略》《下部赞》《摩尼教残经》三种收入《大正大藏经》卷五十四。据《摩尼光佛教法仪略》出家仪第六中述二宗三际之教义云：

> 初辨二宗。
>
> 求出家者须知明暗各宗，性情悬隔，若不辨认，何以

修为？

一初际，二中际，三后际：

初际者，未有天地，但殊明暗，明性智慧，暗性愚痴，诸所动静，无不相背。

中际者，暗既侵明，恣情驰逐，明来入暗，委质推移。大患厌离于形体，火宅愿求于出离，劳身救性，圣教固然，即妄为真，孰敢闻命？事须辨析，求解脱缘。

后际者，教化事毕，克妄归根，明既归于大明，暗亦归于积暗。二宗各复，两者交归。

摩尼教和景教有相同之处：其一，即其人多长于科学技术。《册府元龟》卷九七一载开元七年（719年）吐火罗上表献解天文人大慕阇（此名亦见《摩尼教残经》）云："其人智慧幽深，问无不知……知其人有如此之艺能，望请令其供奉，并置一法堂，依本教供养。"景教碑立于781年2月4日所称"大耀森文日"即为摩尼教译名。沙畹《摩尼教流行中国考》云："景教之教语固为古叙利亚语（Syriaque），及第景教徒由伊朗（Iran）至中国，据西安景教碑所载人名，其间不乏波斯教师，如Mahdad Gusnasp或Msihadad显为波斯人名。此碑建于781年之耀森文日，卫礼已于1871年鉴定此耀森文即杨景风所记之耀森勿，经吾人考定即古波斯语Ev-sanbat，今波斯语Yaksanbah之译音。"这就可见在七曜历上景教与摩尼教之关系。其二，景教与摩尼教同用佛教术语。摩尼教所用如无明、业轮、三轮、三灾铁围等皆佛教术语之转用。但如《下部赞》中列举十二尊之名，其七者信心净风佛，此云净风，即指三位一体中之圣灵，与景教之净风同。又十者知恩夷数佛，夷数即Isa，即耶稣Jesus，此亦与景教相同。又关于人类起源及历史问题，据腓利斯特（Fihrist）所传摩尼教义，很明白是一部分取自《旧约》圣书，这也可见其与基督教的关系。其三，景教与摩尼教、祆教同称三夷寺，舒元舆《重岩寺碑》（此碑建于824年）所云："亦容杂夷而来者，有摩尼焉，大秦焉，祆神焉，合天下三夷寺，不足当吾释氏一小邑之数。"（《全唐文》卷七二七《唐鄂州永兴县重岩寺碑》）文中大秦即景教，祆神即祆教。因而与景教同出于波斯，故常易混淆，如《尊经》目录中之第一四《三际经》，及第一六之《宁恩经》即为摩尼教经典，而混于景教目录中者。

次言祆教。此教创于苏鲁阿士德（Zoroaster），当时可称波斯国教。其教圣经名《阿维斯塔》（Avesta），教之主旨注重化畜牧为农耕，很符合封建社会的需要。祆教传入中国较景教为先。《西溪丛话》载贞观五年有传法穆护何禄将祆教诣阙闻奏，敕长安崇化坊立祆寺，号大秦寺，又名波斯寺，可见早期祆、景两教混淆不清。穆护即教士，乃古波斯文maguš之音译（英文作magi）。因其教以火代表善神而崇拜之，故又称拜火教，日为光明之原，故亦拜日，其余月星辰诸天体，皆在崇拜之列。《旧唐书》卷一九八："于阗国事祆神。"又同卷："波斯国俗事天地日月水火诸神，西城诸胡事火祆者，皆诣波斯受法焉。"据冯承均《景教碑考》，以为《新唐书·于阗传》，"贞观九年于阗遣子入侍"，而景教阿罗本之来中国，即是随于阗王子入朝者，如此假说属实，则景教之与祆教的关系实极密切。还有就是景教自司祭以下五级皆可带妻，此带妻主义亦分明是在波斯受了祆教的影响。古代波斯除穷人以外普遍实行一夫多妻制，祆教以不娶妻为罪恶，即反映此思想。景教受其影响，故景教碑上叙利亚文，译称"助祭亚当为总主教叶嗣布锡德之子，而叶嗣布锡德乃僧人米理斯之子"。这就可见中国景教之主教及僧人皆娶妻，而推究其起源，则在485年在斯宾所开景教总会已承认僧侣与僧尼之婚姻，又499年于总会规定"上自教祖，下至小僧道士均可从圣书而结婚养育子孙"。固然在《哥林多前书》第7章第9节已经有"倘若自己禁止不住，就可以嫁娶，与其欲火攻心，倒不如嫁娶为妙"之文，但是把这僧侣带妻主义为适应环境而订入景教法规，却无疑是受了波斯袄教的影响的。

（三）景教传入中国后与中国思想的混合——道教思想的影响——佛教思想的影响——儒家伦理思想的影响

唐代是儒道佛三教的鼎立时代，景教传入中国后即极力顺应中国固有之宗教迷信和宿命论思想，不但袭用道、佛二教经典的词语、模型与形式，而且为布教传道的保护方便，简直接受了为封建社会统治阶级服务的"尊君"的儒家思想，以代替天主教之教皇至上主义。现在先从其与道教的思想关系说起。

景教碑开首即叙述基督教教义，采用了道家所常用的语句，几疑乎是出于道家者之手。如：

粤若常然真寂，先先而无元，窅然灵虚，后后而妙有，惣玄枢而造化，妙众圣以元尊。

又如"无元真主""鼓玄风而生二气""浑元之性，虚而不盈"，至于"真常之道，妙而难名，功用昭彰，强称景教"，与颂"真主无元，湛寂常然"，这就完全是《老子道德经》"道常无名"与"有物混成，先天地生……吾不知其名，字之曰道，强为之名曰大"的语气了。碑文中引贞观十有二年秋七月诏曰"道无常名，圣无常体，随方设教，密济群生。大秦国大德阿罗本远将经像，来献上京。详其教旨，玄妙无为，观其元宗，生成立要。词无繁说，理有忘筌，济物利人，宜行天下"一段和《唐会要》第四十九卷所载全同，惟大秦国大德阿罗本作波斯僧阿罗本，由此可见唐之历代君主所以欢迎景教，正因为认景教教义与道德之言相合。碑文云"宗周德丧，青驾西升。巨唐道光，景风东扇"，更分明影射周末老子乘青牛车西入流沙的故事，而景教东来，比于再兴老子之教。阳玛诺《碑颂正诠》云，"青驾西升，谓老聃也，言周德丧而道人西去，唐道光而真教乃东矣"；即因此故。清乾隆时耶稣会士宋君荣（Gaubill）以为此碑作者是道教徒；美人李提摩太（Timothy Richard）与佐伯好郎均认为景教碑书字之昌秀岩，即金丹教祖纯阳祖师吕岩洞宾，其说虽不足信，然亦可见景教士在当时为扩张宗教势力，竟不惜以道教附会基督教义，运用了机会主义。至如《序听迷诗所经》之以道家之"天尊"称基督教之"天主"；《志玄安乐经》说"无欲无为"，"能清能静"，其为应用道教的修养方法，也不待详证而自明了。

然而更可注意的，就是来华的景教士不但附会道家之言，更借助于当时号称极盛之佛教的思想形式。景教碑、《三威蒙度赞》等屡屡援用佛典名词，例如"妙有""慈航""世尊""僧""大德""法王""慈恩""功德""大施主""救度无边""普救度"之类术语，《志玄安乐经》亦一见而知其模仿佛教经典形式。现即以《三威蒙度赞》首段为例：

无上诸天深敬叹，大地重念普安和，人元真性蒙依止，三才慈父阿罗诃，一切善众至诚礼，一切慧性称赞歌，一切含真尽归仰，蒙圣慈光救离魔。

又以《序听迷诗所经》为例，经中屡言及佛，盖即以佛称天主。据羽田亨所举：

诸佛及非人平章天阿罗汉谁见天尊。
人急之时，每称佛名。
谁报佛慈恩。
突坠恶道，命属阎罗王。
此人凡一依佛法不成受戒之所。
先遣众生礼诸天佛，为佛受苦，置之天地，只为清净威力因缘。

且景教人名之汉译者，普通皆称僧，作景教碑文的景净亦称僧，立碑时景教法主宁恕亦称僧；碑下方僧业利、僧行通、僧灵宝称僧，碑侧列名的65人也都冠以僧字，如僧宝达、僧惠明、僧灵寿、憎景通、僧德建之类，皆乍见未有不认为其出于佛教者。至如景教碑中所列教士汉名，如曜轮、曜源即今译若翰或约翰，明泰即今译玛窦或罗太，宝灵即今译保禄或保罗，来威即今译诺厄或挪亚。又如《尊经》之诸经目录，有法王名22人，瑜罕难法王即圣约翰（约翰），卢伽法王即寺路加，牟世法王即圣梅瑟（摩西），摩矩辞法王即圣玛尔谷（马可）。又有译义者如千眼法王与报信法王则仿佛似护守天神与嘉俾伦尔天神，而用字亦多为佛经中所常用的字眼，尤其景教碑作者景净，也曾同时参与佛教经典的翻译工作。据日本东京帝国大学梵文教授高楠顺次郎发现唐德宗时（780—804年）西明寺僧圆照所辑《贞元新定释教目录》卷十七《般若三藏续翻译经纪》文曰：

法师梵名般剌若（唐言智慧），北天竺境迦毕试国人也（言罽宾者之化用名）。……洎建中三年，届于上国矣。至贞元二祀，访见乡亲，神策正将罗好心即般若三藏舅氏之子也。……好心既信重三宝，请译佛经，乃与大秦寺波斯僧景净，依胡本《六波罗密经》译成七卷。时为般若不闲胡语，复未解唐言，景净不识梵文，复未明释教，虽称传译，未获半珠，图窃虚名，匪为福利，录表闻奏，意望流行。圣上睿哲文明，允恭释典，察其所译，理昧词疏。且夫释氏伽蓝，大秦寺僧，居止既别，行法全乘，景净应传弥尸诃教，沙门释子弘阐佛经……

又《大唐贞元续开元释教录》卷上文同。虽然景净受佛教徒排斥，而曾一度参加佛典翻译，则为历史真实。正因为景净与佛教有关,故景教碑中竟可将希伯来文之Eldhjm,译作梵文之阿罗诃Arhat,以见于建碑前102年唐高宗时（679年）杜行凯译《佛顶尊胜陀罗尼经》中佛之阿罗诃,作为景教经典中之阿罗诃。又《尊经》虽非景净所作,而其末尾称"大秦本教经都五百三十部,并是贝叶梵音",又云"余大数具在贝皮夹,犹未翻译",此处并用"贝叶梵音",可见景教徒之喜欢混淆景佛二教,其意在利于宣传可知了。

景教不但采取道家习用的词汇,模仿佛教经典的形式,而且强调儒家思想之忠孝二道以为其传教张目。景教碑极力宣扬帝王功德,宣扬以帝王将相为历史的原动力之荒谬观点。他们赞美唐太宗"赫赫文皇,道冠前王";赞美高宗"人有康乐,物无灾苦";赞美玄宗"皇图璀灿,率土高敬";赞美肃宗"止沸定尘,造我区夏";赞美代宗"德合天地,开贷生成";赞美德宗"武肃四溟,文清万域";又说"道非圣不弘,圣非道不大,道圣符契,天下文明"。据阳玛诺《碑颂正诠》:"言国主助圣教之广,圣教助国主之光,盖圣教流行之益,缘帝王从奉;居高作倡,大道广敷,教法相资,而皇猷熙奏也。"又云:"帝王之势,譬之宗动天然,昼夜恒运,枢纽九重,力能带下强之同动……此帝王从宗圣教,上行下效,而异端邪说,不能而阻之也。"（上海土山湾印本）这不但可见景教是为封建统治阶级服务,而且这种传道方法也为明清之间来华耶稣会士所继承。《序听迷诗所经》中关于忠君思想有云:

> 为此普天在地,并是父母行据。此圣上皆是神生,今生虽有父母见存,众生有智计,合怕天尊,又圣上,并怕父母。

又云:

> 众生若怕天尊,亦合怕惧圣上,圣上前身福私（利）

天尊补任，亦无自乃天尊耶。属自作圣上，一切众生，皆取圣上进止，如有不取圣上（进止），驱使不伏，其人在于众生即是返逆（叛逆）。

又关于孝道思想说：

第二须怕父母祗（祇）承父母，将比天尊及圣帝，（所）以若人先事天尊及圣上，及事父母不阙，此人于天尊得福不多。此三事一种，先事天尊，第二事圣上，第三事父母。

第二愿者若孝父母并恭给，所有众生，孝养父母恭承不阙，临命终之时，乃得天道为舍宅。（第三愿者，所有众生）为事父母，如众生无父母，何人处生？

虽则基督教从摩西以来（如旧约圣书《出埃及记》20章12节及《申命记》5章16节）从不反对孝养主义，然而将孝养主义与祖先崇拜合一，则实为景教所受儒教思想的影响。景教碑文"七时礼赞，大庇存亡"；景教徒既为生存者祈求息灾延命，又为死亡者祈求冥福。祈祷书中所称《尊经》即是牌位，正是祖先崇拜的思想表现。景教徒以尊君事父相号召，这种与中国传统思想的妥协精神，正是中国景教的特点。羽田亨曾考得"《新约》中说掌权的应当服从（《罗马书》十之三，《提多书》三之一等），视帝王为当权者，即当敬事服从，这是教义所许。然以帝为神生，实神所命，又说：'无自乃天尊耶，属自作圣上'，事圣上即是事神之说，却非本来之教义"。又"此派之三位一体思想受他派非议，至宣布为异端，不得不退避东方，而此教派至于说帝王神生，神所显现，事君父同于事神，则变化可谓非常，此之变化谓由于东传所经，不如谓有在中国发生之可能性"（《关于景教经典〈序听迷诗所经〉》见内藤

249

博士还历祝贺《支那学论丛》）至于《志玄安乐经》所云："行吾此经，能为君王安护境界，譬如高山，上有大火，一切国人无不睹者，君王尊贵，如彼高山，吾经利益，同于大火。"这就完全把宗教力量和政治力量结合起来，更进而为中国的统治阶级服务。同样景教碑中的政治观念，也只可能是封建统治思想的表现。